어린이 코딩

  코딩(엔트리) + 파포2021(한쇼 2022)

발 행 일	2025년 02월 14일(1판 1쇄)
I S B N	979-11-94150-02-2(13000)
정 가	14,000원
집 필	KIE기획연구실
감 수	KIE기획연구실
본문디자인	디자인앨리스
발 행 처	코딩이지(Codingeasy)
	'코딩이지'는 '아카데미소프트'의 코딩전문 출판사입니다.
발 행 인	유성천
주 소	경기도 파주시 정문로 588번길 24
홈 페 이 지	www.aso.co.kr

※ 이 책은 저작권법에 따라 보호를 받는 저작물이므로 무단 전재와 무단 복제를 금지하며,
이 책 내용의 전부 또는 일부를 이용하려면 반드시 코딩이지의 서면동의를 받아야 합니다.

구성 | 이런 내용으로 구성되어 있어요!

 OA 파트

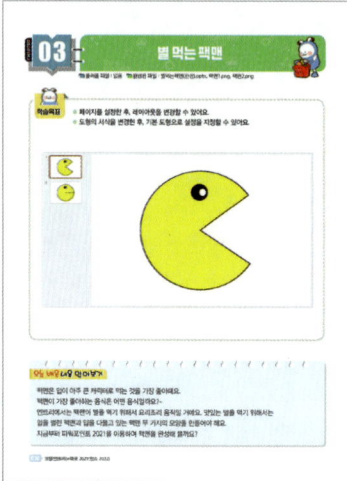

학습목표와 오늘 배울 내용 알아보기
학습내용에 대한 간단한 기능 설명과 함께 완성된 이미지를 보여줘요.

작품 따라하기
각 CHAPTER에서 배울 내용을 재미있는 예제를 통해 쉽게 따라하며 배울 수 있어요.

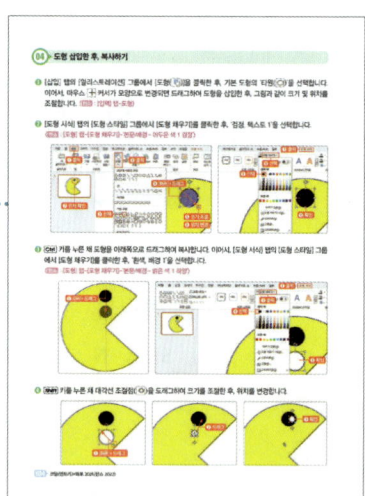

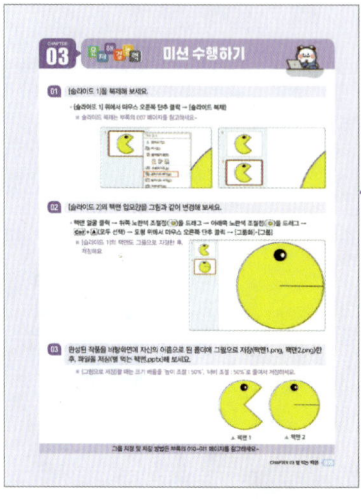

미션 수행하기
각 CHAPTER가 끝나면 앞에서 배운 내용을 스스로 생각하여 해결할 수 있는 문제를 제공해요.

코딩(엔트리)+파포 2021(한쇼 2022)

 **Coding 파트**

※ 교재에서 사용하는 엔트리(Entry) 프로그램의 버전은 2.1.19이에요!

오늘 사용할 블록과 코딩할 내용 알아보기
완성파일 미리보기를 더블 클릭하여 완성된 작품을 미리 확인할 수 있어요.

코딩하기
파워포인트에서 만든 이미지를 추가하여 여러 가지 프로젝트를 쉽고 재미있게 만들 수 있어요.

미션 수행하기
각 CHAPTER가 끝나면 앞에서 배운 내용을 스스로 생각하여 해결할 수 있는 문제를 제공해요.

목차 CONTENTS

- **부록** 파포(한쇼)+엔트리 기본 기능 익히기 ·········· **006**

CHAPTER 01
안녕 도라에몽 — 018

CHAPTER 02
←, → 키로 대나무 헬리콥터 조종하기 — 024

CHAPTER 03
별 먹는 팩맨 — 030

CHAPTER 04
마우스로 별 먹는 팩맨 조종하기 — 036

CHAPTER 05
귀여운 무당벌레 — 042

CHAPTER 06
SpaceBar 키로 무당벌레 이동시키기 — 048

CHAPTER 07
마인크래프트 스티브 — 056

CHAPTER 08
SpaceBar 키로 스티브 조종하기 — 062

CHAPTER 09
입체 자동차 만들기 — 068

CHAPTER 10
SpaceBar 키로 자동차 여행하기 — 074

CHAPTER 11
동글 동글 문어 — 082

CHAPTER 12
마우스를 클릭하여 물고기를 낚기 — 088

코딩(엔트리)+파포 2021(한쇼 2022)

CHAPTER 13 내 꿈은 파일럿 — 096

CHAPTER 14 비행기를 조종하여 적들을 물리치기 — 102

CHAPTER 15 행복한 우리 마을 — 110

CHAPTER 16 마을 꾸미기 — 116

CHAPTER 17 세계 명화 액자 만들기 — 124

CHAPTER 18 나만의 미술관 만들기 — 130

CHAPTER 19 폭탄 장애물 — 136

CHAPTER 20 움직이는 폭탄을 피해 보물상자 찾기 — 142

CHAPTER 21 HAPPY 가랜드 — 150

CHAPTER 22 누가 생일케이크를 먹었는지 맞추기 — 156

CHAPTER 23 미키마우스 가면 — 164

CHAPTER 24 미키마우스로 궁전의 불끄기기 — 170

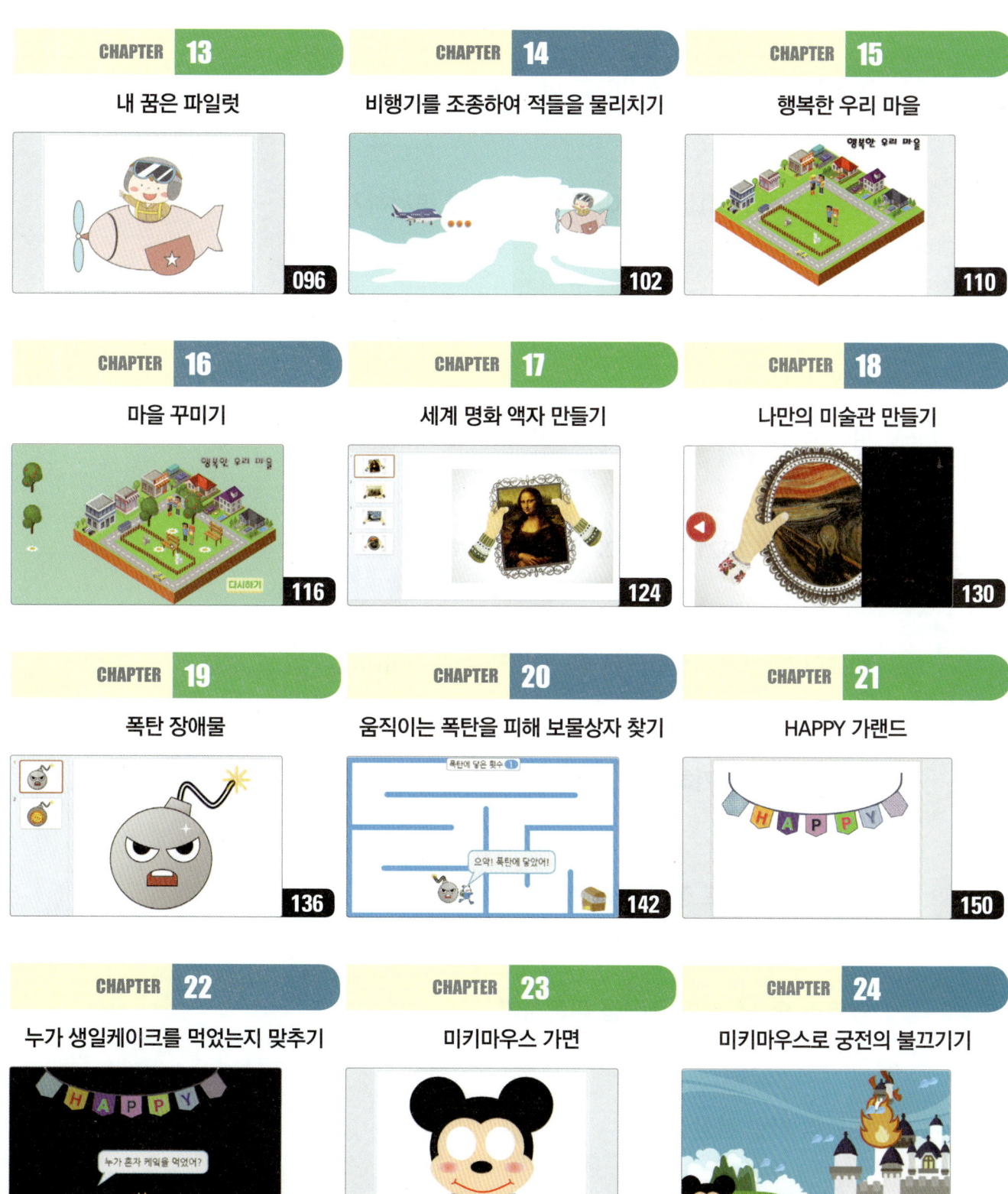

부록
파포(한쇼)+엔트리 기본 기능 익히기

- **01** 파워포인트 2021(한쇼 2022) 파일 불러오기 — 007
- **02** 파워포인트 2021(한쇼 2022) 슬라이드를 복제하기 — 007
- **03** 파워포인트 2021(한쇼 2022) 개체를 그룹으로 지정하기 — 008
- **04** 파워포인트 2021(한쇼 2022) 작품을 그림으로 저장하기 — 010
- **05** 파워포인트 2021(한쇼 2022) 파일 저장하기 — 011
- **06** 엔트리 예제파일을 불러온 후, 오브젝트 추가하기 — 012
- **07** 엔트리 모양 추가하기 — 014
- **08** 엔트리 오브젝트 정보 변경하기 — 016
- **09** 엔트리 오브젝트의 중심점 이동하기 — 017
- **10** 엔트리 파일 저장하기 — 017

01 파워포인트 2021(한쇼 2022) 파일 불러오기

❶ [시작( )]-[PowerPoint 2021( )]을 클릭하여 실행합니다.

❷ [열기]-[찾아보기]를 클릭합니다.

▲ 파워포인트

▲ 한쇼

❸ [열기] 대화상자가 나오면 [불러올 파일]-[0장]에서 '스마일.pptx' 파일을 선택한 후, <열기> 단추를 클릭합니다.

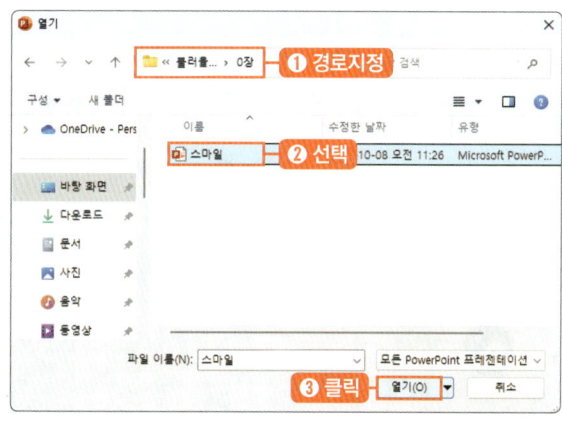
▲ 파워포인트

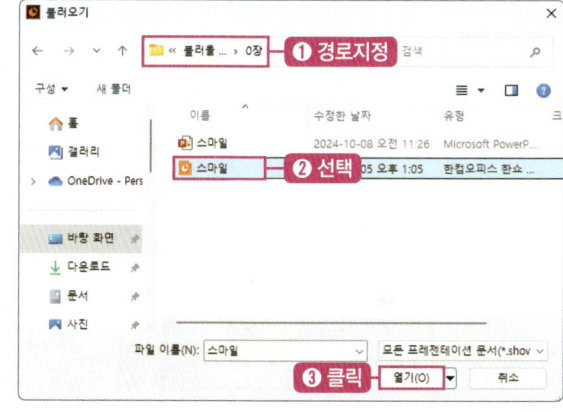
▲ 한쇼

02 파워포인트 2021(한쇼 2022) 파일 불러오기

❶ 왼쪽 슬라이드 미리 보기 창의 [슬라이드 1] 위에서 마우스 오른쪽 단추를 눌러 바로 가기 메뉴가 나오면 [슬라이드 복제]를 클릭합니다.

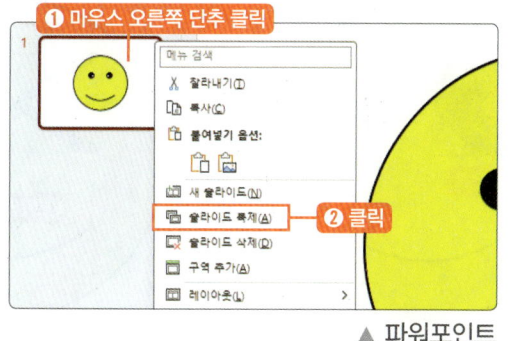
▲ 파워포인트

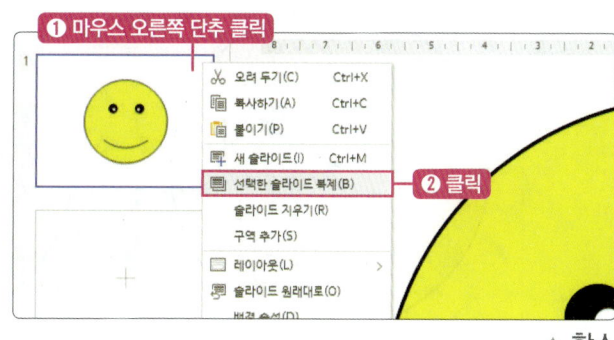
▲ 한쇼

03 파워포인트 2021(한쇼 2022) 개체를 그룹으로 지정하기

❶ Shift 키를 누른 채 그림과 같이 스마일의 왼쪽 눈을 각각 선택합니다. 이어서, Delete 키를 눌러 도형을 삭제합니다.

※ [슬라이드 2]에서 작업해요.

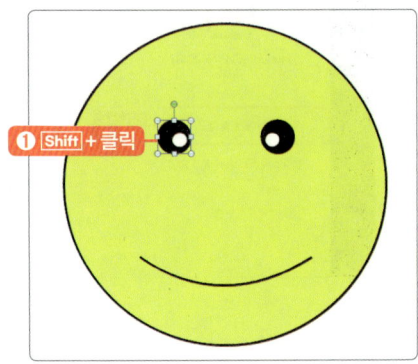  

❷ [삽입] 탭의 [일러스트레이션] 그룹에서 '도형( )'을 클릭한 후, 블록 화살표의 '화살표: 갈매기형 수장( )' 을 선택합니다.

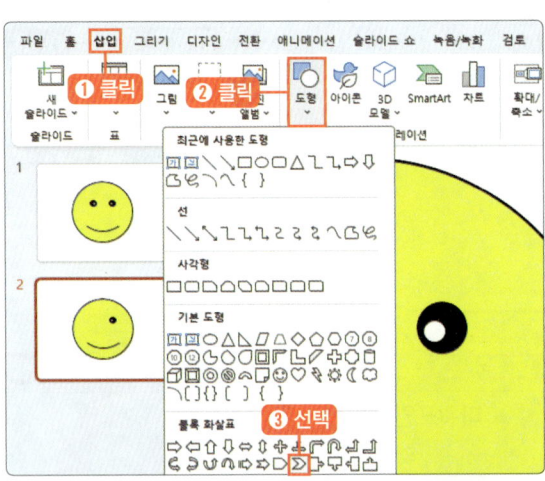 

▲ 파워포인트　　　　　　　　　　　　　　　　　　　　▲ 한쇼

❸ 마우스 커서가 + 모양으로 변경되면 스마일 안쪽을 드래그하여 도형을 삽입합니다. 이어서, 도형 위쪽의 노란색 조절점( )을 왼쪽으로 드래그하여 그림과 같이 모양을 조절합니다.

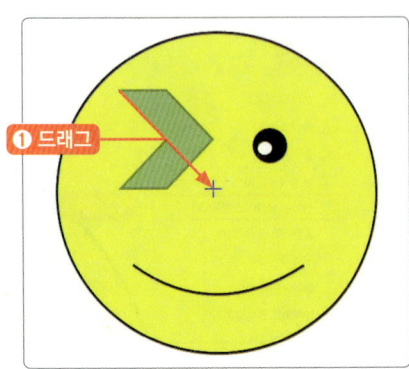 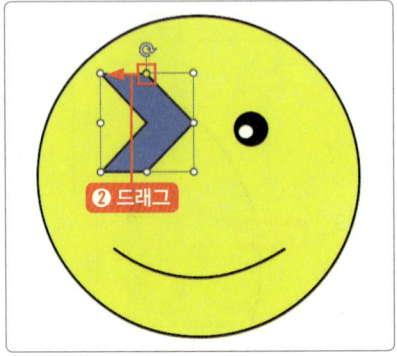 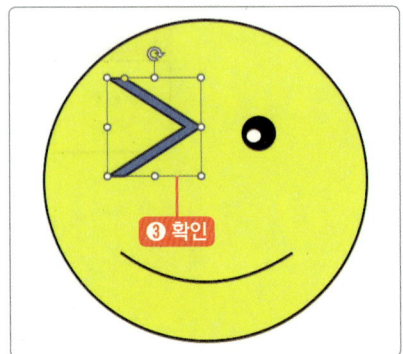

④ 그림과 같이 대각선 조절점(○)을 드래그하여 크기를 조절한 후, 위치를 변경합니다.

※ 도형 안쪽의 색이 채워진 부분을 드래그하여 위치를 변경해요.

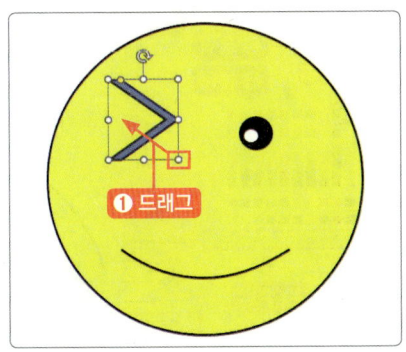 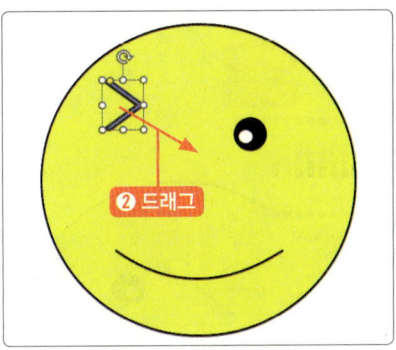 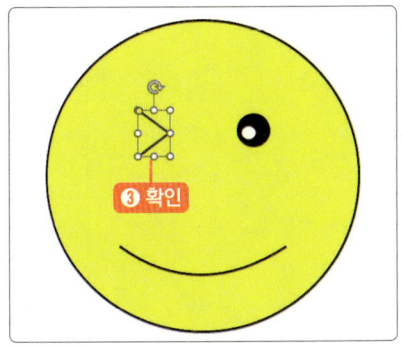

⑤ [도형 서식] 탭의 [도형 스타일] 그룹에서 '도형 채우기'를 클릭한 후, '검정, 텍스트 1'을 선택합니다. 이어서, '도형 윤곽선'을 클릭한 후, '윤곽선 없음'을 선택합니다.

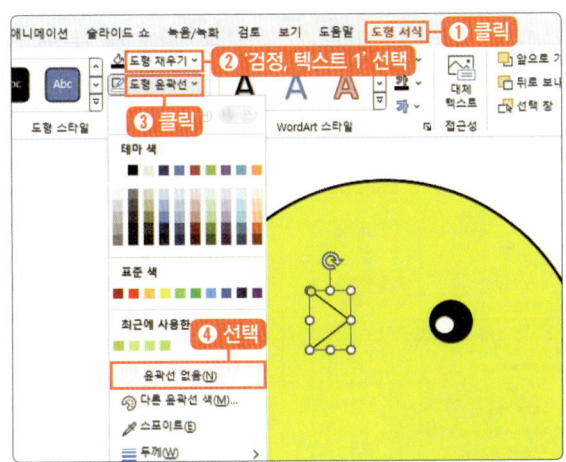 

▲ 파워포인트　　　　　　　　　　　　　　　　　　　　▲ 한쇼

⑥ [삽입] 탭의 [일러스트레이션] 그룹에서 '도형( )'을 클릭한 후, 선의 '선( )'을 선택합니다. 이어서, 마우스 커서가 ┼ 모양으로 변경되면 Shift 키를 누른 채 드래그하여 도형을 삽입한 후, 그림과 같이 크기 및 위치를 조절합니다.

※ Ctrl 키를 누른 채 키보드 방향키(←, →, ↑, ↓)를 누르면 세밀하게 위치를 조절할 수 있어요.

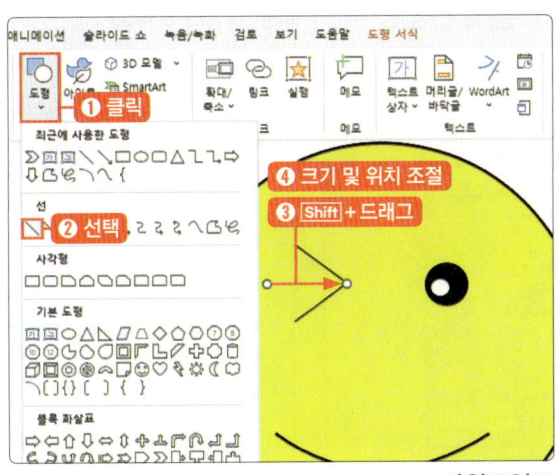 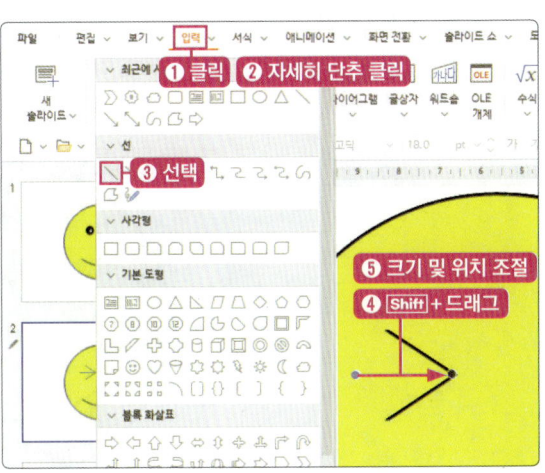

▲ 파워포인트　　　　　　　　　　　　　　　　　　　　▲ 한쇼

❼ [도형 서식] 탭의 [도형 스타일] 그룹에서 '도형 윤곽선'을 클릭한 후, '검정, 텍스트 1'을 선택합니다. 이어서, 다시 '도형 윤곽선'을 클릭한 후, '두께'에서 '1½pt'을 선택합니다. (한쇼 : [선 굵기]-1.5pt)

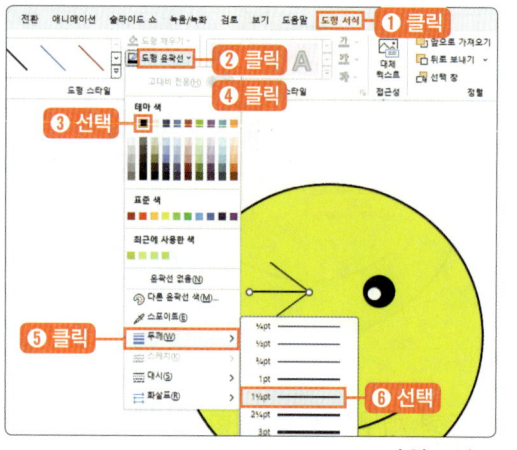
▲ 파워포인트

▲ 한쇼

❽ Ctrl + A 키를 눌러 모든 개체를 선택한 후, 도형 위에서 마우스 오른쪽 단추를 눌러 바로 가기 메뉴가 나오면 [그룹화]-[그룹]을 클릭합니다. (한쇼 : [그룹]-[개체 묶기])

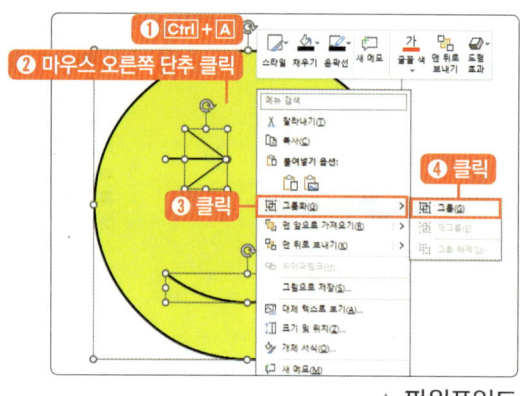
▲ 파워포인트

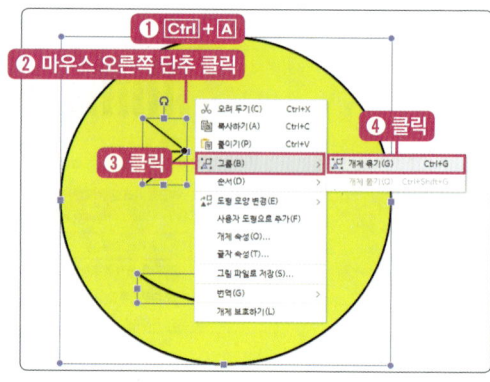
▲ 한쇼

04 파워포인트 2021(한쇼 2022) 작품을 그림으로 저장하기

❶ 그룹으로 지정된 스마일 얼굴 위에서 마우스 오른쪽 단추를 눌러 바로 가기 메뉴가 나오면 [크기 및 위치]를 클릭합니다. (한쇼 : 마우스 오른쪽 단추 클릭-[개체 속성])

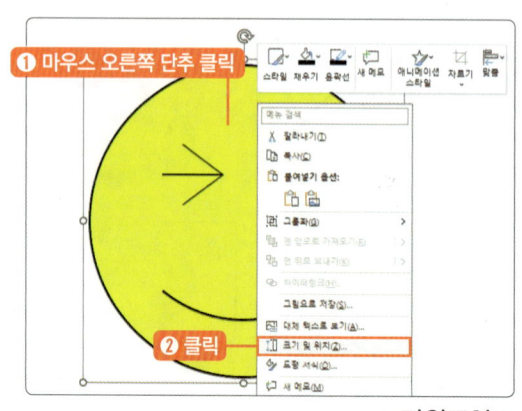
▲ 파워포인트

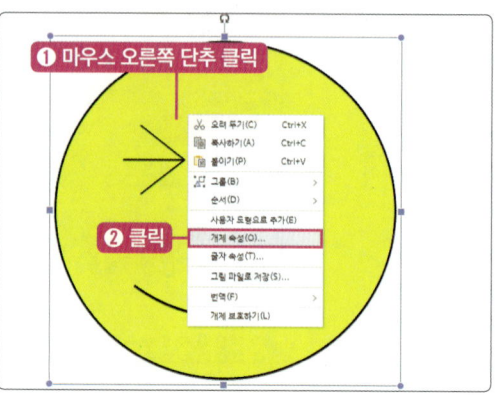
▲ 한쇼

② 오른쪽 작업 창이 나오면 [크기] 탭에서 '가로 세로 비율 고정'을 클릭하여 체크합니다. 이어서, 높이 조절 입력 칸에 '50'을 입력합니다. (한쇼 : [개체 속성]-[크기 및 속성]-[크기 및 위치])

※ '가로 세로 비율 고정'을 체크한 후, '높이 조절' 또는 '너비 조절'만 변경해도 가로 세로 비율이 일정하게 줄어들어요.

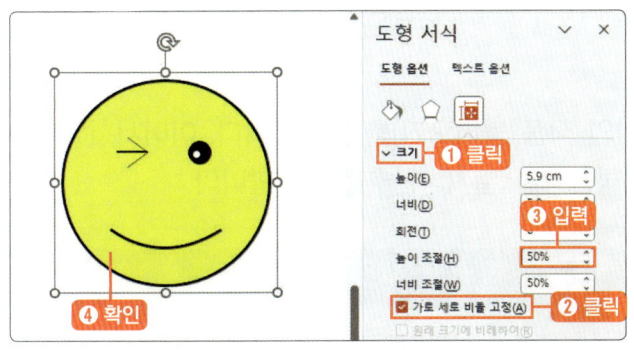
▲ 파워포인트

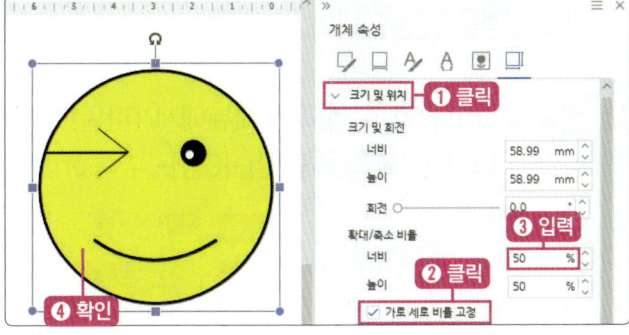
▲ 한쇼

③ 도형 위에서 마우스 오른쪽 단추를 눌러 바로 가기 메뉴가 나오면 [그림으로 저장]을 클릭합니다. [그림으로 저장] 대화상자가 나오면 '바탕 화면' 또는 '특정 드라이브'를 클릭합니다. 이어서, 파일 이름 입력 칸에 '그림2(홍길동)'을 입력한 후, <저장> 단추를 클릭합니다. (한쇼 : 마우스 오른쪽 단추 클릭-[그림 파일로 저장])

※ [그림으로 저장]의 기본 파일 형식은 PNG 이며 따로 파일 형식을 지정하지 않아요.

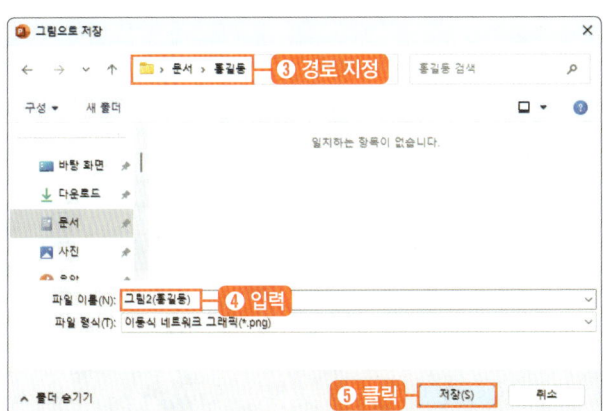

④ 똑같은 방법으로 [슬라이드 1]의 스마일을 그룹으로 지정한 후, 크기를 조절하여 그림( )으로 저장합니다. (파일명 : 그림1(홍길동))

05 파워포인트 2021(한쇼 2022) 파일 저장하기

① [파일]-[다른 이름으로 저장]-[찾아보기]를 클릭한 후, [다른 이름으로 저장] 대화상자가 나오면 '바탕 화면' 또는 '특정 드라이브'를 클릭합니다. 이어서, 파일 이름에 '스마일(홍길동)'을 입력한 후, <저장> 단추를 클릭합니다.

06 엔트리 예제파일을 불러온 후, 오브젝트 추가하기

❶ [시작]-[모든 앱]-'엔트리'를 클릭하거나 바탕화면의 엔트리 아이콘( )을 더블 클릭하여 엔트리(Entry) 프로그램을 실행합니다.

❷ 엔트리(Entry)가 실행되면 메뉴에서 [파일]-[오프라인 작품 불러오기]를 클릭합니다. 이어서, [열기] 대화 상자가 나오면 [불러올 파일]-[0장]-'부록.ent'를 선택한 후, <열기> 단추를 클릭합니다.

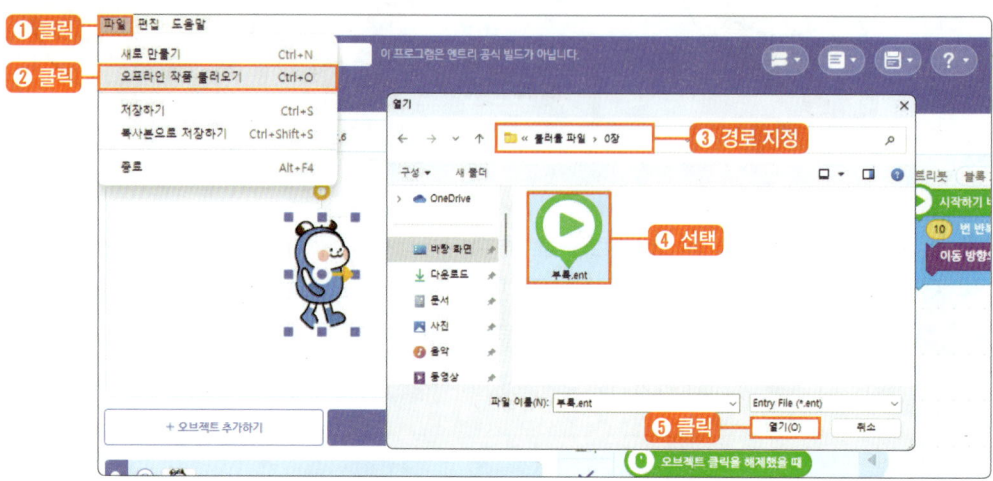

❸ 파일이 열리면 실행 화면의 ┌오브젝트 추가하기┐를 클릭합니다.

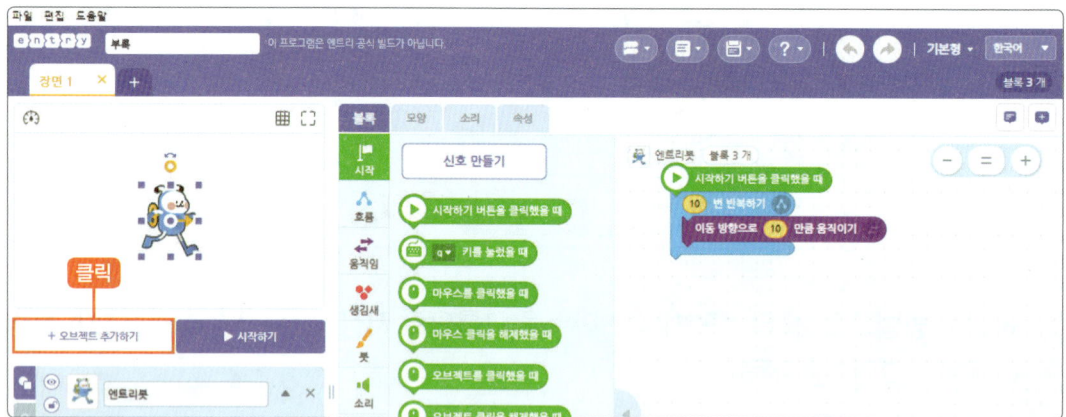

❹ [오브젝트 추가하기] 창이 나오면 [파일 올리기] 탭의 <파일 올리기( )>를 클릭합니다.

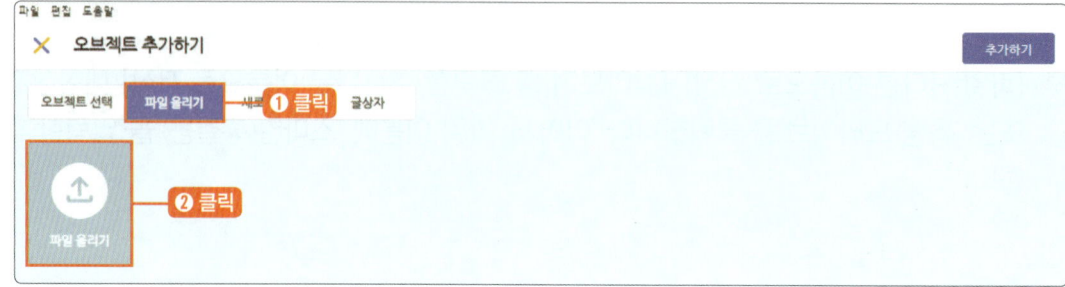

❺ [열기] 대화상자가 나오면 [불러올 파일]-[0장]-'그림1.png'를 선택한 후, <열기> 단추를 클릭합니다.
  ※ 한 번에 여러 가지 이미지 파일을 동시에 추가할 수 있어요.

❻ [파일 업로드] 탭의 '그림1'이 추가되면 '그림1( )'을 선택한 후, <추가하기> 단추를 클릭합니다.
  ※ 여러 개의 오브젝트를 선택하여 적용할 수 있어요.

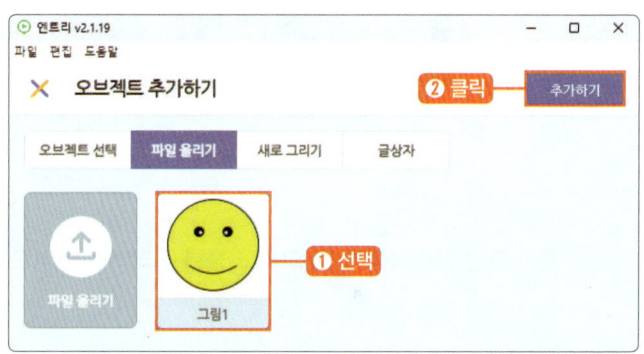

❼ [그림1] 오브젝트가 실행 화면과 오브젝트 목록에 추가된 것을 확인합니다.

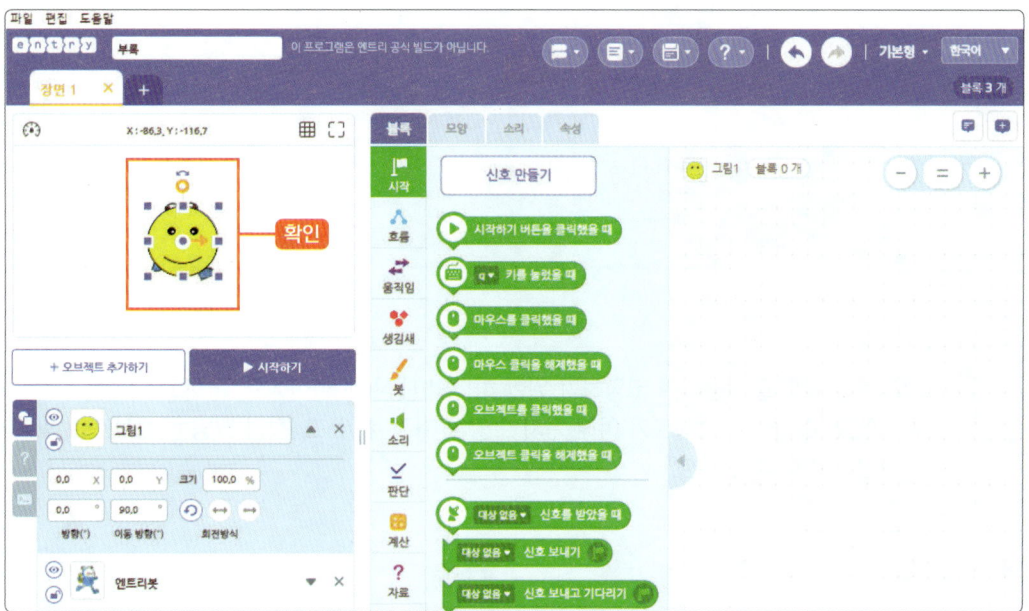

| 07 | **엔트리 모양 추가하기** |

❶ [블록 꾸러미] 상단의 [모양] 탭을 선택한 후, <모양 추가하기> 단추를 클릭합니다.

※ 그림이나 블록이 너무 커서 전부 보이지 않으면 오른쪽 상단의 [- = +] 버튼을 클릭하여 조절합니다.
※ 버튼 순서 (-) 축소, (=) 기본 크기, (+) 확대

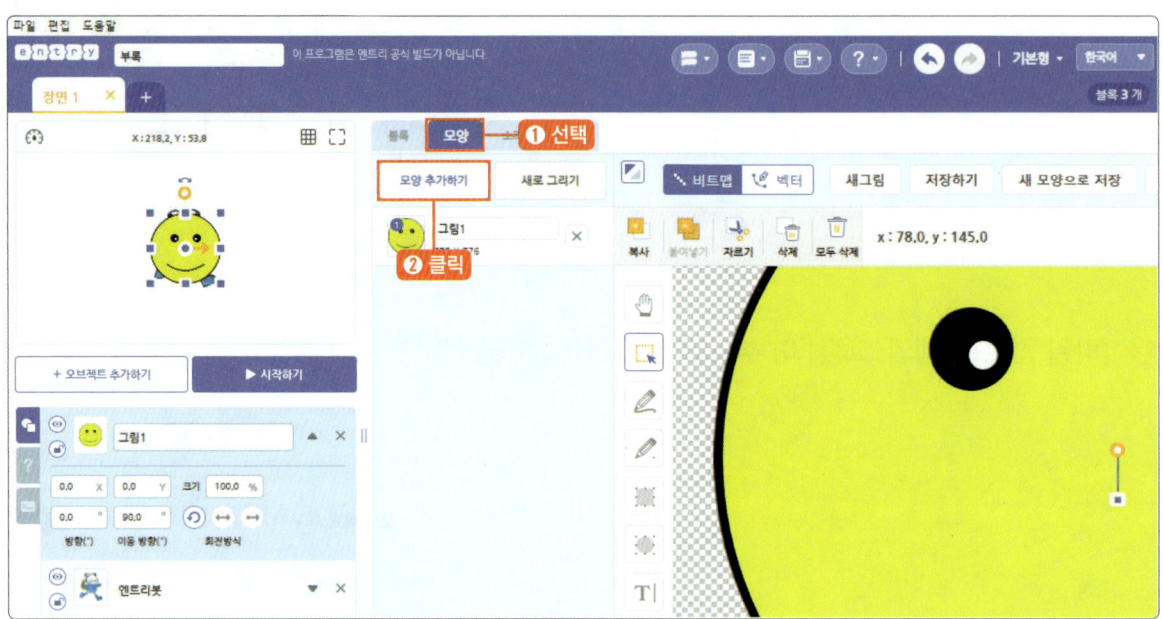

TIP
블록 조립소와 실행 화면, 그리고 블록 꾸러미는 영역 조절 단추(‖)를 통해 크기를 조절할 수 있어요.

❷ [모양 추가하기] 창이 나오면 [파일 올리기] 탭의 <파일 올리기(↑)>를 클릭합니다.

TIP
오브젝트와 모양
오브젝트란 블록을 사용하여 코딩하기 위한 하나의 대상(객체)이에요. 그리고 모양은 오브젝트가 실행 화면에서 보이는 모습이에요. 하나의 오브젝트가 여러 가지 모양을 가질 수 있고, 직접 코딩을 해서 오브젝트가 가지고 있는 모양을 다른 모양으로 변경할 수 있어요.

❸ [열기] 대화상자가 나오면 [불러올 파일]-[0장]-'그림2.png'를 선택한 후, <열기> 단추를 클릭합니다.

※ 한 번에 여러 가지 이미지 파일을 추가할 수 있어요.

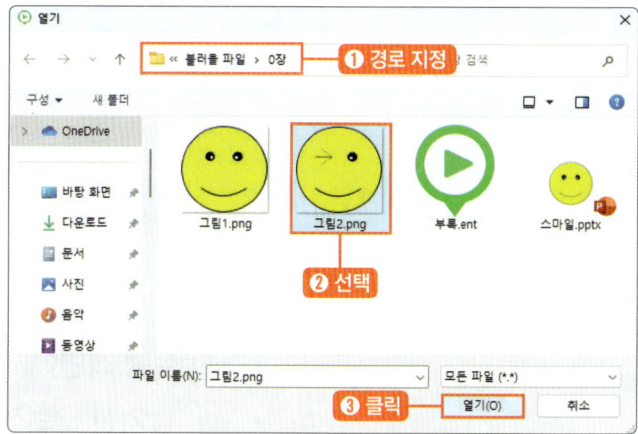

❹ [파일 올리기] 탭의 '그림2'가 추가되면 '그림2( )'를 선택한 후, <추가하기> 단추를 클릭합니다.

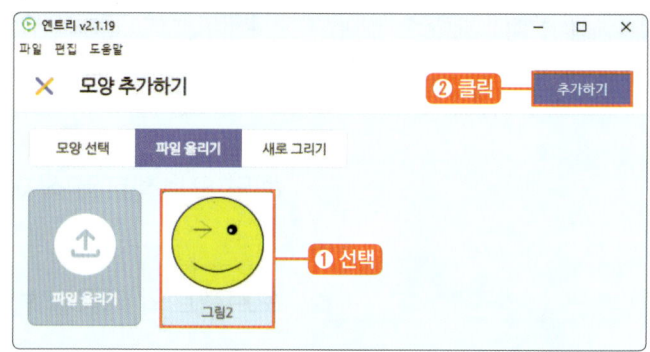

❺ '그림2' 모양이 모양 꾸러미에 추가된 것을 확인합니다.

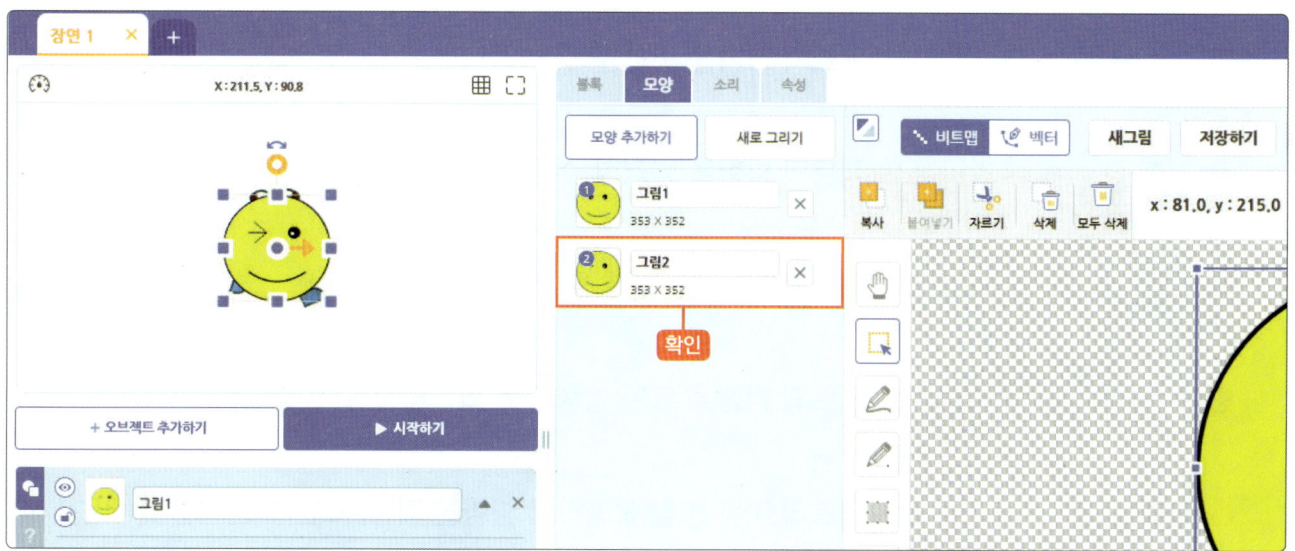

08 엔트리 오브젝트의 정보 변경하기

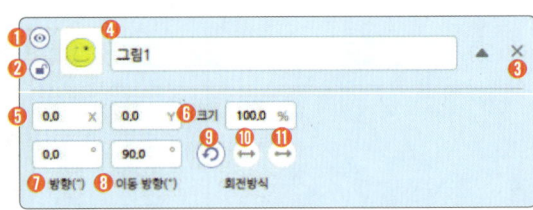

❶		• 👁 : 실행 화면에서 오브젝트가 보이지 않도록 숨길 수 있습니다. • : 숨겨진 오브젝트를 실행 화면에 보이게 할 수 있습니다.
❷		• 🔒 : 오브젝트의 정보를 변경하지 못하도록 잠금을 설정합니다. • 🔓 : 오브젝트의 정보를 변경할 수 있도록 잠금을 해제합니다.
❸	✕	해당 오브젝트를 삭제할 수 있습니다.
❹	이미지2	오브젝트의 이름을 변경할 수 있습니다.
❺	0.0 X 0.0 Y	오브젝트의 X 좌표와 Y 좌표를 변경할 수 있습니다.
❻	크기 100.0 %	오브젝트의 크기를 변경할 수 있습니다.
❼	0.0° 방향(°)	오브젝트의 방향을 변경할 수 있습니다.
❽	90.0° 이동 방향(°)	오브젝트가 이동하는 방향을 변경할 수 있습니다.
❾	↻	오브젝트의 방향을 모든 방향으로 회전시킬 수 있습니다.
❿	↔	오브젝트의 이동 방향에 따라서 방향을 좌·우로만 회전시킬 수 있습니다.
⓫	→	오브젝트의 방향을 회전시킬 수 없습니다.

09 엔트리 오브젝트의 중심점 이동하기

❶ 오브젝트를 선택한 후, 실행 화면에서 오브젝트의 중심점을 마우스로 드래그하여 원하는 위치로 이동합니다.

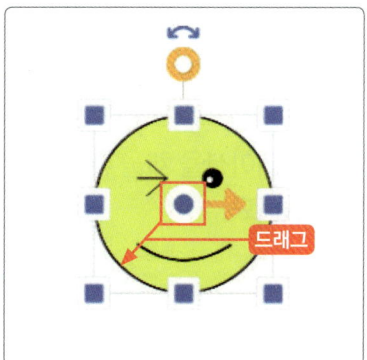 

TIP
중심점이란?
① 오브젝트 위치의 기준이에요. 중심점을 기준으로 오브젝트의 위치가 이동해요.
② 중심점은 오브젝트에 코딩하여 방향을 회전할 때 중심이 되는 점이에요. 중심점의 위치는 오브젝트의 내부 뿐만 아니라 외부 어디든 이동이 가능해요.
③ 오브젝트에 코딩하여 그림을 그릴 때도 중심점을 기준으로 그려져요.

10 엔트리 파일 저장하기

❶ 메뉴에서 [파일]-[복사본으로 저장하기]를 클릭합니다. 이어서, [다른 이름으로 저장] 대화상자가 나오면 바탕화면에 자신의 이름으로 된 폴더에 파일 이름을 '홍길동'으로 입력한 후, <저장> 단추를 클릭합니다.

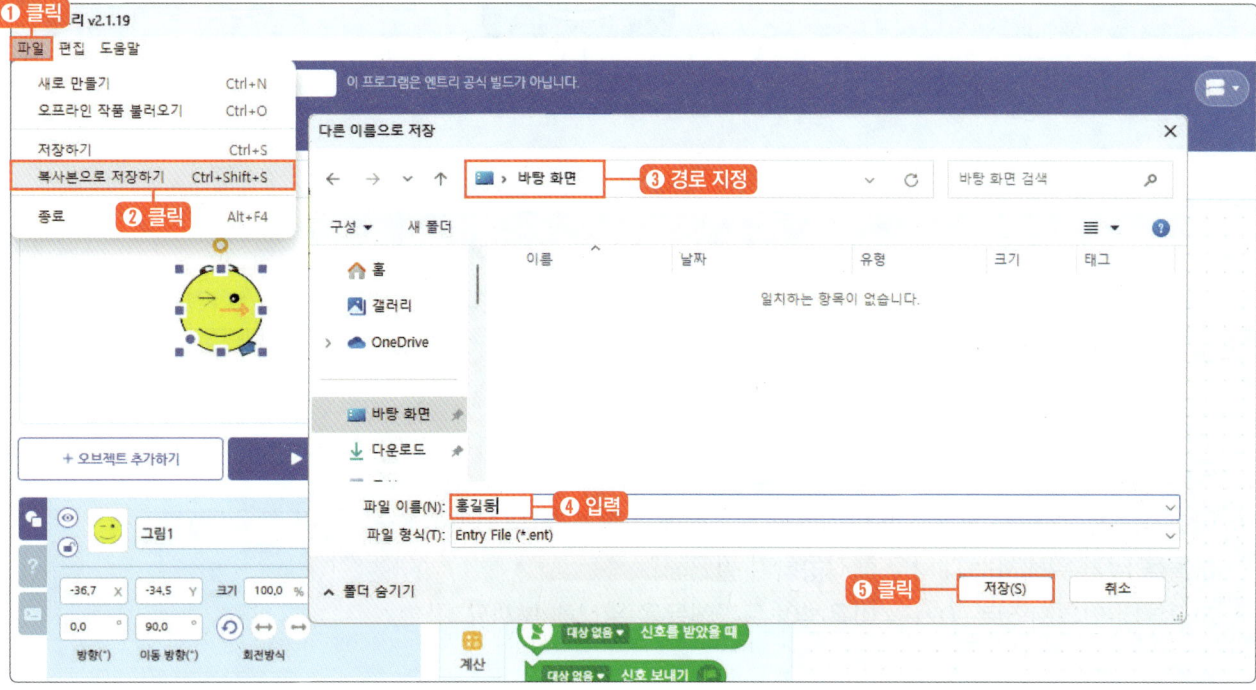

CHAPTER 01 안녕 도라에몽

📂 불러올 파일 : 대나무헬리콥터.pptx   📂 완성된 파일 : 대나무헬리콥터(완성).pptx, 도라에몽.png

학습목표
- 도형 안에 색상과 그라데이션을 채울 수 있어요.
- 투명도를 지정할 수 있어요.

오늘 배울 내용 알아보기

도라에몽은 어떤 캐릭터일까요? 정답은 고양이 로봇~!!
목에 달린 방울과 수염을 보면 알 수 있겠죠?
이번 CHAPTER에서 만드는 도라에몽은 엔트리에서 하늘을 날아다니는 주인공이 될 거예요~
하늘을 날기 위해서는 대나무 헬리콥터가 필요해요.
지금부터 파워포인트 2021을 이용하여 도라에몽을 완성해 볼까요?

01 도형에 색상 채우기

❶ 파워포인트 2021(P)을 실행한 후, [열기]-[찾아보기]-[불러올 파일]-[1장]의 '대나무헬리콥터.pptx' 파일을 불러옵니다.

※ 파일 불러오기는 부록의 007 페이지를 참고하세요~

❷ 파일이 열리면 캐릭터의 머리를 선택한 후, [도형 서식] 탭의 [도형 스타일] 그룹에서 [도형 채우기]를 클릭합니다. 이어서, '바다색, 강조 5'를 선택합니다. (한쇼 : [도형] 탭-[도형 채우기]-초록 40% 밝게)

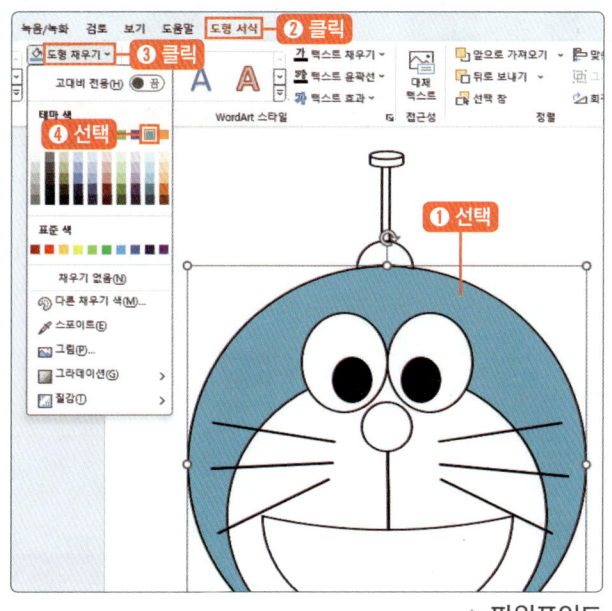
▲ 파워포인트

▲ 한쇼

❸ 캐릭터의 코를 클릭한 후, Shift 키를 누른 채 입을 클릭합니다.

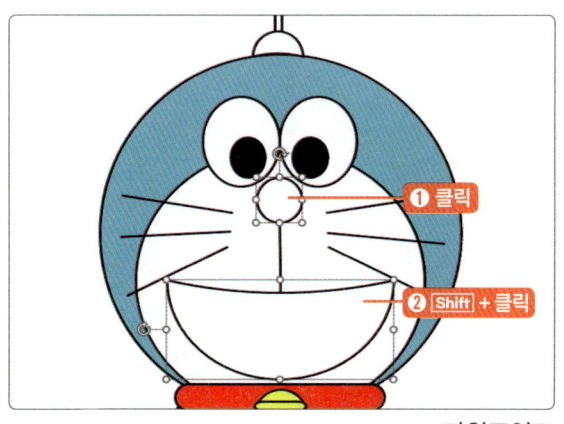
▲ 파워포인트

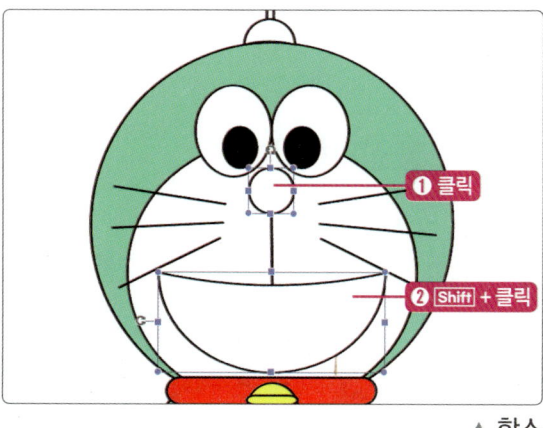
▲ 한쇼

TIP
파워포인트에서 Shift 키의 역할

① Shift 키를 누른 채 개체(도형, 그림 등)들을 각각 클릭하면 다중으로 선택이 가능해요.

② 도형을 삽입할 때 Shift 키를 누른 채 드래그하면 가로·세로 비율을 일정하게 그릴 수 있어요.

③ 도형의 크기를 조절할 때 Shift 키를 누른 채 조절점(O)을 드래그하면 가로·세로 크기를 동시에 조절할 수 있어요.

❹ 색을 채우기 위해 [도형 서식] 탭의 [도형 스타일] 그룹에서 [도형 채우기]를 클릭한 후, '빨강'을 선택합니다. 이어서, Esc 키를 눌러 모든 선택을 해제합니다. (한쇼 : [도형] 탭-[도형 채우기]-빨강)

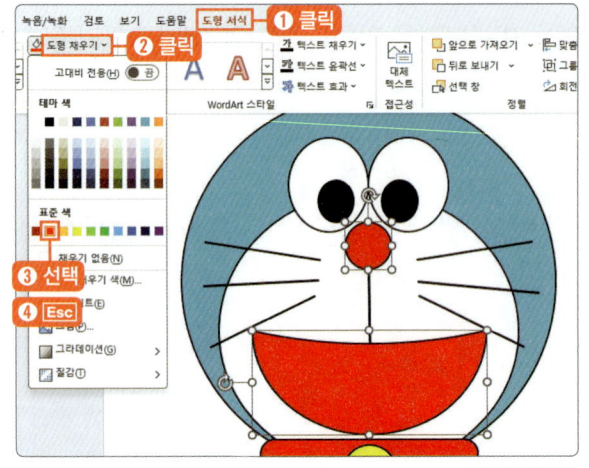
▲ 파워포인트

▲ 한쇼

❺ 위와 똑같은 방법으로 Shift 키를 누른 채 캐릭터의 머리 위 도형 3개를 각각 클릭합니다. 이어서, [도형 채우기]를 클릭한 후, '노랑'을 선택합니다. (한쇼 : [도형] 탭-[도형 채우기]-노랑)

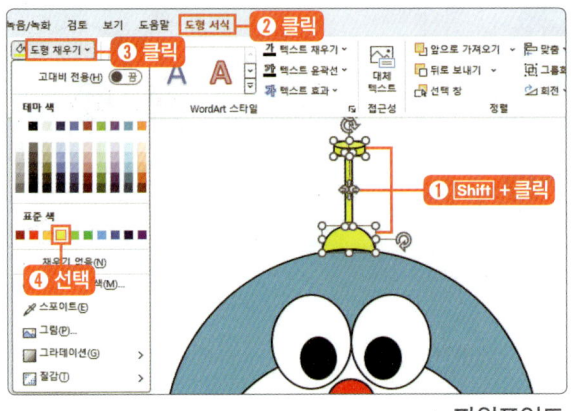
▲ 파워포인트

▲ 한쇼

02 도형 삽입하기

❶ [삽입] 탭의 [일러스트레이션] 그룹에서 [도형( )]을 클릭한 후, 기본 도형의 '타원( )'을 선택합니다.

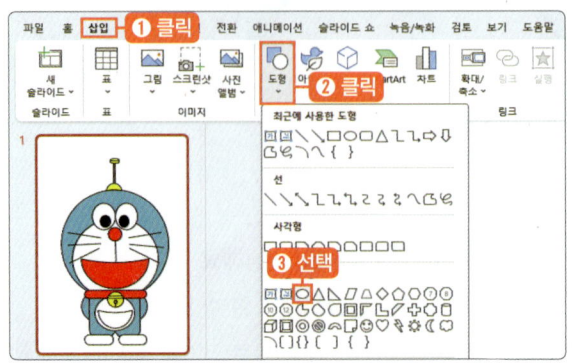
▲ 파워포인트

▲ 한쇼

❷ 마우스 커서가 ➕ 모양으로 변경되면 캐릭터의 머리 위쪽을 드래그하여 도형을 삽입합니다. 이어서, 대각선 조절점(O)을 드래그하여 크기를 조절한 후, 위치를 변경합니다.

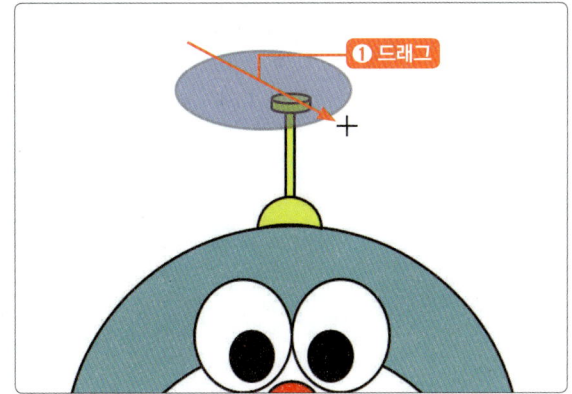
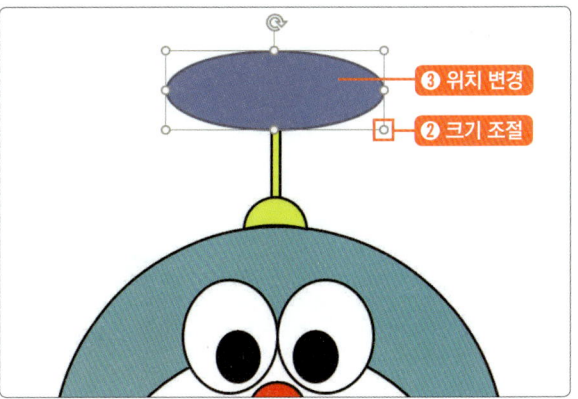

❸ 도형 위에서 마우스 오른쪽 단추를 눌러 바로 가기 메뉴가 나오면 [도형 서식]을 클릭합니다. 이어서, 오른쪽 작업창이 나오면 [채우기] 탭에서 '그라데이션 채우기'를 선택합니다. (한쇼 : [개체 속성])

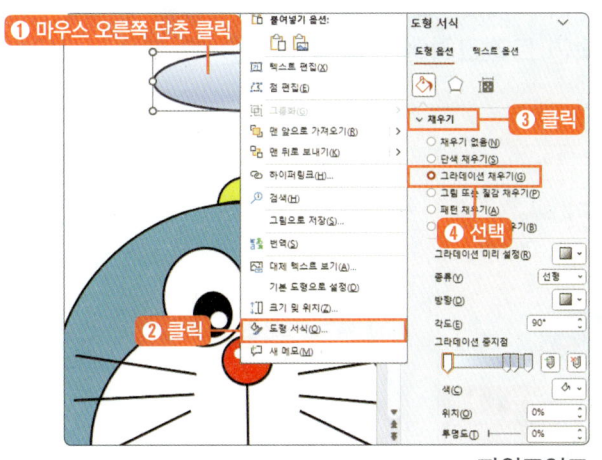
▲ 파워포인트

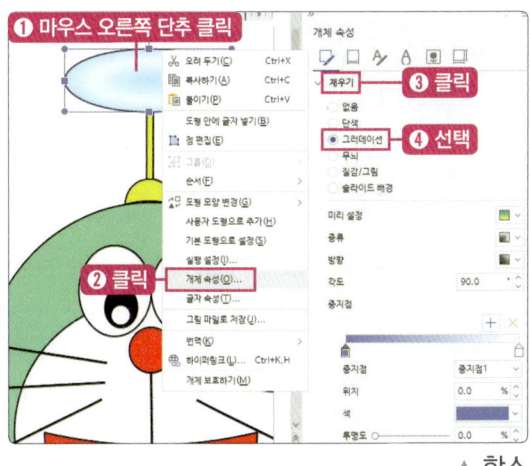
▲ 한쇼

❹ '그라데이션 미리 설정( )'을 클릭한 후, '밝은 그라데이션 – 강조 5'를 선택합니다. 이어서, '종류'를 클릭한 후, '경로형'을 선택합니다. (한쇼 : 미리 설정( )-'솜사탕2( )')

❺ 아래쪽의 [선] 탭을 클릭하여 '선 없음'을 선택합니다.

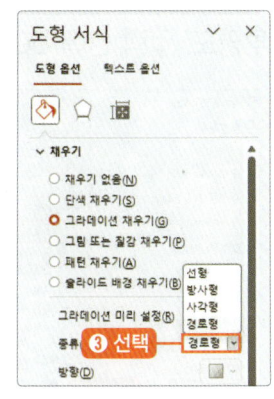
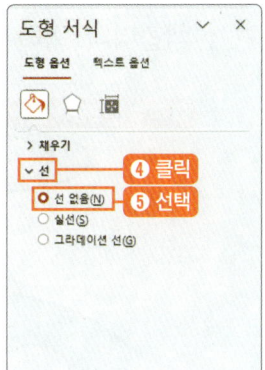

❻ 도형 위에서 마우스 오른쪽 단추를 눌러 바로 가기 메뉴가 나오면 [맨 뒤로 보내기(　)]를 클릭합니다.

※ [맨 뒤로 보내기]를 선택하면 도형의 위치를 모든 개체의 맨 뒤로 보낼 수 있어요

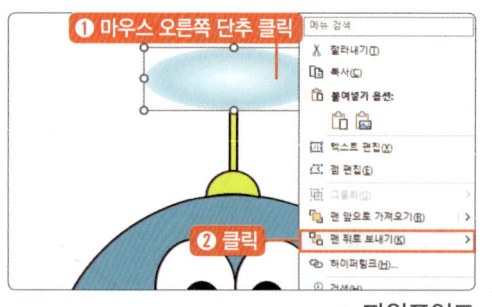
▲ 파워포인트

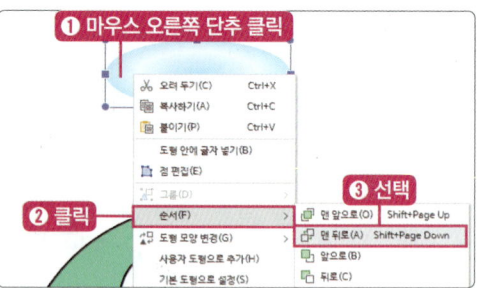
▲ 한쇼

03 투명도 지정하기

❶ [삽입] 탭의 [일러스트레이션] 그룹에서 [도형(　)]을 클릭한 후, 기본 도형의 '타원(○)'을 선택합니다. 이어서, 마우스 커서가 ┼ 모양으로 변경되면 드래그하여 도형을 삽입한 후, 그림과 같이 크기 및 위치를 조절합니다.

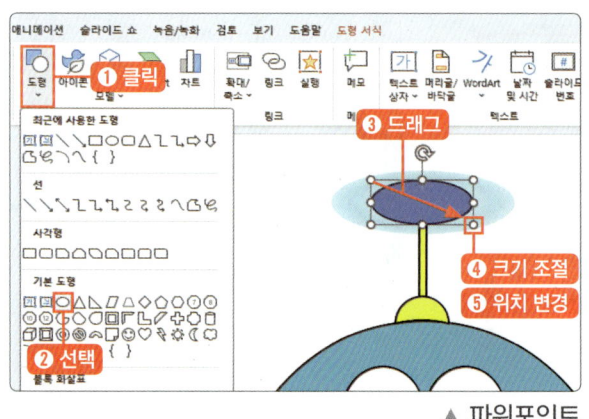
▲ 파워포인트

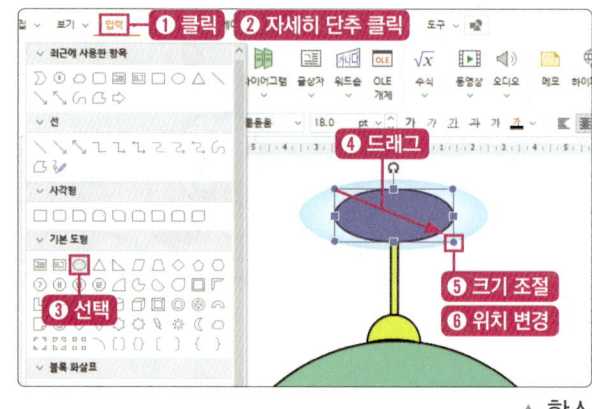
▲ 한쇼

❷ 도형 위에서 마우스 오른쪽 단추를 눌러 바로 가기 메뉴가 나오면 [도형 서식]을 클릭합니다.

❸ 오른쪽 작업창이 나오면 [채우기] 탭의 '단색 채우기'를 선택하고 '색(　)'을 클릭한 후, '흰색, 배경 1'을 선택합니다. 이어서, '투명도' 입력 칸에 '50'을 입력한 후, 작업창 닫기(×) 단추를 클릭합니다.

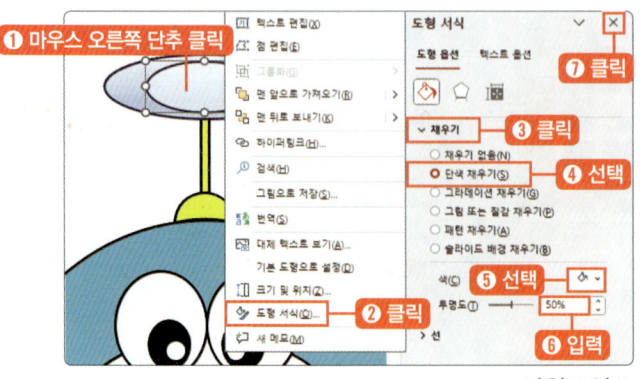
▲ 파워포인트

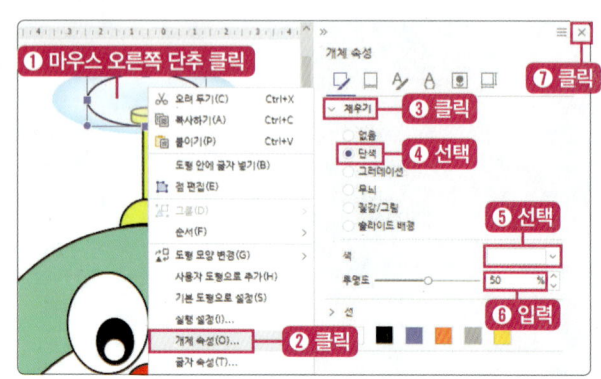
▲ 한쇼

CHAPTER 01 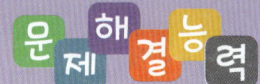 미션 수행하기

01 투명도를 설정한 도형의 윤곽선을 '윤곽선 없음'으로 지정해 보세요.

- 도형을 클릭 → [도형 서식]-[도형 스타일]-[도형 윤곽선] → 윤곽선 없음

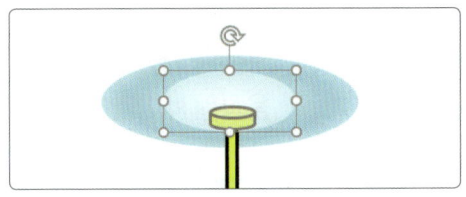

02 도형을 이용하여 캐릭터를 완성해 보세요.

- 기본 도형-타원(○) → 드래그 후, 크기 및 위치 조절(왼쪽 눈) → 채우기(흰색, 배경 1 □) → 윤곽선(윤곽선 없음) → 오른쪽으로 복사(Ctrl+Shift+오른쪽으로 드래그) → 위치 조절(오른쪽 눈) → 아래쪽으로 복사(코) → 크기 및 위치 조절

  ※ Ctrl 키를 누른 채 키보드 방향키(←, →, ↑, ↓)를 이용하면 도형의 위치를 세밀하게 조절할 수 있어요.

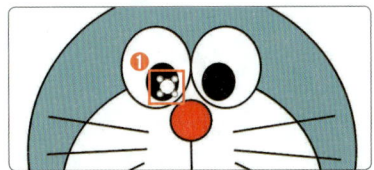  

- 기본 도형-타원(○) → 드래그 후, 크기 및 위치 조절(입) → 채우기(주황, 강조 6 ▭) → 윤곽선(윤곽선 없음) → Ctrl+A(모두 선택) → 도형 위에서 마우스 오른쪽 단추 클릭 → [그룹화]-[그룹]

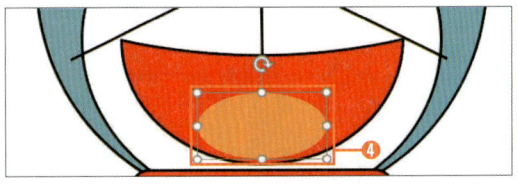

03 완성된 작품을 바탕화면에 자신의 이름으로 된 폴더에 그림으로 저장(도라에몽.png)한 후, 파일을 저장(대나무헬리콥터.pptx)해 보세요.

※ [그림으로 저장]할 때는 크기 배율을 '높이 조절 : 50%', '너비 조절 : 50%'로 줄여서 저장하세요.

CHAPTER 02 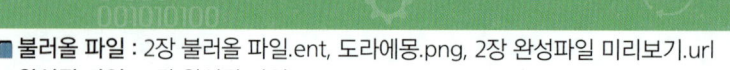 키로 대나무 헬리콥터 조종하기

■ 불러올 파일 : 2장 불러올 파일.ent, 도라에몽.png, 2장 완성파일 미리보기.url
■ 완성된 파일 : 2장 완성된 파일.ent

 학습목표
- 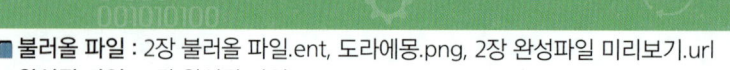 키를 눌렀을 때 왼쪽, 오른쪽으로 움직일 수 있어요.
- 움직일 때마다 오브젝트가 점점 커져요.

오늘 사용한 명령 블록

명령 블록	블록 꾸러미	설 명
q▼ 키를 눌렀을 때	시작 (▶)	특정한 키를 누르면 아래에 연결된 블록들을 실행해요.
x 좌표를 10 만큼 바꾸기	움직임 (↔)	오브젝트의 x 좌표를 설정한 값만큼 바꿔요.
크기를 10 만큼 바꾸기	생김새 (◆)	오브젝트의 크기를 입력한 값만큼 바꿔요.

오늘 코딩한 내용 알아보기

[도라에몽] 오브젝트가 왼쪽, 오른쪽으로 움직이면 크기가 커지도록 코딩해요.

01 기본 작업하기

❶ 엔트리(Entry)를 실행한 후, [불러올 파일]-[2장]-'2장 불러올 파일.ent'를 불러옵니다. 이어서, 1장에서 만들었던 '도라에몽.png'를 오브젝트로 추가합니다. 만일 이미지 파일이 없다면 [불러올 파일]-[2장]-'도라에몽.png'를 추가합니다.

※ 오브젝트 추가하기는 부록의 012 페이지를 참고해요~

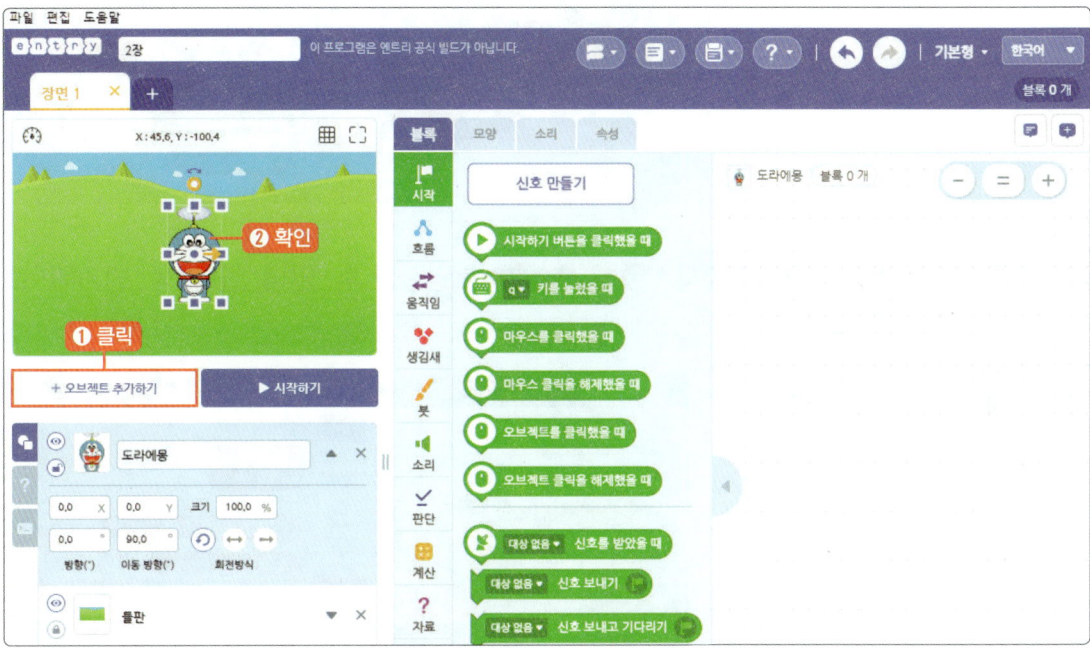

❷ 오브젝트가 추가되면 [도라에몽] 오브젝트의 크기를 '80'으로 변경합니다.

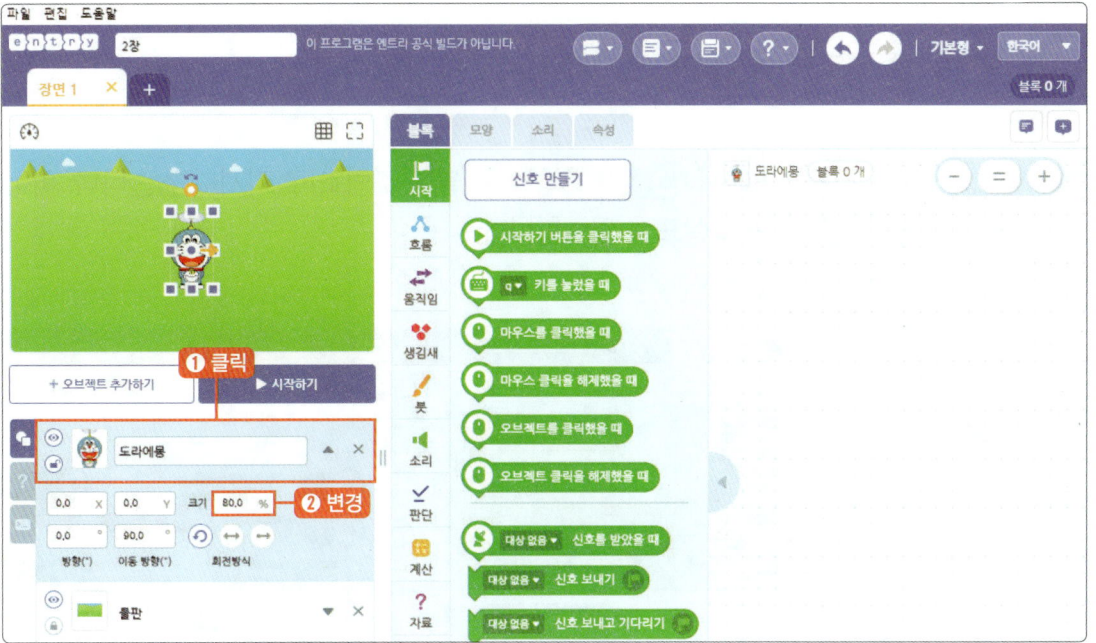

02 ▶ [도라에몽] 오브젝트가 말하도록 코딩하기

❶ 기본 작업이 끝나면 [시작(🏁)] 블록 꾸러미에서 [▶ 시작하기 버튼을 클릭했을 때]를 [블록 조립소]로 가져다 놓습니다.

❷ [생김새(🔴)] 블록 꾸러미에서 [안녕! 을(를) 말하기 🔴]를 연결한 후, '안녕!'을 '안녕! 반가워!'로 변경합니다.

  ※ [안녕! 을(를) 말하기 🔴]는 다른 말하기 블록이나 [말풍선 지우기 🔴]를 사용하기 전까지 실행 화면에서 말풍선이 사라지지 않아요.

03 ▶ 방향키를 누르면 이동하며 크기가 커지도록 코딩하기

❶ [시작(🏁)] 블록 꾸러미에서 [q▼ 키를 눌렀을 때]를 [블록 조립소]로 가져다 놓습니다. 이어서, [q]를 클릭하여 선택 메뉴가 나오면 '왼쪽 화살표'를 클릭합니다.

  ※ 선택 메뉴에서 마우스 휠을 이용하여 메뉴를 선택할 수 있어요

❷ [움직임( )] 블록 꾸러미에서 `x좌표를 10 만큼 바꾸기`를 연결한 후, '10'을 '-2'로 변경합니다.

❸ [생김새( )] 블록 꾸러미에서 `크기를 10 만큼 바꾸기`를 연결한 후, '10'을 '1'로 변경합니다.

> **TIP**
>
> **좌표란?**
>
> 실행 화면에서 오브젝트의 위치를 나타내기 위한 숫자에요. 범위는 실행화면의 가운데 '0'을 기준으로 가로(X좌표)는 '-240(왼쪽)~240(오른쪽)', 세로(Y좌표)는 '-135(아래쪽)~135(위쪽)'에요. 그리고 좌표를 표시할 때는 x좌표를 기준('X좌표, Y좌표')으로 표시해요.

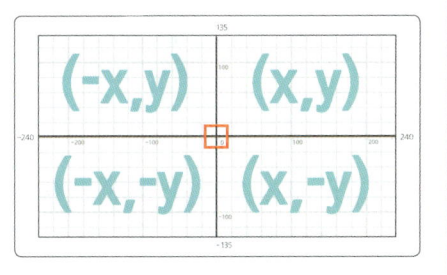

❹ [시작( )] 블록 꾸러미에서 `q 키를 눌렀을 때`를 [블록 조립소]로 가져다 놓습니다. 이어서, `q`를 클릭하여 선택 메뉴가 나오면 '오른쪽 화살표'를 클릭합니다.

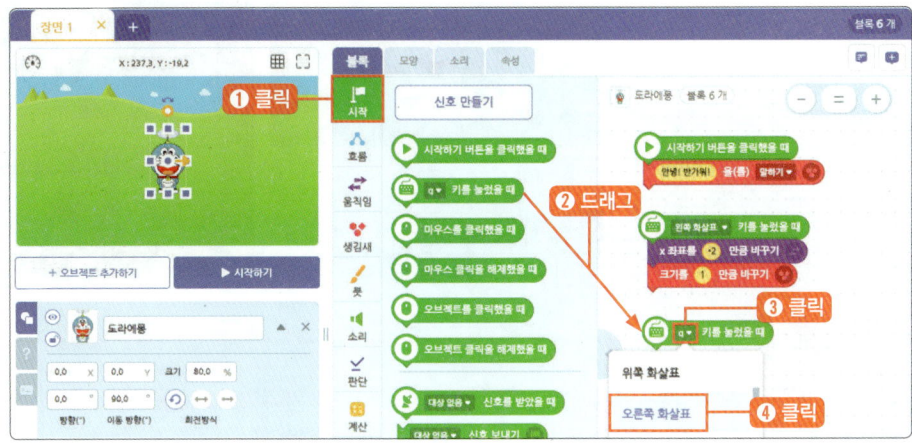

❺ [움직임(⇄)] 블록 꾸러미에서 `x좌표를 10 만큼 바꾸기` 를 연결한 후, '10'을 '2'로 변경합니다.

❻ [생김새(✿)] 블록 꾸러미에서 `크기를 10 만큼 바꾸기` 를 연결한 후, '10'을 '1'로 변경합니다.

❼ 코딩이 완료되면 `▶ 시작하기` 를 클릭하여 [도라에몽] 오브젝트가 ←, → 키를 누르면 왼쪽, 오른쪽으로 이동하며 크기가 커지는지 확인합니다. 이어서, 바탕화면에 자신의 이름으로 된 폴더에 '2장-홍길동.ent'로 저장합니다.

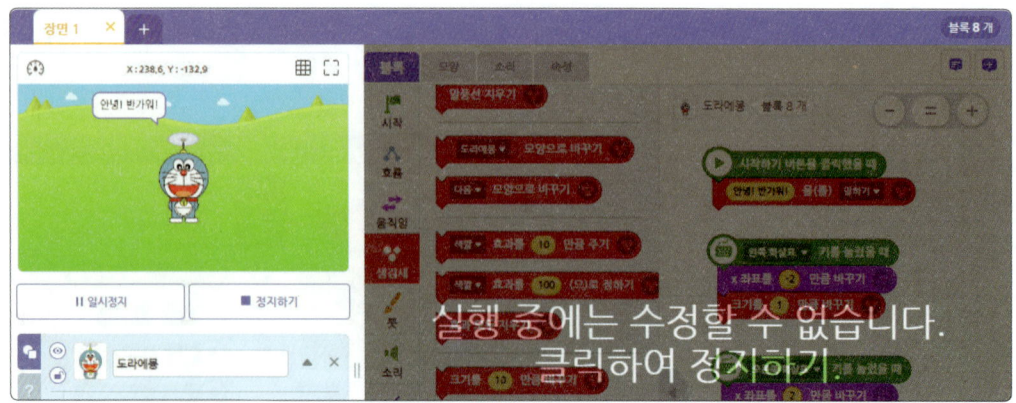

> **코딩풀이**
>
> [도라에몽] 오브젝트는 왼쪽 화살표(←) 키를 누르면 왼쪽으로 이동하면서 크기가 '1' 만큼 커지고, 오른쪽 화살표(→) 키를 누르면 오른쪽으로 이동하면서 크기가 '1' 만큼 커져요.

CHAPTER 02  미션 수행하기

■ 불러올 파일 : 2장-1 불러올 파일.ent   ■ 완성된 파일 : 2장-1 완성된 파일.ent

01 엔트리봇 오브젝트를 추가하고 인사해요.

- 하이파이브 엔트리봇을 추가합니다.
- 도라에몽과 같이 움직이고, 동시에 똑같이 점점 커져요.

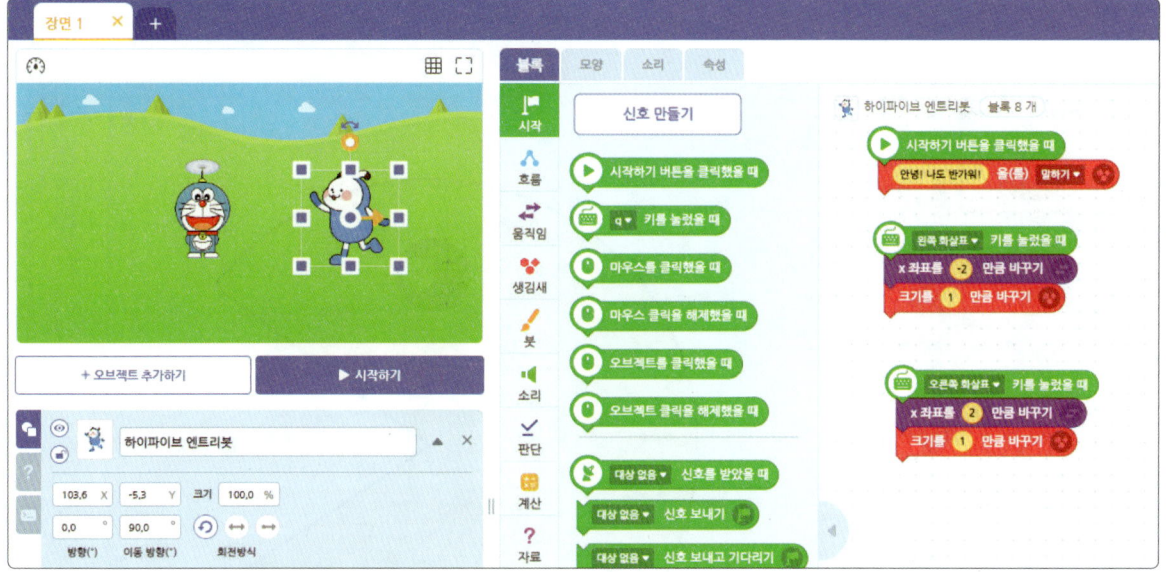

■ 불러올 파일 : 2장-2 불러올 파일.ent   ■ 완성된 파일 : 2장-2 완성된 파일.ent

02 도라에몽이 위로 아래로 움직이고, 점점 작아지도록 코딩해봐요.

- 위쪽 화살표, 아래쪽 화살표를 추가한 후, y좌표로 위치를 변경하고, 크기를 -1로 바꾸어요.
  ※ 위로, 아래로 갈때는 y좌표를 사용해야 해요.

CHAPTER 03 별 먹는 팩맨

■ 불러올 파일 : 없음   ■ 완성된 파일 : 별먹는팩맨(완성).pptx, 팩맨1.png, 팩맨2.png

학습목표
- 페이지를 설정한 후, 레이아웃을 변경할 수 있어요.
- 도형의 서식을 변경한 후, 기본 도형으로 설정을 지정할 수 있어요.

오늘 배울 내용 알아보기

팩맨은 입이 아주 큰 캐릭터로 먹는 것을 가장 좋아해요.
팩맨이 가장 좋아하는 음식은 어떤 음식일까요?~
엔트리에서는 팩맨이 별을 먹기 위해서 요리조리 움직일 거예요. 맛있는 별을 먹기 위해서는
입을 벌린 팩맨과 입을 다물고 있는 팩맨 두 가지의 모양을 만들어야 해요.
지금부터 파워포인트 2021을 이용하여 팩맨을 완성해 볼까요?

01 레이아웃 변경 및 페이지 설정하기

❶ 파워포인트 2021( )을 실행한 후, [새 프레젠테이션]을 실행합니다.

❷ [디자인] 탭의 [사용자 지정] 그룹에서 [슬라이드 크기]-'사용자 지정 슬라이드 크기'를 클릭합니다. [슬라이드 크기] 대화상자가 나오면 슬라이드 크기를 'A4 용지(210×297mm)'로 선택한 후, <확인> 단추를 클릭합니다.

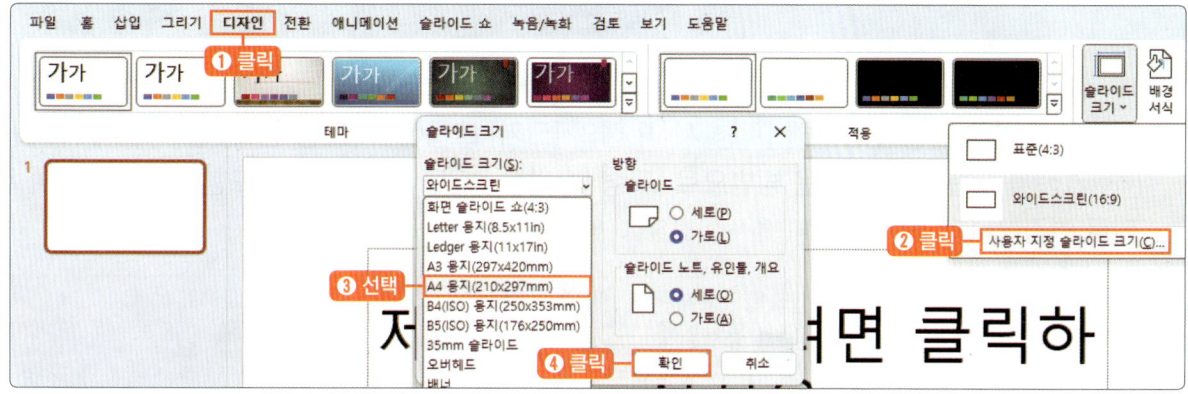

❸ 이이서, <맞춤 확인> 단추를 클릭하고 [홈] 탭의 [슬라이드] 그룹에서 [레이아웃( )]을 클릭한 후, '빈 화면'을 선택합니다.

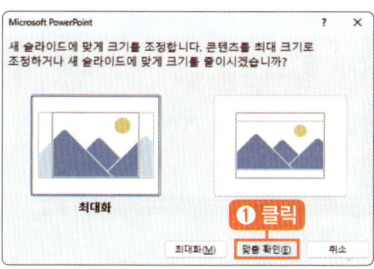

02 도형 삽입하기

❶ [삽입] 탭의 [일러스트레이션] 그룹에서 [도형( )]을 클릭한 후, 기본 도형의 '부분 원형( )'을 선택합니다.

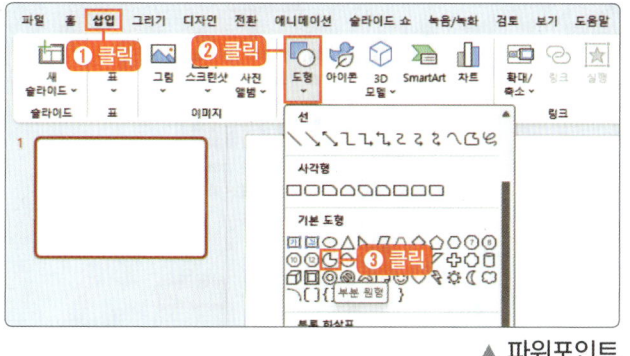
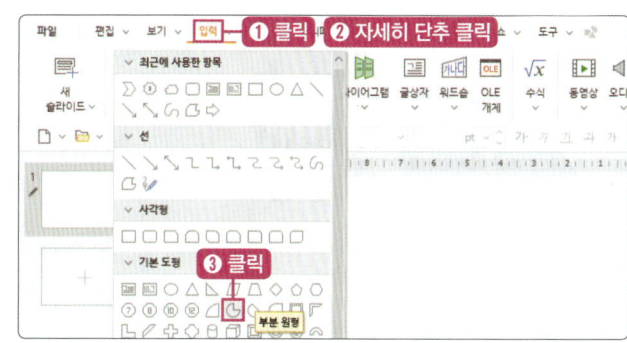

▲ 파워포인트   ▲ 한쇼

❷ 마우스 커서가 ✚ 모양으로 변경되면 적당한 크기로 드래그하여 도형을 삽입합니다.

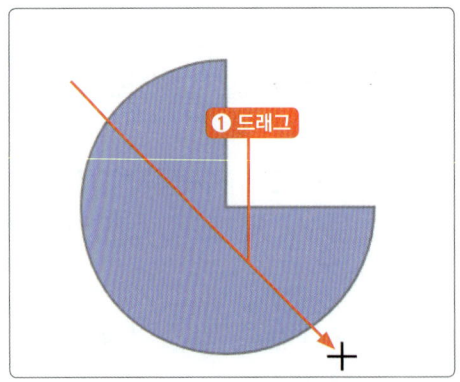
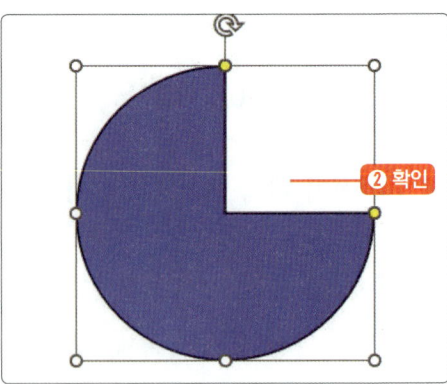

❸ 도형의 크기를 지정하기 위해 [도형 서식] 탭의 [크기] 그룹에서 [도형 높이] 입력 칸에 '15'를 입력한 후, Enter 키를 누릅니다. 똑같은 방법으로 [도형 너비]를 '15'로 지정한 다음 도형을 드래그하여 위치를 가운데로 변경합니다. (한쇼 : [도형] 탭-'너비(150)', '높이(150)')

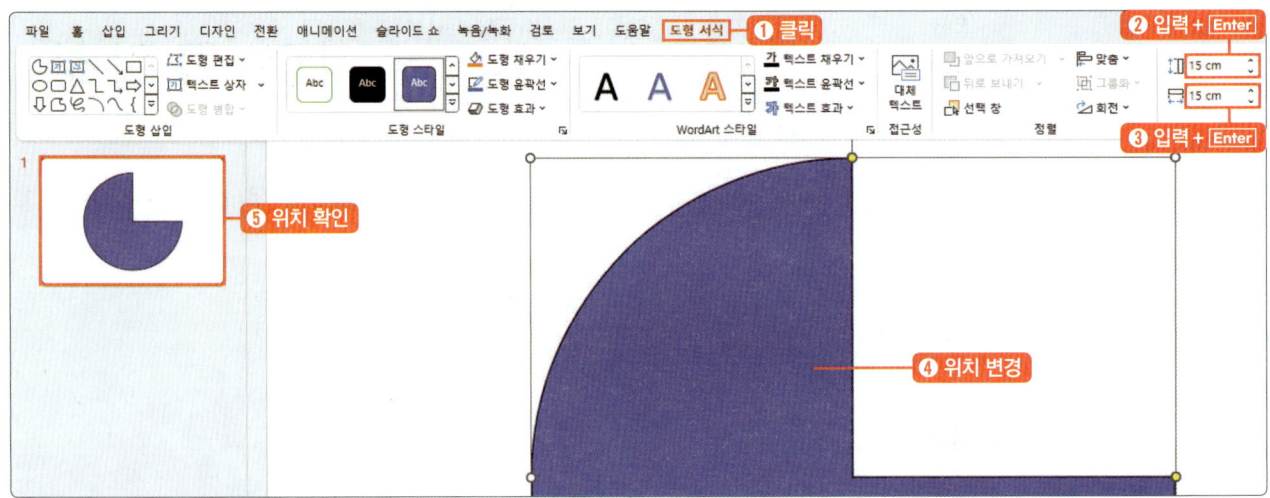

03 도형 서식 변경 후, 기본 도형으로 설정하기

❶ [도형 서식] 탭의 [도형 스타일] 그룹에서 [도형 윤곽선]을 클릭한 후, '검정, 텍스트 1'을 선택합니다.

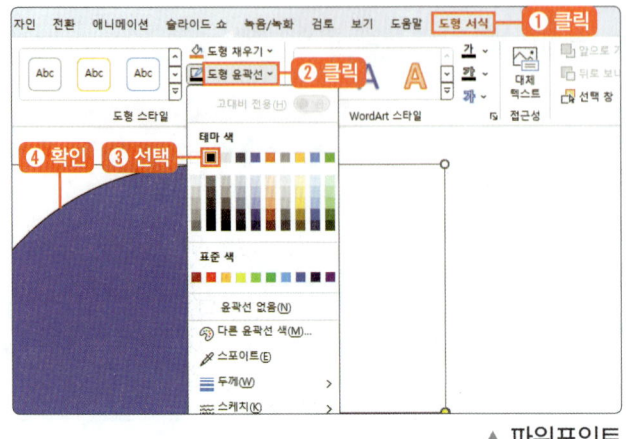

▲ 파워포인트　　　　　　▲ 한쇼

❷ 도형 위에서 마우스 오른쪽 단추를 눌러 바로 가기 메뉴가 나오면 [기본 도형으로 설정]을 클릭합니다.

※ [기본 도형으로 설정]을 지정하면 현재 도형의 서식이 기본 서식으로 지정되어 이후, 삽입되는 도형의 테두리 색이 검정으로 나타나요.

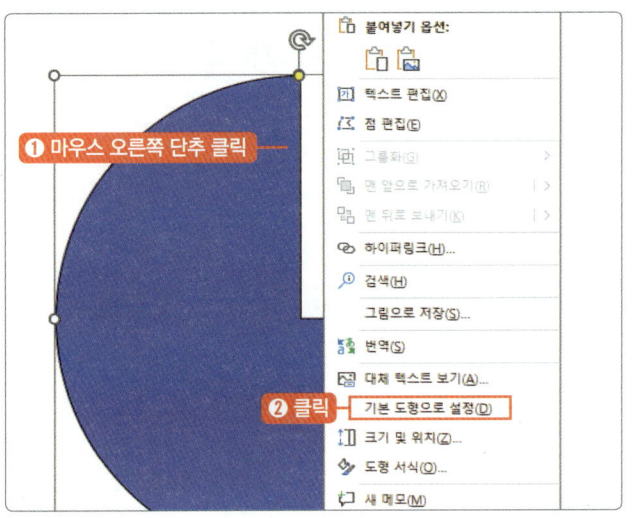
▲ 파워포인트

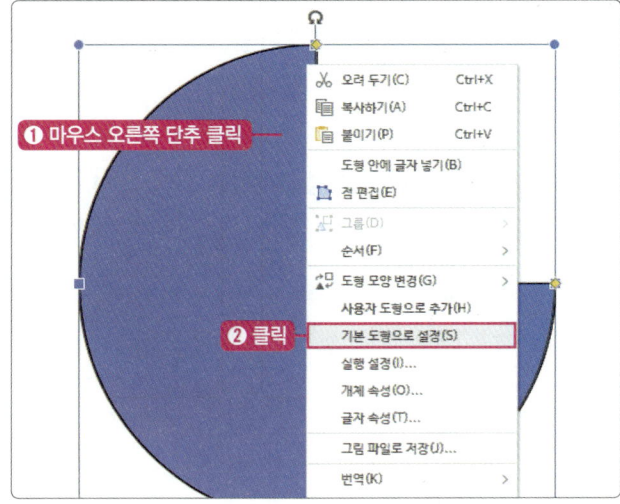
▲ 한쇼

❸ [도형 서식] 탭의 [도형 스타일] 그룹에서 [도형 채우기]를 클릭한 후, '노랑'을 선택합니다.

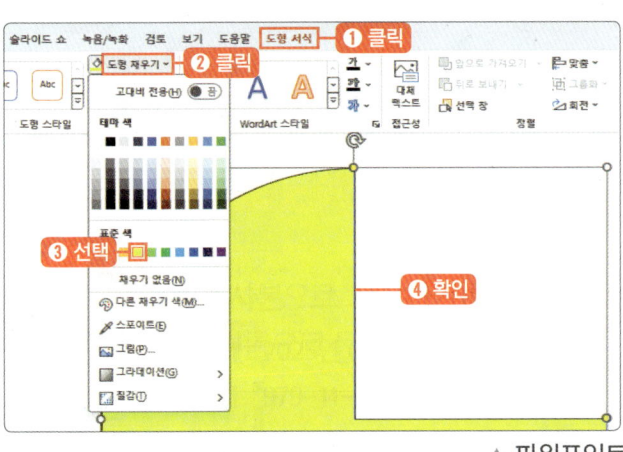
▲ 파워포인트

▲ 한쇼

❹ 도형 위쪽의 노란색 조절점(◉)과 오른쪽의 노란색 조절점(◉)을 그림과 같이 드래그하여 모양을 변경합니다.

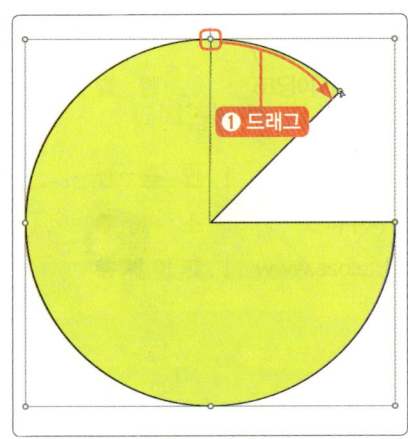
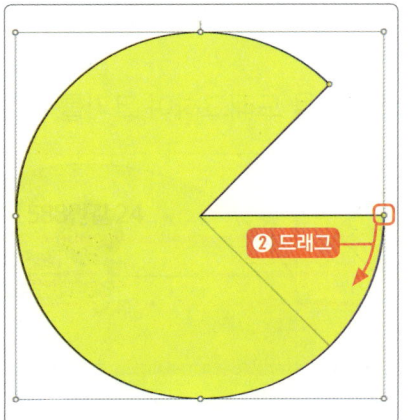
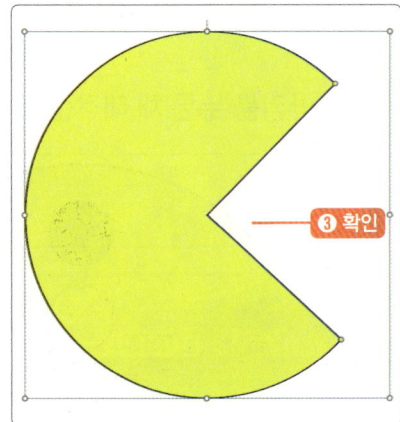

CHAPTER 03 별 먹는 팩맨　033

04 도형 삽입한 후, 복사하기

❶ [삽입] 탭의 [일러스트레이션] 그룹에서 [도형]을 클릭한 후, 기본 도형의 '타원(◯)'을 선택합니다. 이어서, 마우스 ┼ 커서가 모양으로 변경되면 드래그하여 도형을 삽입한 후, 그림과 같이 크기 및 위치를 조절합니다. (한쇼 : [입력] 탭-도형)

❷ [도형 서식] 탭의 [도형 스타일] 그룹에서 [도형 채우기]를 클릭한 후, '검정, 텍스트 1'을 선택합니다.
(한쇼 : [도형] 탭-[도형 채우기]-'본문/배경 - 어두운 색 1 검정')

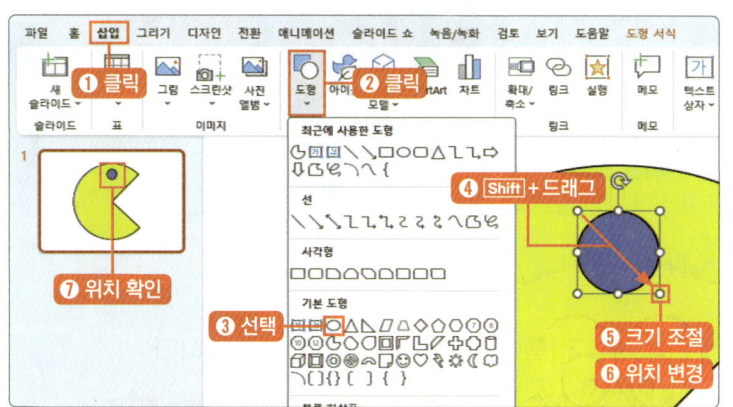
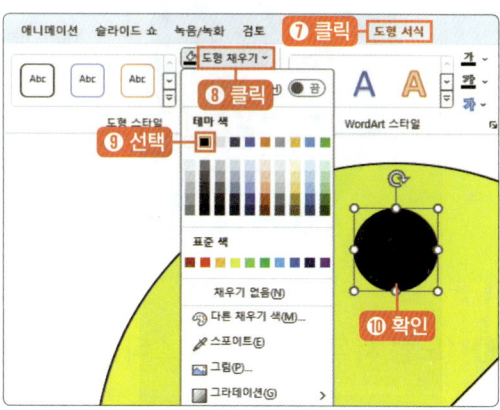

❸ Ctrl 키를 누른 채 도형을 아래쪽으로 드래그하여 복사합니다. 이어서, [도형 서식] 탭의 [도형 스타일] 그룹에서 [도형 채우기]를 클릭한 후, '흰색, 배경 1'을 선택합니다.
(한쇼 : [도형] 탭-[도형 채우기]-'본문/배경 - 밝은 색 1 하양')

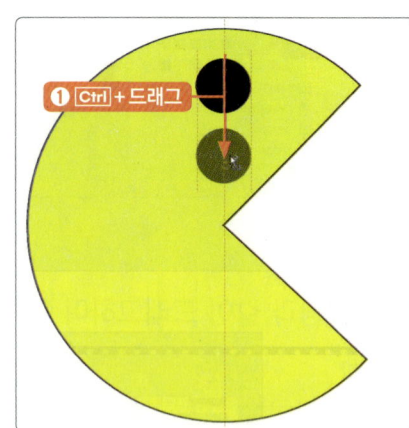
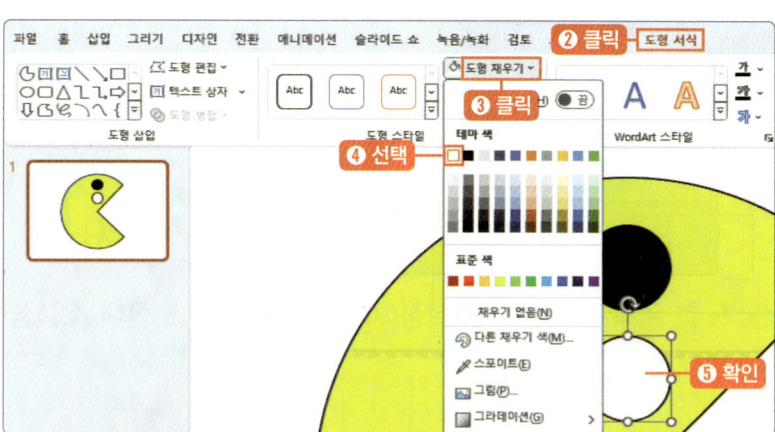

❹ Shift 키를 누른 채 대각선 조절점(◯)을 드래그하여 크기를 조절한 후, 위치를 변경합니다.

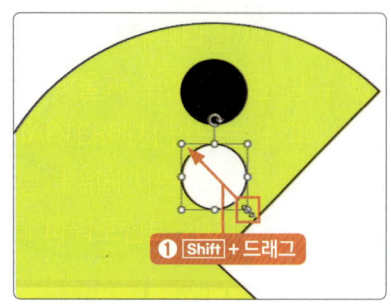

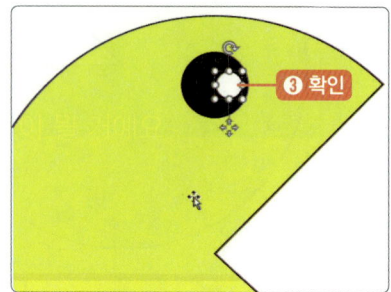

CHAPTER 03  미션 수행하기

01 [슬라이드 1]을 복제해 보세요.

- [슬라이드 1] 위에서 마우스 오른쪽 단추 클릭 → [슬라이드 복제]
  ※ 슬라이드 복제는 부록의 007 페이지를 참고하세요~

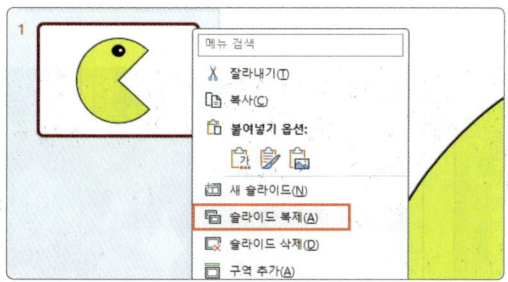 

02 [슬라이드 2]의 팩맨 입모양을 그림과 같이 변경해 보세요.

- 팩맨 얼굴 클릭 → 위쪽 노란색 조절점(○)을 드래그 → 아래쪽 노란색 조절점(○)을 드래그 → Ctrl + A (모두 선택) → 도형 위에서 마우스 오른쪽 단추 클릭 → [그룹화]-[그룹]
  ※ [슬라이드 1]의 팩맨도 그룹으로 지정한 후, 저장해요.

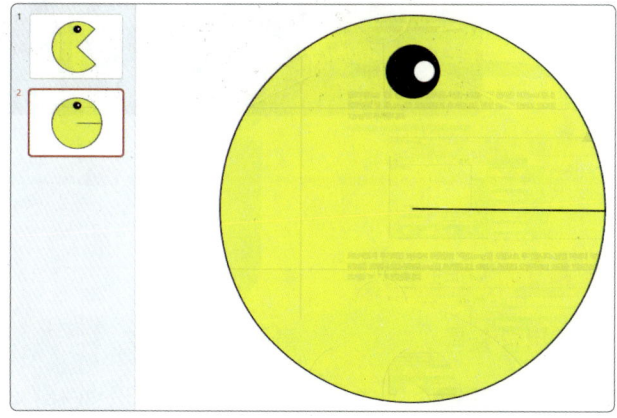

03 완성된 작품을 바탕화면에 자신의 이름으로 된 폴더에 그림으로 저장(팩맨1.png, 팩맨2.png)한 후, 파일을 저장(별 먹는 팩맨.pptx)해 보세요.

※ [그림으로 저장]할 때는 크기 배율을 '높이 조절 : 50%', '너비 조절 : 50%'로 줄여서 저장하세요.

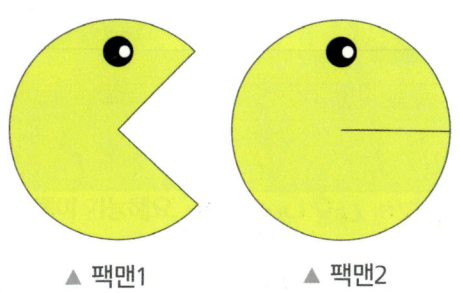

▲ 팩맨1　　　▲ 팩맨2

그룹 지정 및 저장 방법은 부록의 010~011 페이지를 참고하세요~

CHAPTER 04 — 마우스로 별 먹는 팩맨 조종하기

■ 불러올 파일 : 4장 불러올 파일.ent, 팩맨1.png, 팩맨2.png, 4장 완성파일 미리보기.url
■ 완성된 파일 : 4장 완성된 파일.ent

학습목표
- 마우스 포인터를 향해 이동할 수 있어요.
- 계속해서 다음 모양으로 바꿔 움직이는 모습을 만들 수 있어요.

오늘 사용할 명령 블록

명령 블록	블록 꾸러미	설 명
마우스포인터▼ 쪽 바라보기	움직임(⇄)	선택한 오브젝트 또는 마우스 포인터 쪽을 바라봐요.
이동 방향으로 10 만큼 움직이기	움직임(⇄)	입력한 값만큼 오브젝트가 이동 방향으로 이동해요.
다음▼ 모양으로 바꾸기	생김새(🔀)	오브젝트의 모양을 다음 모양으로 바꿔요.
계속 반복하기	흐름(⋏)	감싸고 있는 블록들을 계속해서 반복 실행해요.

오늘 코딩할 내용 알아보기

[팩맨] 오브젝트가 마우스 포인터를 향해 이동하며 별을 먹도록 코딩해요.

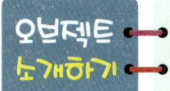

- **[팩맨] 오브젝트** : 마우스 포인터를 향해 이동하며 별을 먹어요.
- **[별] 오브젝트** : 오브젝트에 닿으면 '먹은 별의 개수'에 '1'을 더하고 모양을 바꿔 실행 화면의 다른 곳으로 이동해요.
- **[별똥별] 오브젝트** : 실행 화면의 오른쪽 위에서 왼쪽 아래로 지나가요.
- **[별] 오브젝트** : 실행 화면에서 반짝반짝 빛나요.
- **[우주] 오브젝트** : 우주 배경을 보여줘요.

01 기본 작업하기

❶ 엔트리(Entry)를 실행한 후, [불러올 파일]-[4장]-'4장 불러올 파일.ent'를 불러옵니다. 이어서, 3장에서 만들었던 '팩맨1.png'를 오브젝트로 추가합니다. 만일 이미지 파일이 없다면 [불러올 파일]-[4장]-'팩맨1.png'를 추가합니다.

※ 오브젝트 추가하기는 부록의 012 페이지를 참고해요~

❷ 오브젝트가 추가되면 3장에서 만들었던 '팩맨2.png'를 모양으로 추가합니다. 만일 이미지 파일이 없다면 [불러올 파일]-[4장]-'팩맨2.png'를 추가합니다. 이어서, [팩맨1] 오브젝트의 이름을 '팩맨'으로 변경한 후, 크기를 '50'으로 변경합니다.

02 [팩맨] 오브젝트가 마우스 포인터를 따라다니도록 코딩하기

① 기본 작업이 끝나면 [블록] 탭의 [시작( )] 블록 꾸러미에서  를 [블록 조립소]로 가져다 놓습니다.

※ 코딩하는 도중에 작품을 실행하려면 오브젝트를 추가한 후, 040 페이지의 5번을 먼저 작업해주세요.

② [흐름( )] 블록 꾸러미에서 [계속 반복하기] 를 연결합니다.

③ [움직임( )] 블록 꾸러미에서 [팩맨▼ 쪽 바라보기]를 연결한 후, [팩맨▼]을 클릭하여 선택 메뉴가 나오면 '마우스 포인터'를 선택합니다.

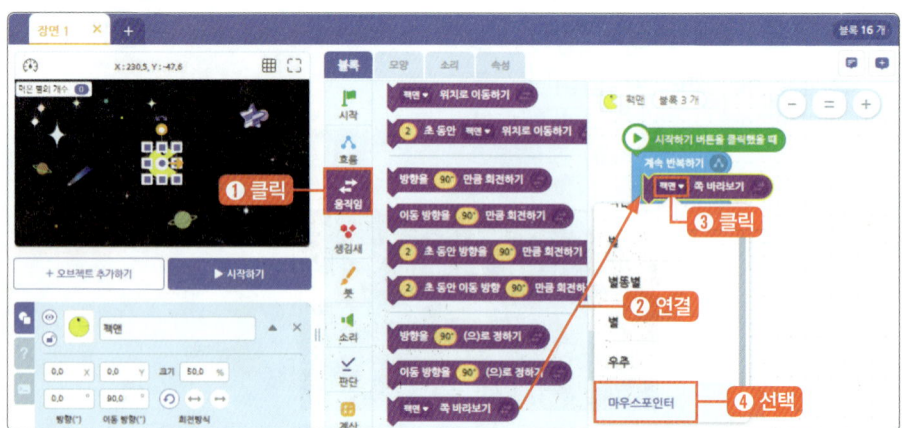

코딩풀이
시작하기 버튼을 클릭했을 때 [팩맨] 오브젝트는 계속 마우스 포인터를 향해 움직일 수 있도록 방향을 바꿔요

❹ [움직임(⇄)] 블록 꾸러미에서 `이동 방향으로 10 만큼 움직이기` 를 연결한 후, '10'을 '2'로 변경합니다.

03 [팩맨] 오브젝트가 계속 모양을 바꾸도록 코딩하기

❶ [시작(▶)] 블록 꾸러미에서 `시작하기 버튼을 클릭했을 때` 를 [블록 조립소]로 가져다 놓습니다.

❷ [흐름(⋏)] 블록 꾸러미에서 `계속 반복하기` 를 연결합니다.

> **TIP**
> **동시에 다른 내용의 코드를 실행하려면?**
> `시작하기 버튼을 클릭했을 때` 를 두 개 이상 사용하면 시작하기 버튼을 클릭했을 때 다른 내용의 코드들을 동시에 실행해요.
> ※ 여러 개의 블록들을 조립한 것을 코드라고 해요

❸ [생김새( )] 블록 꾸러미에서 를 연결합니다.

❹ [흐름( )] 블록 꾸러미에서 를 연결한 후, '2'를 '0.1'로 변경합니다.

코딩풀이

시작하기 버튼을 클릭했을 때 블록을 두 개 사용하여 각각 다른 코드를 실행해요. 하나는 마우스 포인터를 향해서 '2' 만큼 계속해서 이동하고, 또 하나는 '0.1'초마다 다음 모양으로 계속해서 바꿔요. 두 개의 코드는 누가 먼저 실행하는 것이 아니고 시작하기 버튼을 클릭했을 때 동시에 실행돼요.

❺ [오브젝트 목록]에서 [별] 오브젝트를 선택한 후, 를 클릭하여 선택 메뉴가 나오면 '팩맨'을 선택합니다. 이어서, 코딩이 완료되면 를 클릭하여 [팩맨] 오브젝트가 마우스 포인터를 향해 움직이는지 확인한 후, 바탕화면에 자신의 이름으로 된 폴더에 '4장-홍길동.ent'로 저장합니다.

CHAPTER 04 — 문제해결능력 미션 수행하기

■ 불러올 파일 : 4장-1 불러올 파일.ent   ■ 완성된 파일 : 4장-1 완성된 파일.ent

01 별이 움직이게 코딩해봐요.

- 별이 2만큼 움직이고, 화면 끝에 닿으면 튕겨요.

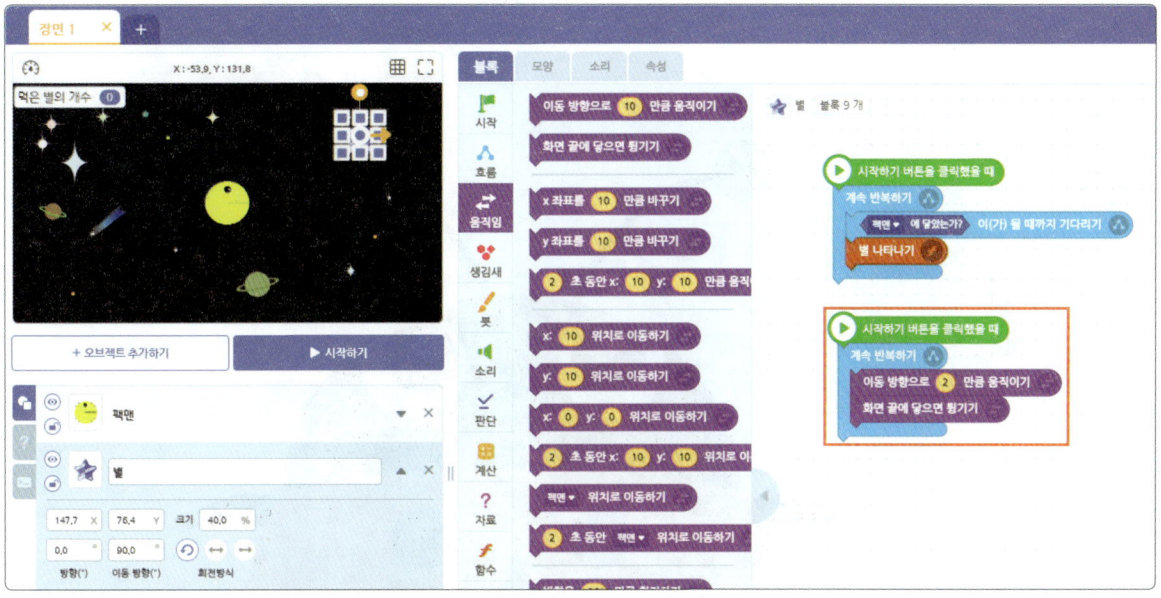

■ 불러올 파일 : 4장-2 불러올 파일.ent   ■ 완성된 파일 : 4장-2 완성된 파일.ent

02 팩맨이 별을 먹으면 말을 해요.

- 팩맨이 별에 닿으면, 별은 사라지고, "맛있다 냠냠"이라고 말을 해요
  ※ 만일 (이)라면 버튼은 계속 반복하기와 함께 사용해야 계속해서 검사를 해요

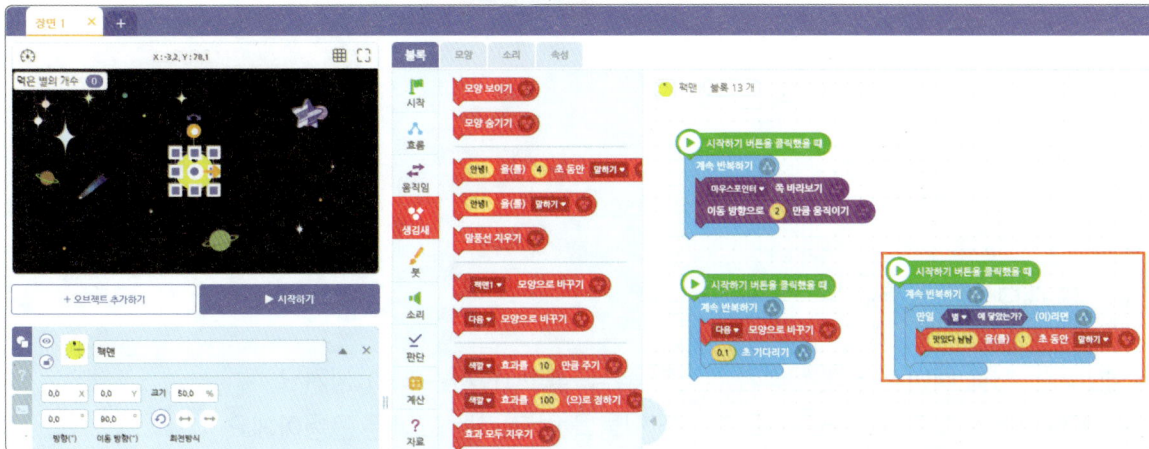

CHAPTER 05 귀여운 무당벌레

📁 불러올 파일 : 검정벌레.pptx   📁 완성된 파일 : 검정벌레(완성).pptx, 무당벌레.png

학습목표
- 여러 가지 조절점을 사용하여 도형의 모양을 조절할 수 있어요.
- 다양한 방법으로 도형을 복사할 수 있어요.

오늘 배울 내용 알아보기

무당벌레는 처음 태어났을 때 무늬가 없다가 점점 자라나면서 무늬가 생겨요.
또한 무당벌레는 사람에게 해로움을 주는 진딧물을 먹고 사는 고마운 곤충이에요.
이번 CHAPTER에서 만드는 무당벌레는 엔트리에서 구불구불한 길을 따라 이동할 거예요~
지금부터 파워포인트 2021을 이용하여 무당벌레를 완성해 볼까요?

01 도형 삽입 및 복사하기

❶ 파워포인트 2021(   )을 실행한 후, [열기]-[찾아보기]-[불러올 파일]-[5장]의 '검정벌레.pptx' 파일을 불러옵니다.

※ 파일 불러오기는 부록의 007 페이지를 참고하세요~

❷ [삽입] 탭의 [일러스트레이션] 그룹에서 [도형(   )]을 클릭한 후, 기본 도형의 '달(   )'을 선택합니다.

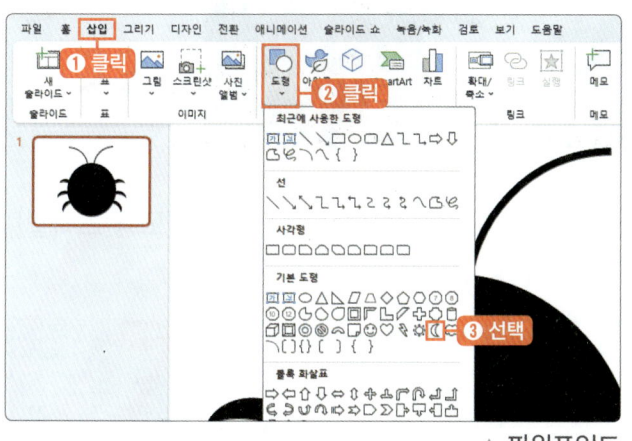
▲ 파워포인트

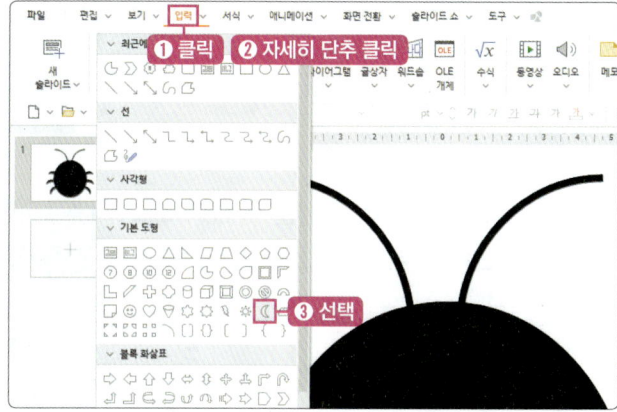
▲ 한쇼

❸ 마우스 커서가 ┼ 모양으로 변경되면 드래그하여 도형을 삽입합니다. 이어서, 회전점(   )을 드래그하여 그림과 같이 도형을 회전시킵니다.

※ Shift 키를 누른 채 회전점(   )을 드래그하면 편리해요.

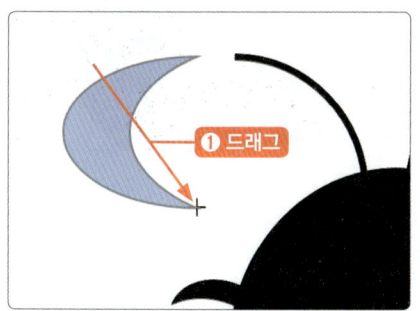 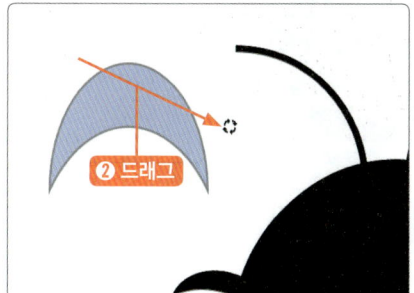 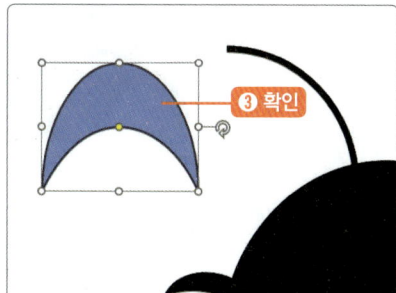

❹ 조절점(   )을 드래그하여 크기를 조절한 후, 위치를 변경합니다. 이어서, 노란색 조절점(   )을 아래쪽으로 드래그하여 모양을 변경합니다.

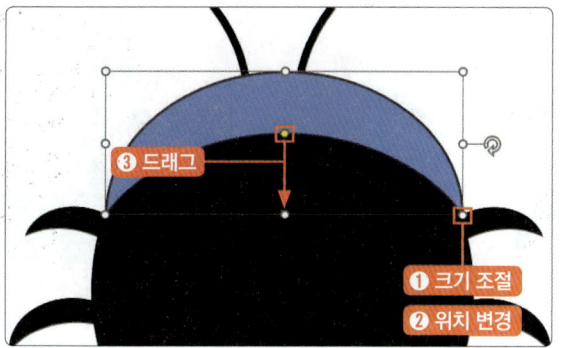 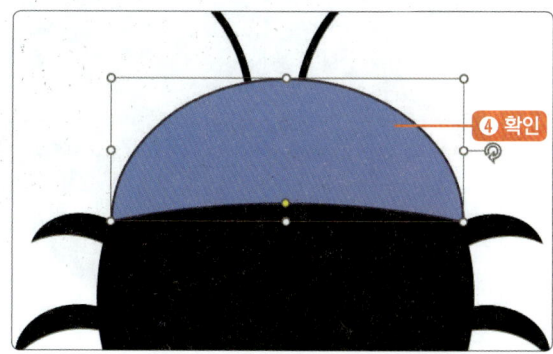

CHAPTER 05 귀여운 무당벌레

❺ [도형 서식] 탭의 [도형 스타일] 그룹에서 [도형 윤곽선]을 클릭한 후, '윤곽선 없음'을 선택합니다. 이어서, 도형 위에서 마우스 오른쪽 단추를 눌러 [기본 도형으로 설정]을 클릭합니다. (한쇼 : [도형] 탭-'도형 윤곽선(없음)')

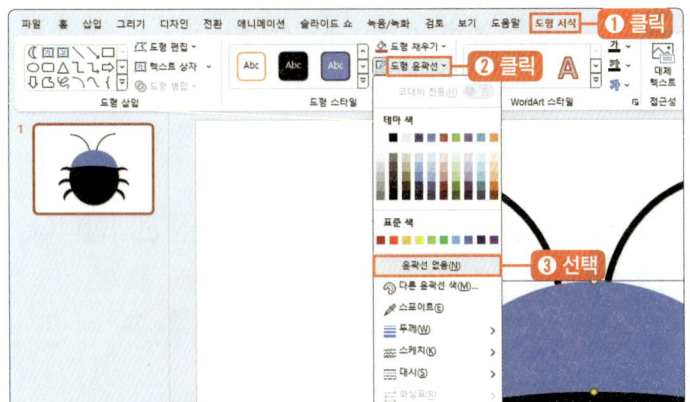
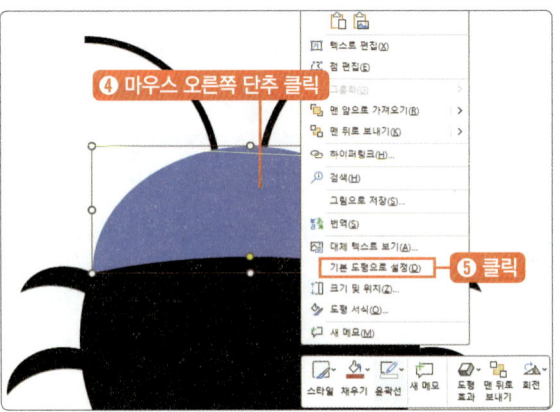

❻ Ctrl 키를 누른 채 도형을 아래쪽으로 드래그하여 복사합니다. 이어서, [도형 서식] 탭의 [도형 스타일] 그룹에서 [도형 채우기]를 클릭한 후, '빨강'을 선택합니다. (한쇼 : [도형] 탭-'도형 채우기(빨강)')

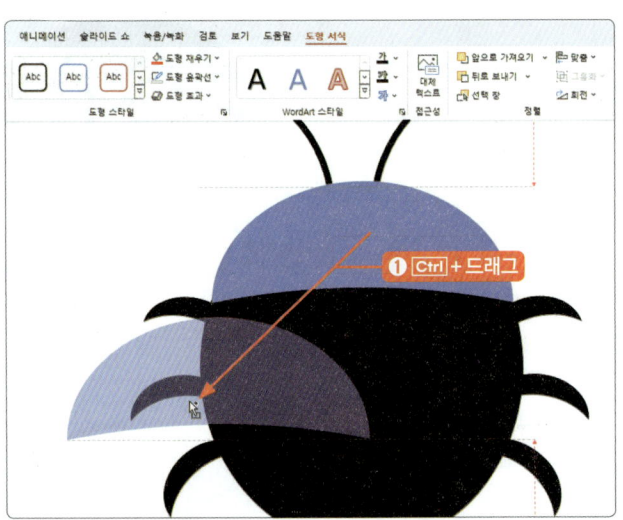
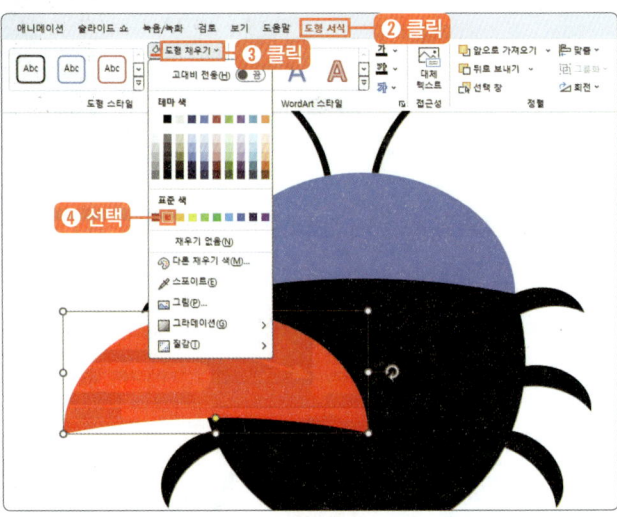

❼ 회전점( )을 드래그하여 도형을 회전시킨 후, 그림과 같이 크기 및 위치를 조절합니다.

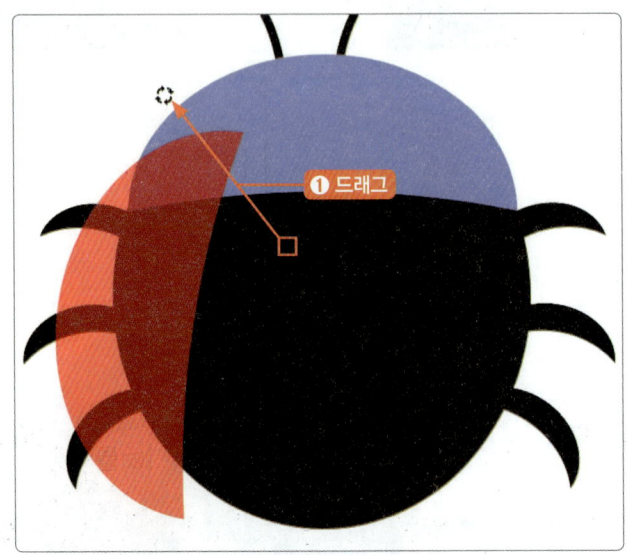
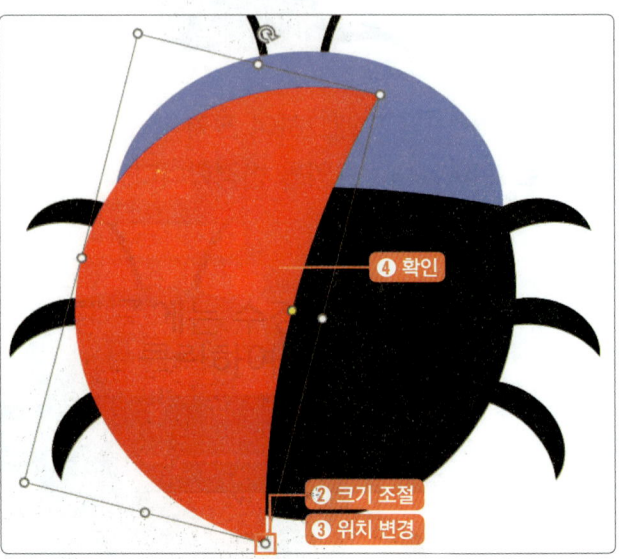

02 좌우 대칭하기

❶ Ctrl + Shift 키를 누른 채 빨간색 도형을 오른쪽으로 드래그하여 복사합니다.

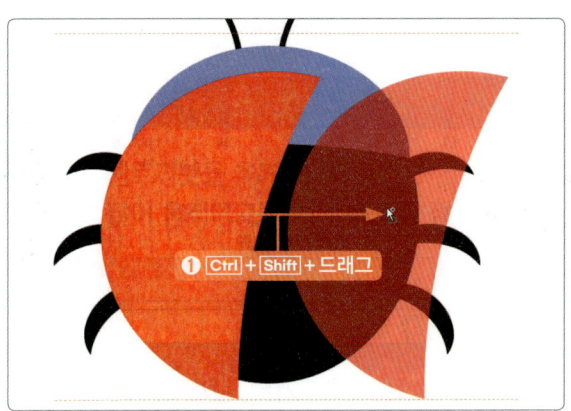 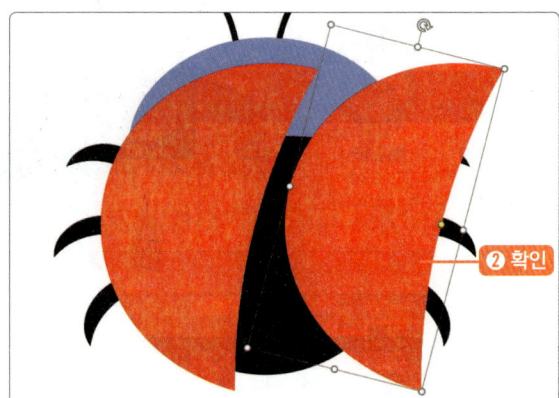

❷ [도형 서식] 탭의 [정렬] 그룹에서 [회전( )]을 클릭한 후, '좌우 대칭( )'을 선택합니다. 이어서, 위치를 변경합니다. (한쇼 : [도형] 탭-[회전( )]-'좌우 대칭( )')

※ 크기는 조절하지 않아요.

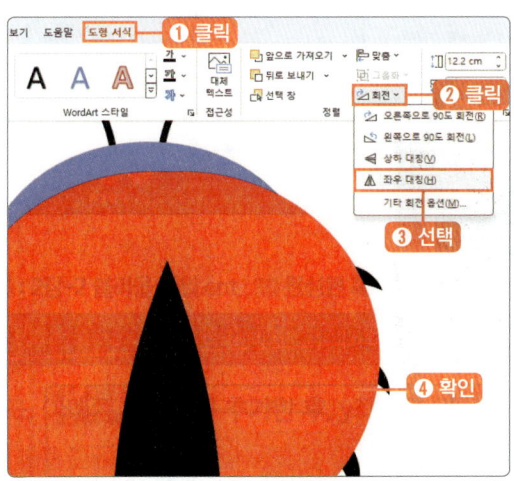 

❸ 무당벌레 머리 위에서 마우스 오른쪽 단추를 눌러 [맨 앞으로 가져오기]를 클릭합니다.
(한쇼 : [순서]-'맨 앞으로( )')

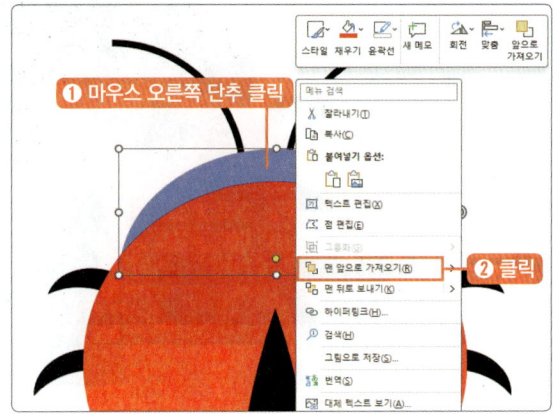 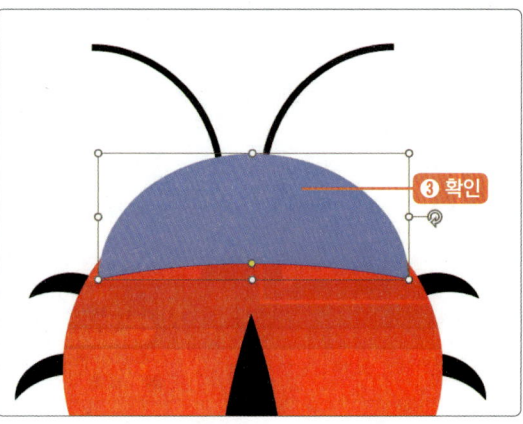

CHAPTER 05 귀여운 무당벌레

④ [도형 서식] 탭의 [도형 스타일] 그룹에서 [도형 채우기]를 클릭한 후, '검정, 텍스트 1'을 선택합니다.

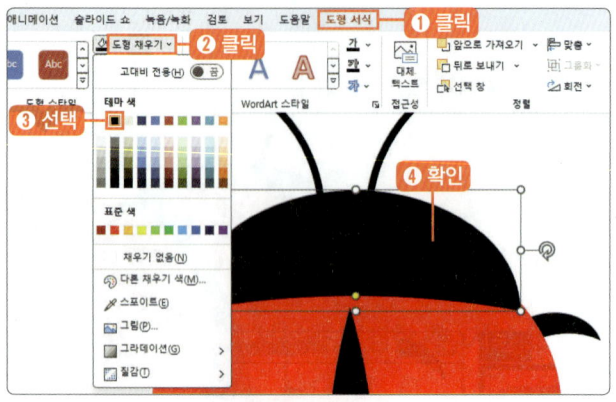
▲ 파워포인트

▲ 한쇼

⑤ [삽입] 탭의 [일러스트레이션] 그룹에서 [도형(　)]을 클릭한 후, 기본 도형의 '타원(○)'을 선택합니다. 이어서, 마우스 커서가 ╋ 모양으로 변경되면 드래그하여 도형을 삽입한 후, 그림과 같이 크기 및 위치를 조절합니다.

※ Shift 키를 누른 채 도형을 드래그하면 가로 세로 비율이 일정한 도형을 그릴 수 있어요.

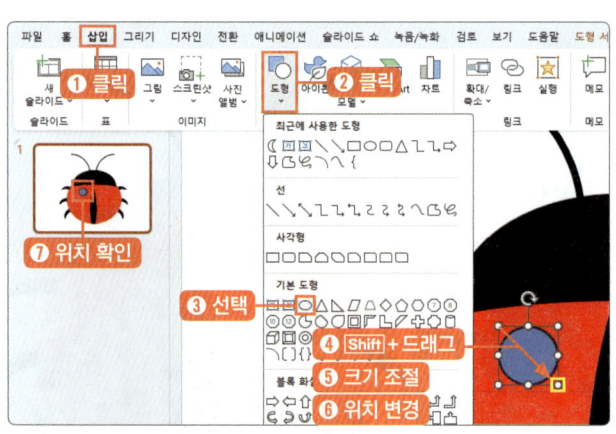
▲ 파워포인트

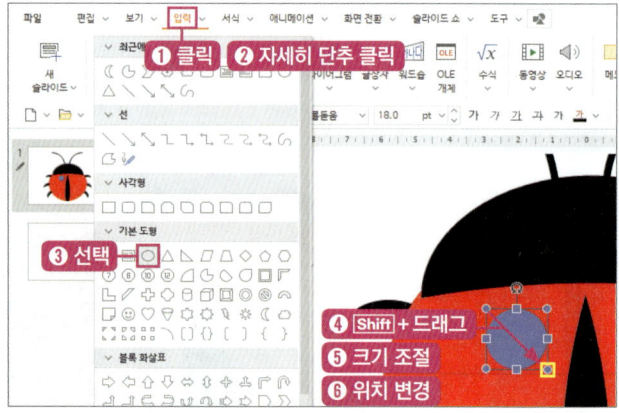
▲ 한쇼

⑥ [도형 서식] 탭의 [도형 스타일] 그룹에서 [도형 채우기]를 클릭한 후, '검정, 텍스트 1'을 선택합니다. 이어서, Ctrl 키를 누른 채 도형을 드래그하여 그림과 같이 차례대로 복사합니다.

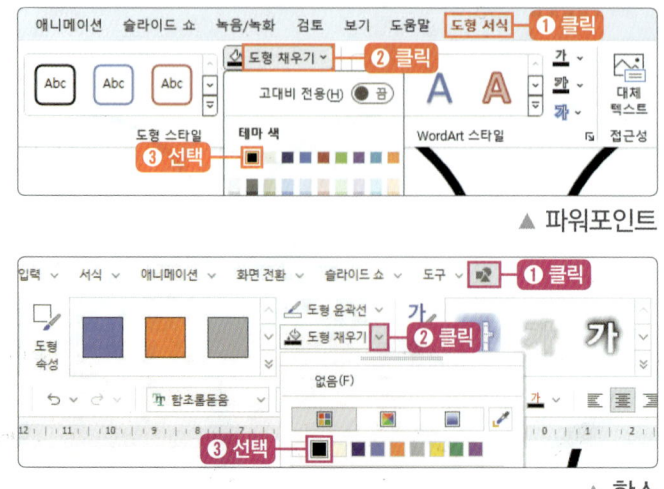

CHAPTER 05 미션 수행하기

01 도형을 이용하여 무당벌레를 완성해 보세요. (한쇼 : 채우기(밝은 색 1 하양), 채우기(어두운 색 1 검정))

- 기본 도형-타원(○) → 드래그 후, 크기 및 위치 조절(왼쪽 눈) → 채우기(흰색, 배경 1 □) → 오른쪽으로 복사(오른 쪽 눈)

  ※ 직선 방향으로 복사할 때는 Ctrl + Shift 키를 누른 채 드래그하세요.

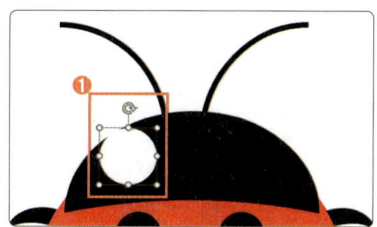 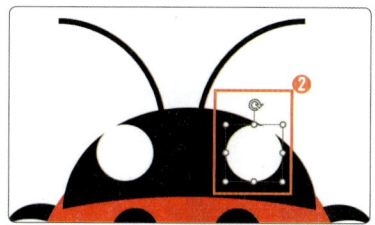

- 기본 도형-타원(○) → 드래그 후, 크기 및 위치 조절(왼쪽 눈) → 채우기(검정, 텍스트 1 ■) → 오른쪽으로 복사 → 위쪽으로 복사(왼쪽 더듬이) → 크기 및 위치 조절 → 오른쪽으로 복사(오른쪽 더듬이)

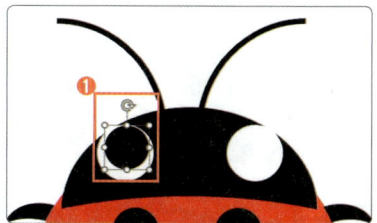  

- 기본 도형-타원(○) → 드래그 후, 크기 및 위치 조절 → 채우기(흰색, 배경 1 □) → 오른쪽으로 복사 → Ctrl + A (모두 선택) → 도형 위에서 마우스 오른쪽 단추 클릭 → [그룹화]-[그룹]

02 완성된 작품을 바탕화면에 자신의 이름으로 된 폴더에 그림으로 저장(무당벌레.png)한 후, 파일을 저장(검정벌레.pptx)해 보세요.

※ [그림으로 저장]할 때는 크기 배율을 '높이 조절 : 50%', '너비 조절 : 50%'로 줄여서 저장 하세요.

그룹 지정 및 저장 방법은 부록의 010~011 페이지를 참고하세요~

CHAPTER 06 — SpaceBar 키로 무당벌레 이동시키기

- 불러올 파일 : 6장 불러올 파일.ent, 무당벌레.png, 6장 완성파일 미리보기.url
- 완성된 파일 : 6장 완성된 파일.ent

학습목표

- SpaceBar 키를 누르면 무당벌레가 길을 따라 이동해요.
- 조건문을 반복해서 사용할 수 있어요.

오늘 사용할 명령 블록

명령 블록	블록 꾸러미	설명
만일 참 (이)라면 / 아니면	흐름	만일 '참' 위치에 들어온 블록이 참이면 첫 번째 감싸고 있는 블록들을 실행하고, 거짓이면 두 번째 감싸고 있는 블록들을 실행해요.
방향을 90° 만큼 회전하기	움직임	오브젝트의 방향을 입력한 각도만큼 오른쪽으로 회전해요.
q 키가 눌러져 있는가?	판단	선택한 키가 눌러져 있는 경우 '참'이 돼요.
마우스포인터 에 닿았는가?	판단	선택한 항목과 닿은 경우 '참'이 돼요.

오늘 코딩할 내용 알아보기

[무당벌레] 오브젝트가 SpaceBar 키를 누르면 길을 따라 이동하도록 코딩해요.

[무당벌레] 오브젝트 : SpaceBar 키를 누르면 길을 따라서 이동해요. 이동하는 도중에 [왼쪽], [오른쪽] 오브젝트에 닿으면 방향을 바꿔요.

[도착] 오브젝트 : [무당벌레] 오브젝트가 도착한지 알려줘요.

[무당벌레길최종] 오브젝트 : [무당벌레] 오브젝트가 지나갈 길을 보여줘요.

[왼쪽], [오른쪽] 오브젝트 : [무당벌레] 오브젝트가 이동할 길의 왼쪽과 오른쪽 가장자리예요.

01 기본 작업하기

❶ 엔트리(Entry)를 실행한 후, [불러올 파일]-[6장]-'6장 불러올 파일.ent'를 불러옵니다. 이어서, 5장에서 만들었던 '무당벌레.png'를 오브젝트로 추가합니다. 만일 이미지 파일이 없다면 [불러올 파일]-[6장]-'무당벌레.png'를 추가합니다.

※ 오브젝트 추가하기는 부록의 012 페이지를 참고해요~

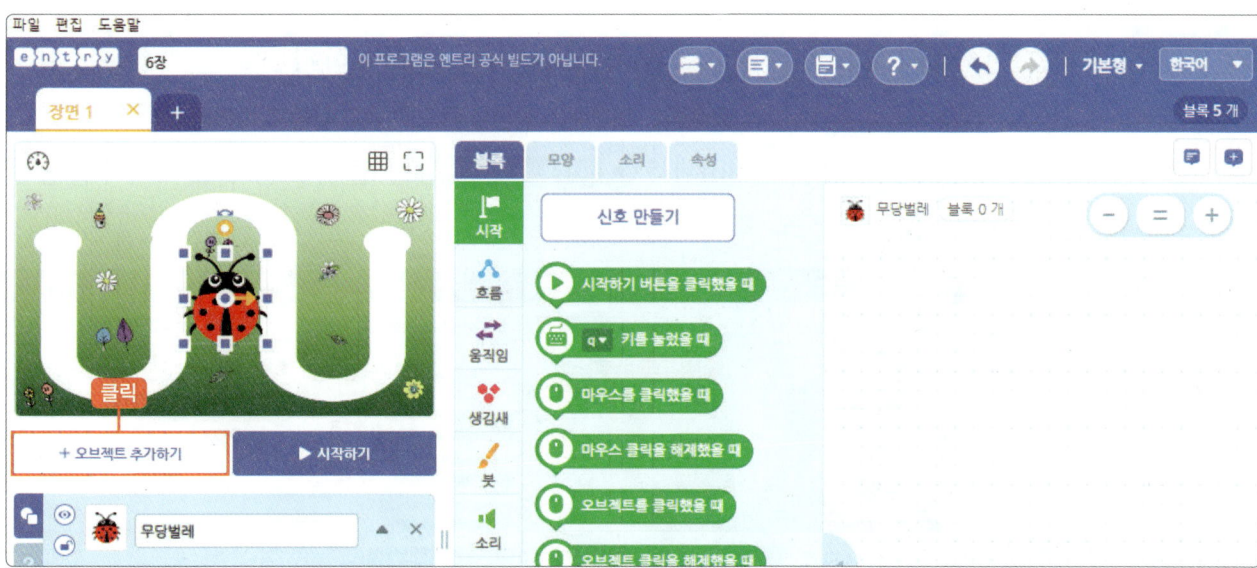

❷ 오브젝트가 추가되면 [무당벌레] 오브젝트의 중심점을 아래쪽 끝부분으로 드래그합니다.

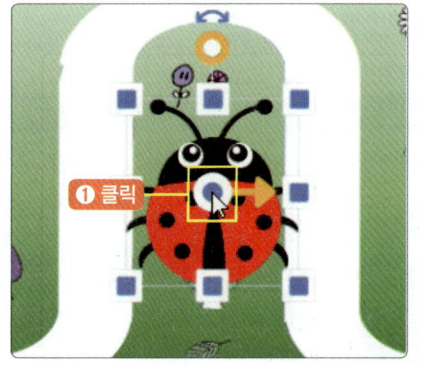 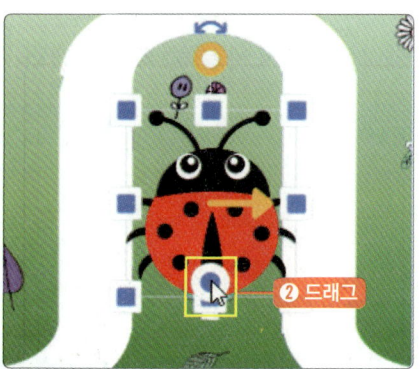

❸ [무당벌레] 오브젝트의 크기를 '25', x는 '-190', y는 '75', 방향은 '180°', 이동 방향은 '0°'로 변경하고, 오브젝트의 회전방식을 모든 방향(↻)으로 변경합니다.

02 길의 왼쪽 가장자리에 닿으면 방향을 오른쪽으로 바꾸도록 코딩하기

❶ 기본작업이 끝나면 [시작(🚩)] 블록 꾸러미에서 ▶시작하기 버튼을 클릭했을 때 를 [블록 조립소]로 가져다 놓습니다.

※ 코딩하는 도중에 작품을 실행하려면 오브젝트를 추가한 후, 054 페이지의 4번을 먼저 작업해주세요.

❷ [흐름(⋏)] 블록 꾸러미에서 계속 반복하기 를 연결합니다.

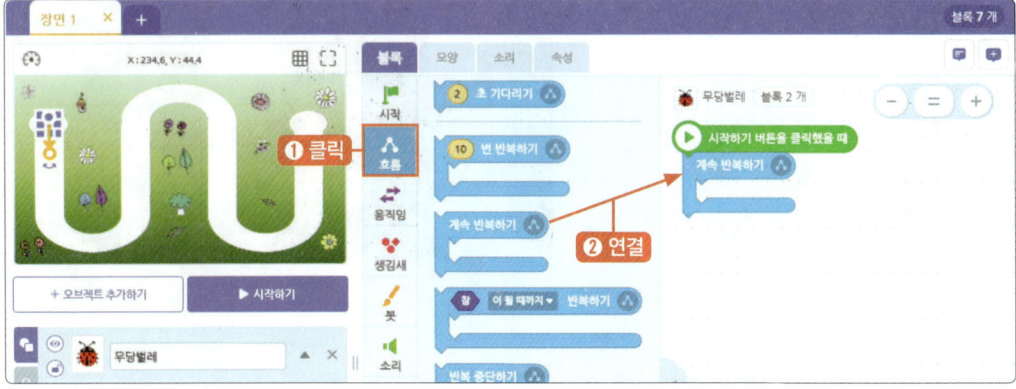

❸ [흐름( )] 블록 꾸러미에서 을 연결합니다.

※ 은 감싸고 있는 블록 두 곳 중 한 곳을 반드시 실행해요.

❹ [판단( )] 블록 꾸러미에서 `마우스포인터▼ 에 닿았는가?`를 '참'의 위치에 끼워 넣은 후, `마우스포인터▼`를 클릭하여 선택메뉴가 나오면 '왼쪽'을 선택합니다.

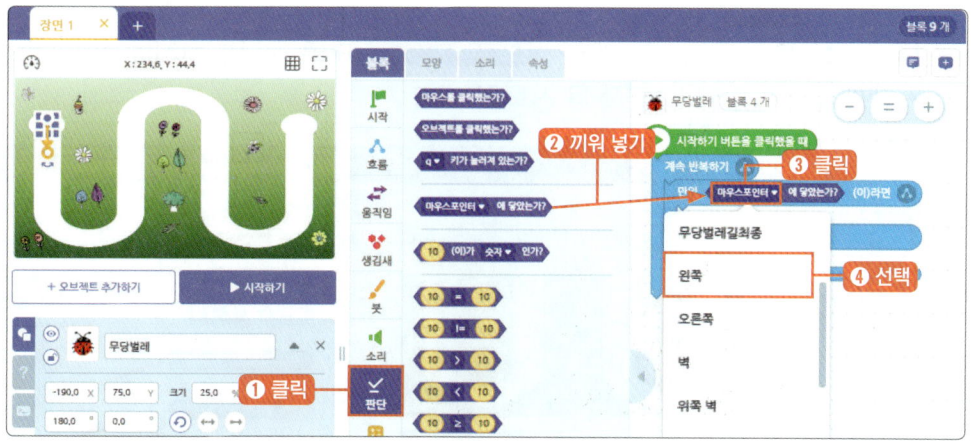

❺ [움직임( )] 블록 꾸러미에서 `방향을 90° 만큼 회전하기`를 연결한 후, '90°'를 '1°'로 변경합니다.

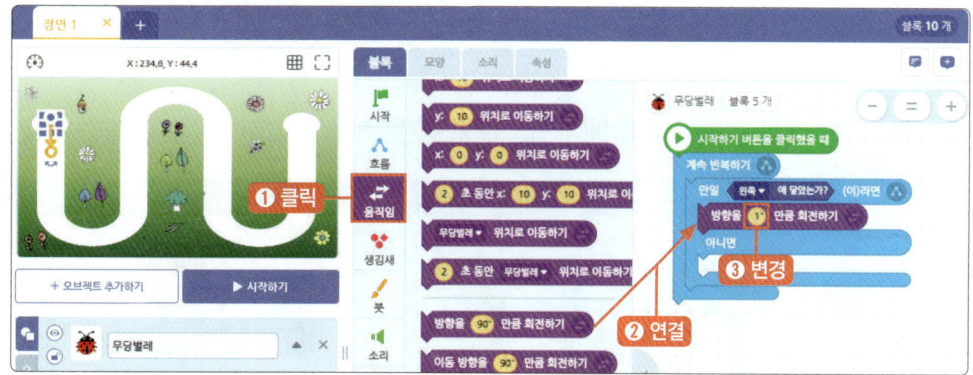

코딩풀이

[왼쪽] 오브젝트는 길의 왼쪽 가장자리에 있어요. 이 오브젝트에 [무당벌레] 오브젝트가 닿으면 방향을 '1°(오른쪽 방향)' 회전하여 [무당벌레] 오브젝트가 길에서 벗어나지 않게 움직일 수 있어요.

03 길의 오른쪽 가장자리에 닿으면 왼쪽으로 방향을 바꾸도록 코딩하기

❶ [흐름( )] 블록 꾸러미에서 `만일 참 (이)라면 아니면` 을 연결합니다.

❷ [판단( )] 블록 꾸러미에서 `마우스포인터 에 닿았는가?`를 '참'의 위치에 끼워 넣은 후, `마우스포인터`를 클릭하여 선택메뉴가 나오면 '오른쪽'을 선택합니다.

❸ [움직임( )] 블록 꾸러미에서 `방향을 90° 만큼 회전하기`를 연결한 후, '90°'를 '-1°'로 변경합니다.

04 Space Bar 키를 누르면 이동하도록 코딩하기

❶ [흐름(△)] 블록 꾸러미에서 `만일 참 (이)라면` 을 연결합니다.

코딩풀이

[오른쪽] 오브젝트는 길의 오른쪽 가장자리에 있어요. 이 오브젝트에 [무당벌레] 오브젝트가 닿으면 방향을 '-1°(왼쪽 방향)' 회전하여 [무당벌레] 오브젝트가 길에서 벗어나지 않게 움직일 수 있어요. [왼쪽], [오른쪽] 오브젝트가 화면에 보이지 않는 것은 [배경] 오브젝트 뒤쪽에 숨겨져 있기 때문이에요.

❷ [판단(✓)] 블록 꾸러미에서 `q▼ 키가 눌러져 있는가?`를 '참'의 위치에 끼워 넣은 후, `q`를 클릭하여 선택 메뉴가 나오면 '스페이스'를 선택합니다.

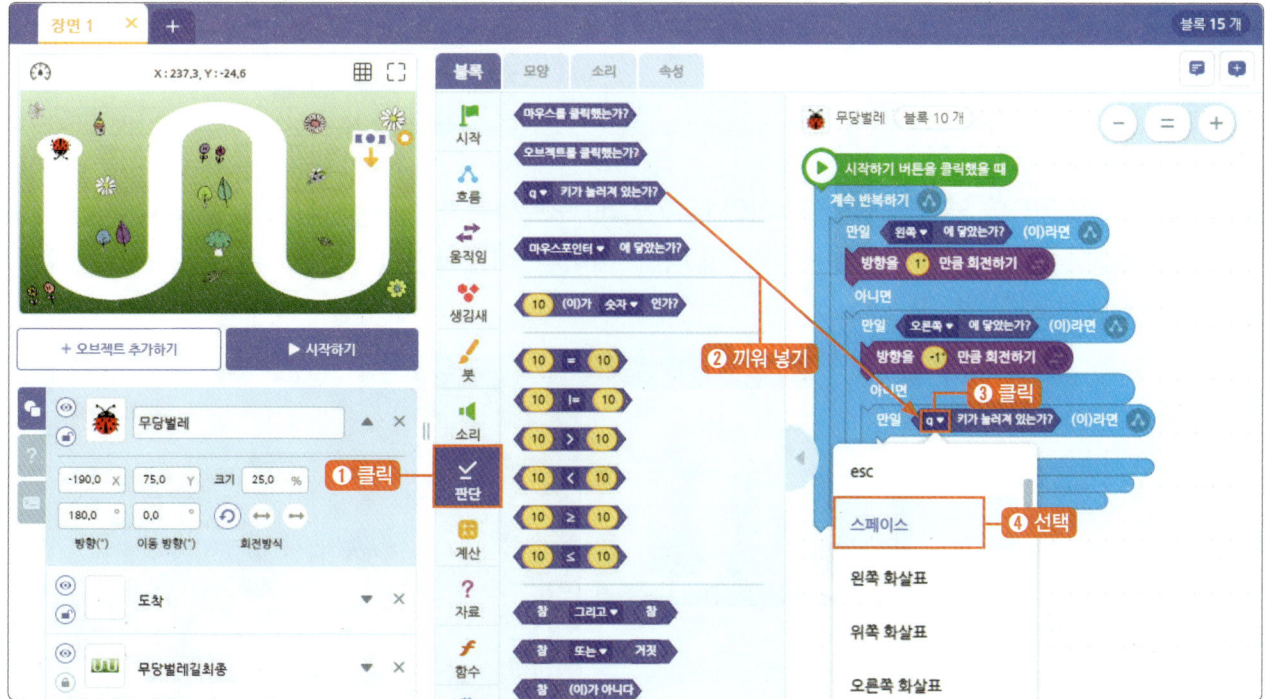

❸ [움직임(⇄)] 블록 꾸러미에서 `이동 방향으로 10 만큼 움직이기` 를 연결한 후, '10'을 '2'로 변경합니다.

> **코딩풀이**
> [무당벌레] 오브젝트가 [왼쪽] 오브젝트와 [오른쪽] 오브젝트에 닿았는지 확인해서 닿았다면 방향을 회전해요. 하지만 두 오브젝트 모두 닿지 않았다면 Space Bar 키를 눌렀을 때 이동 방향으로 '2' 만큼 이동해요.

❹ [오브젝트 목록]에서 [도착] 오브젝트를 선택합니다. 이어서, `대상 없음 ▼`을 클릭하여 선택 메뉴가 나오면 '무당벌레'를 선택합니다.

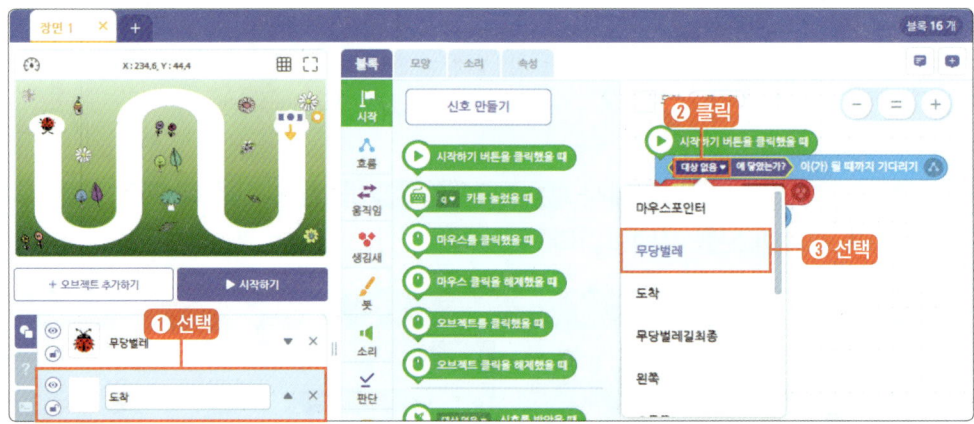

❺ 코딩이 완료되면 `▶ 시작하기` 를 클릭하여 [무당벌레] 오브젝트가 Space Bar 키를 눌렀을 때 이동하며 길의 가장자리에 닿으면 방향이 바뀌는지 확인합니다. 이어서, 바탕화면에 자신의 이름으로 된 폴더에 '6장-홍길동.ent'로 저장합니다.

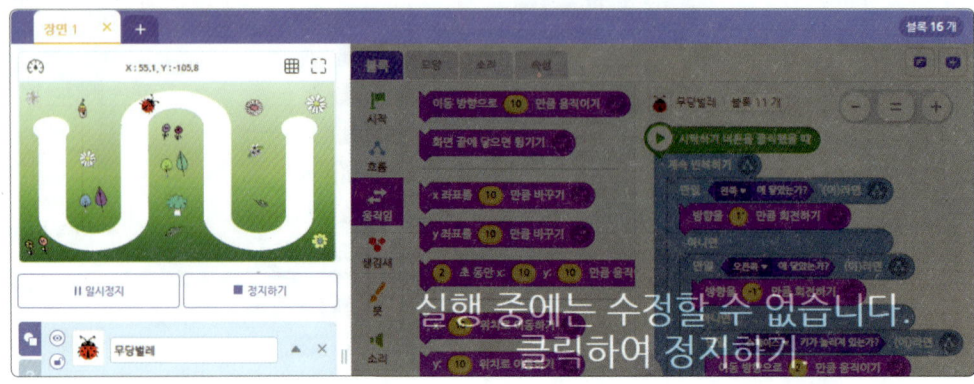

CHAPTER 06 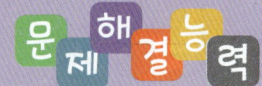 미션 수행하기

■ 불러올 파일 : 6장-1 불러올 파일.ent   ■ 완성된 파일 : 6장-1 완성된 파일.ent

01 사마귀가 나타나고, 사마귀랑 만나면 무당벌레가 처음 자리로 가도록 코딩해봐요.

- [사마귀] 오브젝트를 추가해요.
- 사마귀가 2초마다 숨었다가 보일 수 있도록 코딩해요

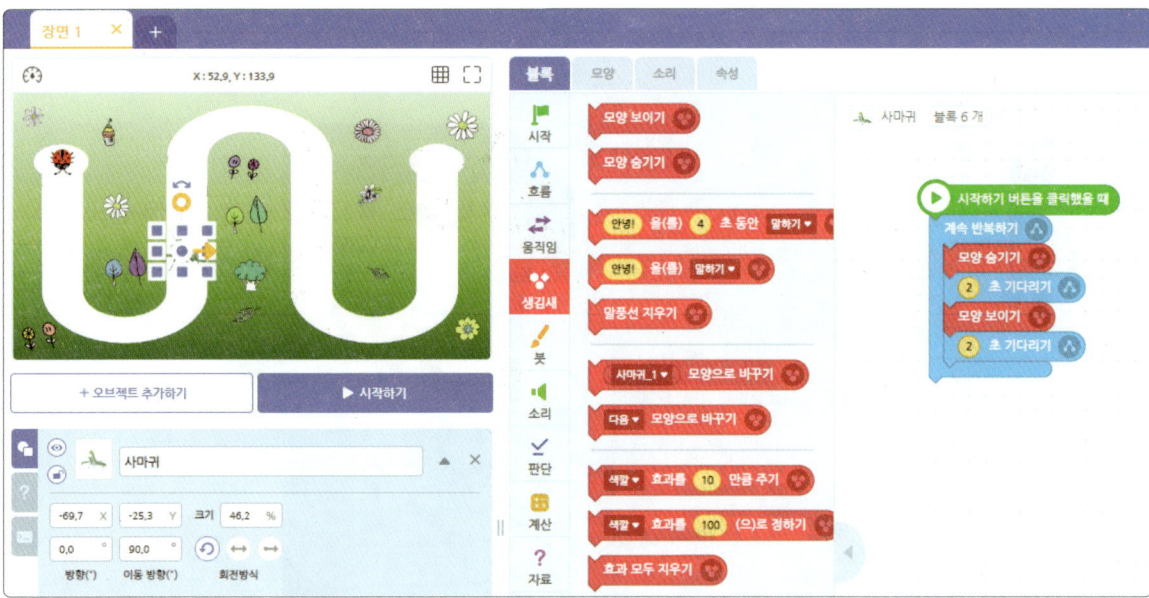

- 무당벌레가 사마귀랑 만나지 않도록 조심해야해요.
- 무당벌레가 사마귀랑 만나면 무당벌레가 처음으로 돌아가요.

CHAPTER 07 마인크래프트 스티브

■ 불러올 파일 : 마크.pptx   ■ 완성된 파일 : 마크(완성).pptx, 스티브1.png, 스티브2.png

학습목표
- 도형을 맨 뒤로 보낼 수 있어요.
- 도형의 크기를 지정할 수 있어요.

오늘 배울 내용 알아보기

마인크래프트의 모든 그림은 픽셀로 이루어져 있어요.
픽셀이란 이미지를 이루는 가장 작은 단위인 네모 모양의 작은 점을 뜻해요.
이번 CHAPTER에서는 네모 모양의 도형인 정육면체를 이용하여 마인크래프트의 주인공인 스티브를 만들어 볼 거예요. 엔트리에서 스티브는 숲 속을 걸어다녀야 하기 때문에 다리를 두 가지 모양으로 만들어야 해요. 지금부터 파워포인트 2021을 이용하여 스티브를 완성해 볼까요?

01 도형 삽입하기

❶ 파워포인트 2021(   )을 실행한 후, [열기]-[찾아보기]-[불러올 파일]-[7장]의 '마크.pptx' 파일을 불러옵니다.
   ※ 파일 불러오기는 부록의 007 페이지를 참고하세요~

❷ [삽입] 탭의 [일러스트레이션] 그룹에서 [도형(   )]을 클릭한 후, 기본 도형의 '정육면체(   )'를 선택합니다. 이어서, 마우스 커서가 ┼ 모양으로 변경되면 얼굴 아래쪽을 드래그하여 도형을 삽입합니다.
   ※ 현재 작업하는 파일(마크.pptx)은 '윤곽선 없음'이 기본 서식으로 지정되어 있어요.

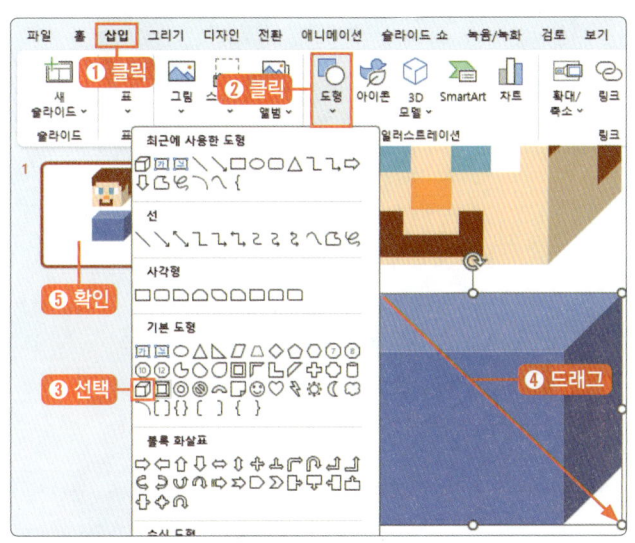
▲ 파워포인트

▲ 한쇼

❸ 도형의 크기를 지정하기 위해 [도형 서식] 탭의 [크기] 그룹에서 [도형 높이] 입력 칸에 '7.5'를 입력한 후, Enter 키를 누릅니다. 똑같은 방법으로 [도형 너비]를 '7.5'로 지정합니다. (한쇼 : [도형] 탭-'너비(75)', '높이(75)')

❹ 도형 위에서 마우스 오른쪽 단추를 눌러 바로 가기 메뉴가 나오면 [맨 뒤로 보내기]를 클릭합니다. 이어서, 그림과 같이 도형의 위치를 변경합니다.
   ※ 키보드 방향키(←, →, ↑, ↓)를 이용하여 도형의 위치를 세밀하게 조절할 수 있어요.

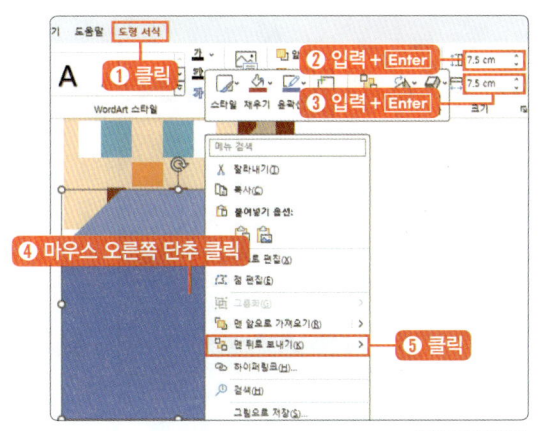
▲ 파워포인트

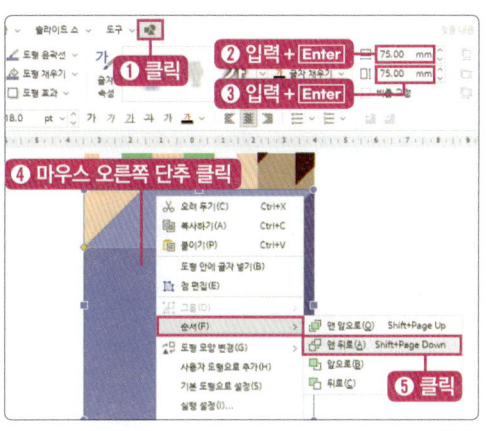
▲ 한쇼

❺ [도형 서식] 탭의 [도형 스타일] 그룹에서 [도형 채우기]를 클릭한 후, '바다색, 강조 5, 40% 더 밝게'를 선택합니다. (한쇼 : [도형] 탭-[도형 채우기]-'초록 40% 밝게')

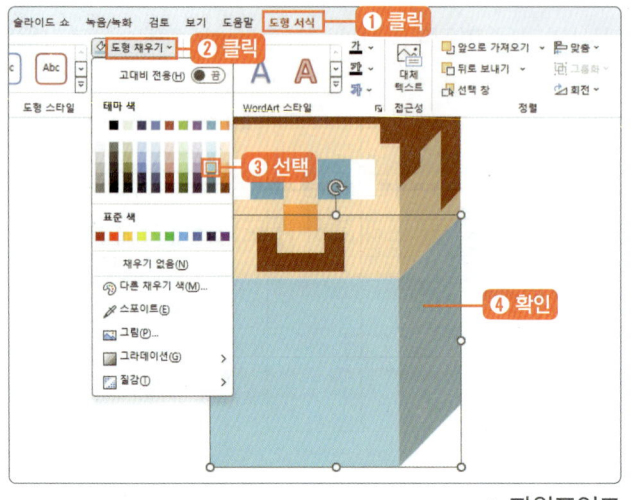
▲ 파워포인트

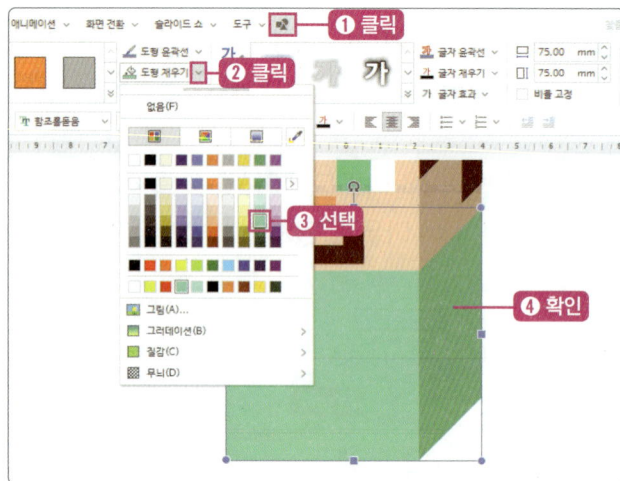
▲ 한쇼

02 도형 복사하기

❶ Ctrl + Shift 키를 누른 채 도형을 아래쪽으로 드래그하여 복사합니다.

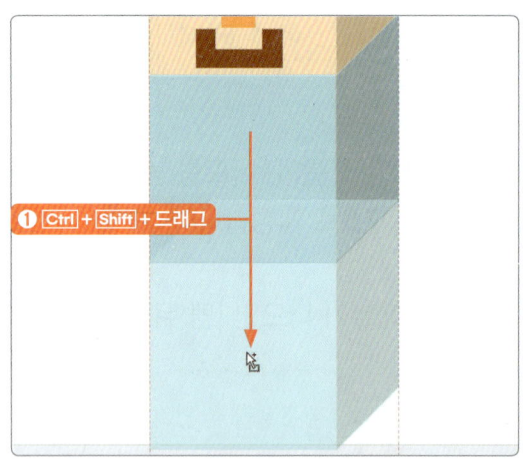
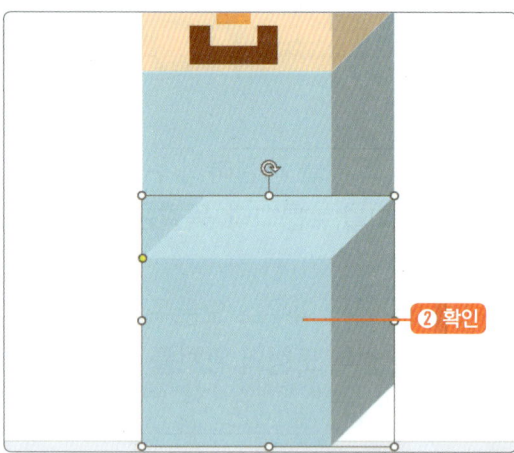

❷ 복사된 도형 위에서 마우스 오른쪽 단추를 눌러 바로 가기 메뉴가 나오면 [맨 뒤로 보내기]를 클릭합니다.

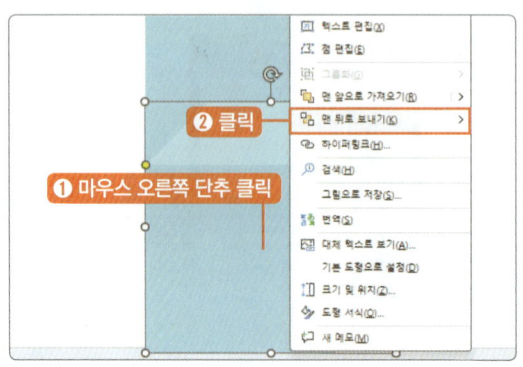
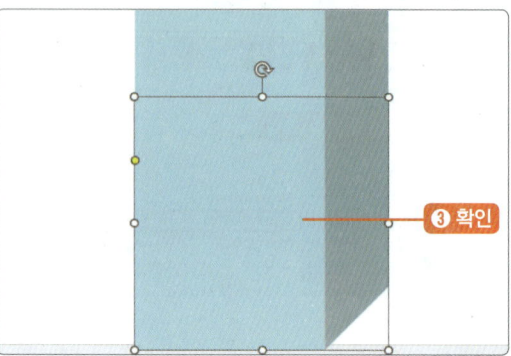

❸ [도형 서식] 탭의 [크기] 그룹에서 [도형 높이] 입력 칸에 '8'을 입력한 후, Enter 키를 누릅니다. 똑같은 방법으로 [도형 너비]를 '4'로 지정합니다. (한쇼 : [도형] 탭-'너비(40)', '높이(80)')

❹ 이어서, Shift 키를 누른 채 도형을 드래그하여 그림과 같이 위치를 변경합니다.

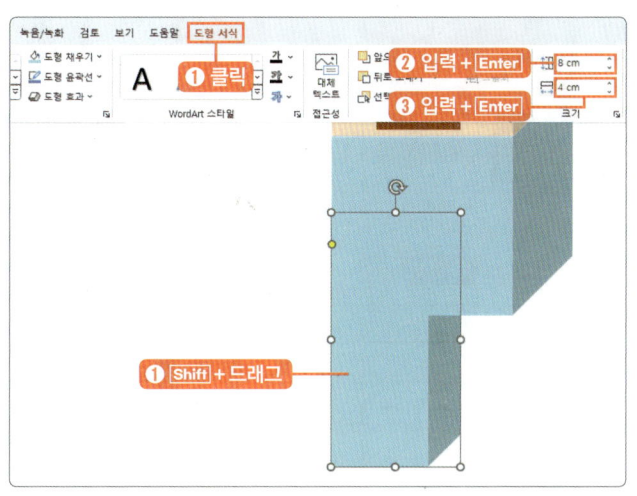
▲ 파워포인트

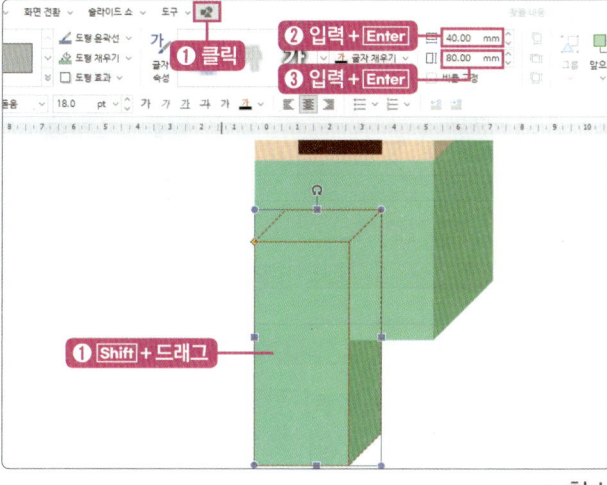
▲ 한쇼

❺ [도형 서식] 탭의 [도형 스타일] 그룹에서 [도형 채우기]를 클릭한 후, '진한 파랑'을 선택합니다.
(한쇼 : [도형] 탭-[도형 채우기]-'검은 군청')

❻ Ctrl + Shift 키를 누른 채 도형을 오른쪽으로 드래그하여 복사한 후, 그림과 같이 위치를 변경합니다.

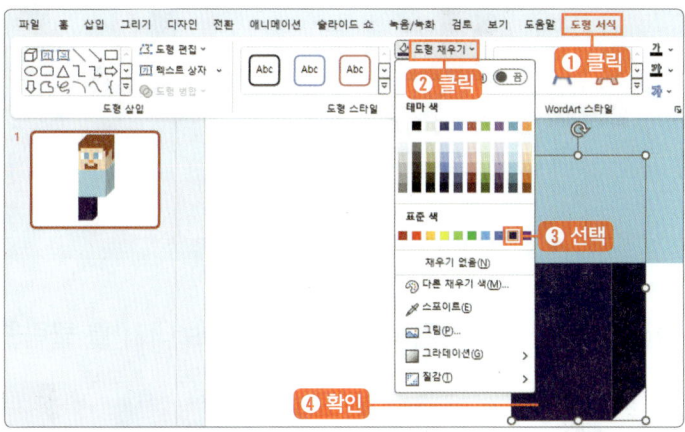
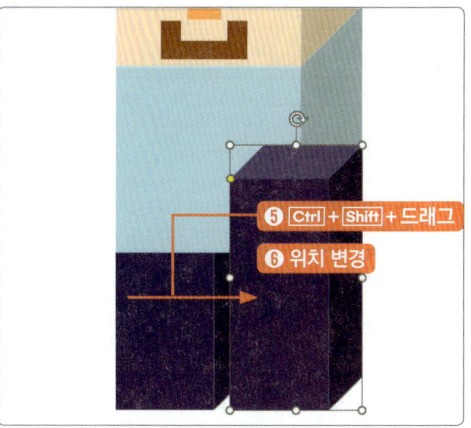

❼ 오른쪽 다리 위에서 마우스 오른쪽 단추를 눌러 [맨 뒤로 보내기]를 클릭합니다.

❽ 이어서, 왼쪽 다리 위에서 마우스 오른쪽 단추를 눌러 [맨 뒤로 보내기]를 클릭합니다.

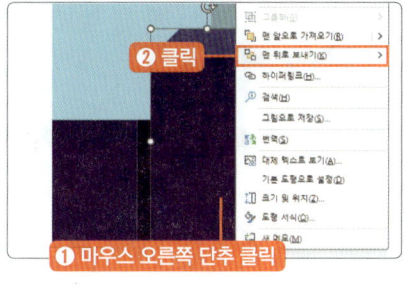
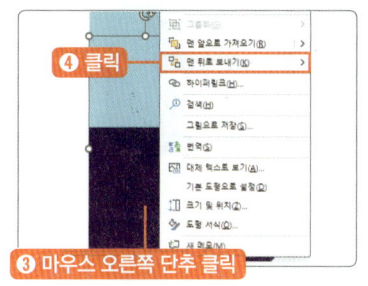

⑨ [삽입] 탭의 [일러스트레이션] 그룹에서 [도형]을 클릭한 후, 기본 도형의 '정육면체'를 선택합니다. 이어서, 마우스 커서가 + 모양으로 변경되면 드래그하여 도형을 삽입한 후, 그림과 같이 크기 및 위치를 조절합니다.

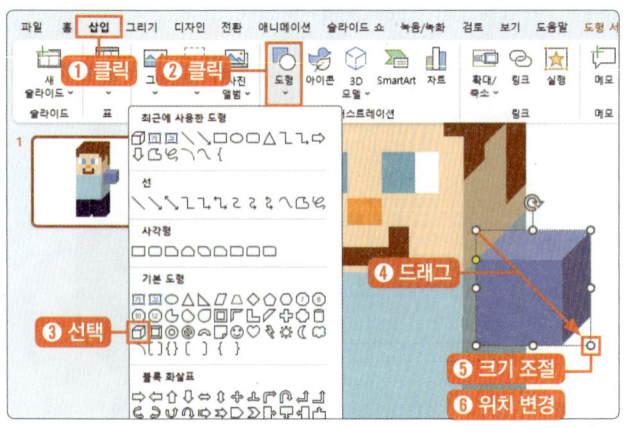
▲ 파워포인트

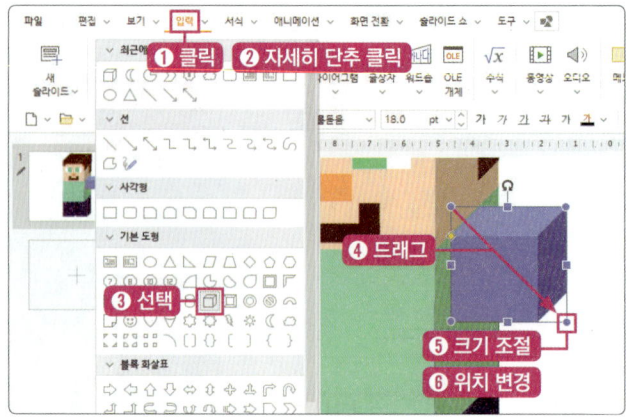
▲ 한쇼

⑩ [도형 서식] 탭의 [도형 스타일] 그룹에서 [도형 채우기]를 클릭한 후, '바다색, 강조 5, 40% 더 밝게'를 선택합니다. (한쇼 : [도형] 탭-[도형 채우기]-'초록 40% 밝게')

⑪ Ctrl + Shift 키를 누른 채 도형을 왼쪽으로 드래그하여 복사한 후, 그림과 같이 위치를 변경합니다.

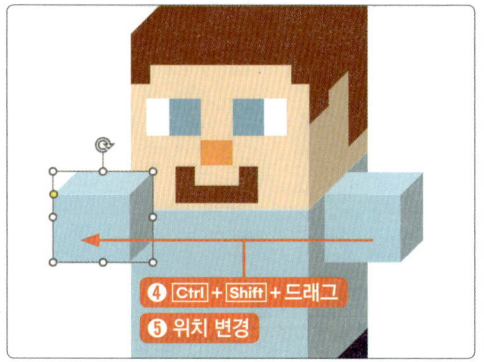

⑪ 왼쪽 팔 위에서 마우스 오른쪽 단추를 눌러 바로 가기 메뉴가 나오면 [맨 뒤로 보내기]를 클릭합니다.

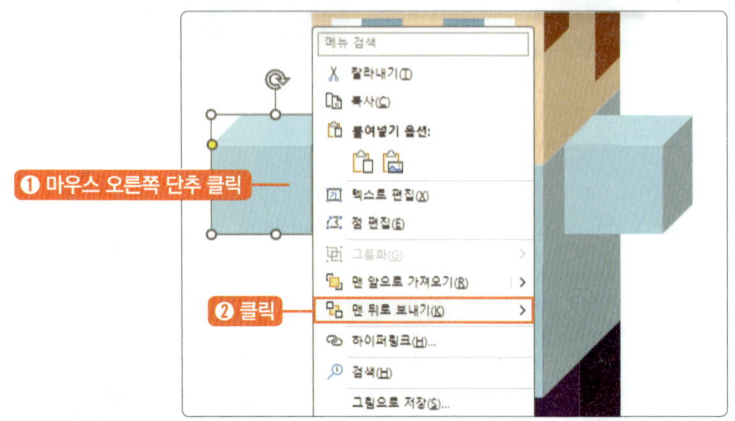

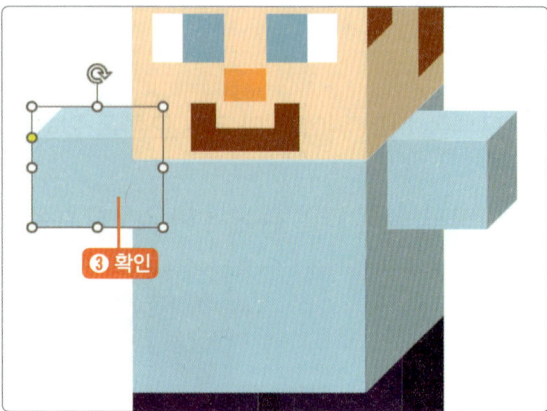

CHAPTER 07 미션 수행하기

01 도형을 이용하여 스티브의 손을 완성해 보세요. (한쇼 : 채우기(주황 60% 밝게))

- 기본 도형-정육면체(🔲) → 드래그 후, 크기 및 위치 조절(왼손) → 채우기(주황, 강조 6, 60% 더 밝게 🟧) → [맨 뒤로 보내기] → 오른쪽으로 복사(오른손) → 크기 및 위치 조절
  ※ 손의 크기를 조절할 때는 노란색 조절점(🟡)을 이용하여 두께를 조절해요.

02 [슬라이드 1]을 복제해 보세요.

- [슬라이드 1] 위에서 마우스 오른쪽 단추 클릭 → [슬라이드 복제]
  ※ 슬라이드 복제는 부록의 007 페이지를 참고하세요~

03 [슬라이드 2]의 스티브 다리를 그림과 같이 변경해 보세요.

- 왼쪽 다리 클릭 → 조절점(🔄)을 오른쪽으로 드래그 → 오른쪽 다리 클릭 → 조절점(🔄)을 왼쪽으로 드래그 → 몸에 맞게 위치 변경 → Ctrl + A (모두 선택) → 도형 위에서 마우스 오른쪽 단추 클릭 → [그룹화]-[그룹]
  ※ [슬라이드 1]의 스티브도 그룹으로 지정한 후, 저장해요.

02 완성된 작품을 바탕화면에 자신의 이름으로 된 폴더에 그림으로 저장(스티브1.png, 스티브2.png)한 후, 파일을 저장(마크.pptx)해 보세요.

※ [그림으로 저장]할 때는 크기 배율을 '높이 조절 : 50%', '너비 조절 : 50%'로 줄여서 저장하세요.

▲ 스티브1   ▲ 스티브2

그룹 지정 및 저장 방법은 부록의 010~011 페이지를 참고하세요~

CHAPTER 08 · SpaceBar 키로 스티브 조종하기

- 불러올 파일 : 8장 불러올 파일.ent, 스티브1.png, 스티브2.png, 8장 완성파일 미리보기.url
- 완성된 파일 : 8장 완성된 파일.ent

학습목표
- 스티브가 움직이는 모습을 만들 수 있어요.
- SpaceBar 키를 눌렀을 때 오브젝트의 방향을 바꿔 곡괭이를 휘두를 수 있어요.

오늘 사용할 명령 블록

명령 블록	블록 꾸러미	설 명
q▼ 키를 눌렀을 때	시작(🚩)	특정한 키를 누르면 아래에 연결된 블록들을 실행해요.
10 번 반복하기	흐름(🔁)	입력한 숫자만큼 감싸고 있는 블록들을 반복 실행해요.
방향을 90° 만큼 회전하기	움직임(↔)	오브젝트의 방향을 입력한 각도만큼 오른쪽으로 회전해요.

오늘 코딩한 내용 알아보기

[스티브1] 오브젝트가 계속 모양을 바꾸면서 걷는 모습을 보여주고, SpaceBar 키를 누르면 [곡괭이] 오브젝트의 방향을 바꿔 휘두르는 모습을 보여주도록 코딩해요.

- **[스티브1] 오브젝트** : 모양을 바꾸면서 걸어가는 모습을 보여줘요.
- **[곡괭이] 오브젝트** : Space Bar 키를 눌렀을 때 방향을 바꿔 휘두르는 모습을 보여줘요.
- **[새], [토끼] 오브젝트** : 화면의 왼쪽에서 둘 중의 하나의 오브젝트가 나타나 오른쪽으로 이동해요. 휘두르는 곡괭이에 닿으면 고기나 당근으로 변해요.
- **[숲 속] 오브젝트** : 숲 속 배경을 보여줘요.

01 기본 작업하기

① 엔트리(Entry)를 실행한 후, [불러올 파일]-[8장]-'8장 불러올 파일.ent'를 불러옵니다. 이어서, 7장에서 만들었던 '스티브1.png'를 오브젝트로 추가합니다. 만일 이미지 파일이 없다면 [불러올 파일]-[8장]-'스티브1.png'를 추가합니다.

※ 오브젝트 추가하기는 부록의 012 페이지를 참고해요~

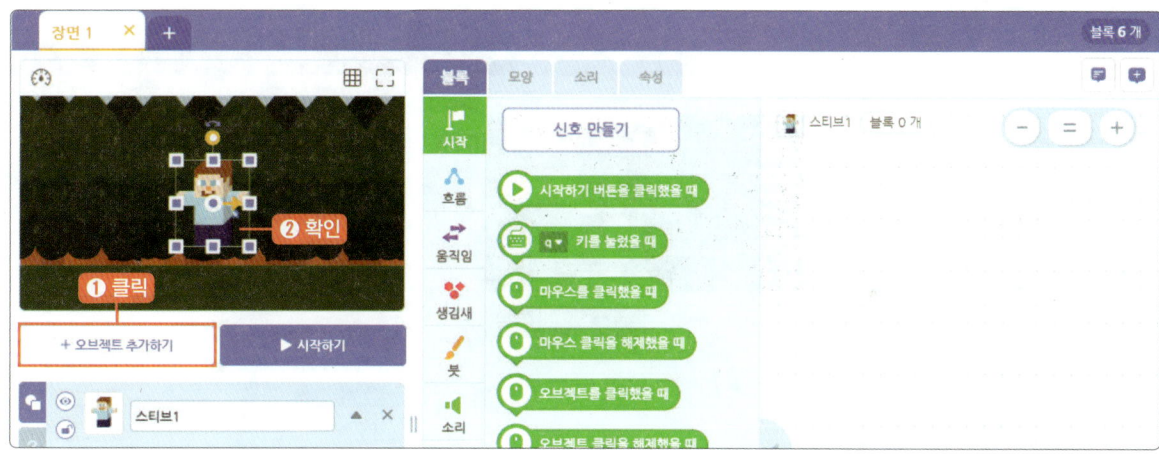

② 오브젝트가 추가되면 7장에서 만들었던 '스티브2.png'를 모양으로 추가합니다. 만일 이미지 파일이 없다면 [불러올 파일]-[8장]-'스티브2.png'를 추가합니다. 모양이 추가되면 다시 '스티브1' 모양을 선택한 후, [스티브1] 오브젝트의 위치를 x는 '50', y는 '-60'으로 변경합니다.

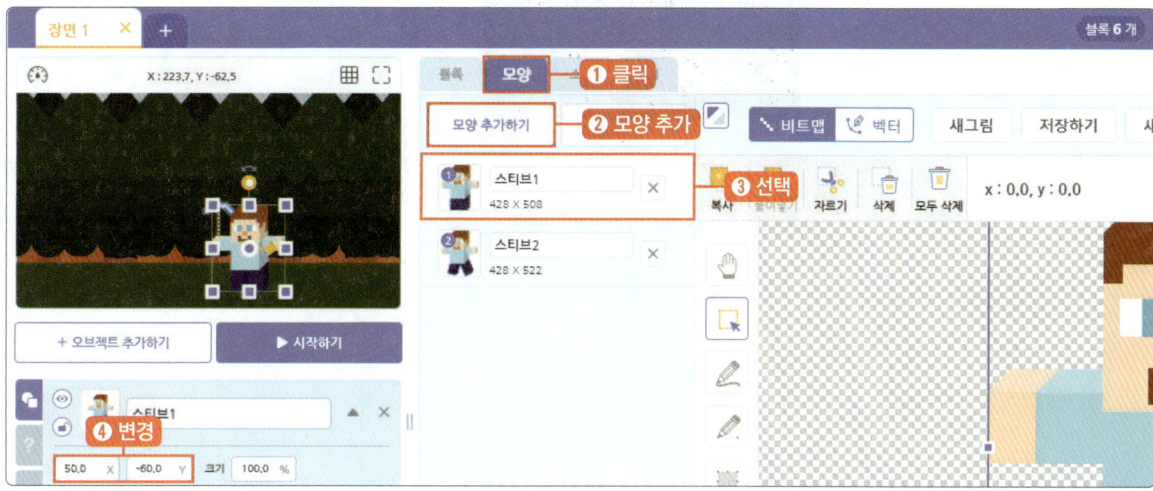

02 [스티브1] 오브젝트가 걷는 모양으로 보이도록 코딩하기

❶ 기본 작업이 끝나면 [블록]을 클릭한 후, [시작(🚩)] 블록 꾸러미에서 `시작하기 버튼을 클릭했을 때`를 [블록 조립소]로 가져다 놓습니다.

❷ [흐름(▲)] 블록 꾸러미에서 `계속 반복하기`를 연결합니다.

❸ [흐름(▲)] 블록 꾸러미에서 `2 초 기다리기`를 연결한 후, '2'를 '0.1'로 변경합니다.

> **코딩풀이**
> 계속 반복하기로 작업할 때 '0.1'초 기다리기 블록을 사용하는 이유는 다음에 코딩할 '모양 바꾸기'가 너무 빠르게 바뀌지 않게 하려고 사용해요.

❹ [생김새(🔴)] 블록 꾸러미에서 `다음 모양으로 바꾸기` 를 연결합니다.

코딩풀이
[스티브1] 오브젝트는 시작하기 버튼을 클릭했을 때 '0.1'초마다 다음 모양으로 바꿔 마치 걸어가는 모습처럼 보이게 해줘요.

03 [곡괭이] 오브젝트가 SpaceBar 키를 누르면 휘둘러지도록 코딩하기

❶ [오브젝트 목록]에서 [곡괭이] 오브젝트를 선택합니다. 이어서, [시작(🚩)] 블록 꾸러미에서 `q 키를 눌렀을 때` 를 [블록 조립소]로 가져다 놓은 후, `q`를 클릭하여 선택 메뉴가 나오면 '스페이스'를 선택합니다.

❷ [흐름(🔺)] 블록 꾸러미에서 `10 번 반복하기` 를 연결한 후, '10'을 '13'으로 변경합니다.

❸ [움직임(⇄)] 블록 꾸러미에서 `방향을 90° 만큼 회전하기` 를 연결한 후, '90°'를 '-10°'로 변경합니다.

❹ `13 번 반복하기` 위에서 마우스 오른쪽 단추를 눌러 [코드 복사 & 붙여넣기]를 클릭합니다. 이어서, 복사된 블록이 나오면 아래 그림처럼 연결한 후, 복사된 블록의 '-10°'을 '10°'로 변경합니다.

> **코딩풀이**
> [곡괭이] 오브젝트의 중심점은 자루의 끝부분으로 변경되어 있어요. 그리고 방향을 '-10°'씩 '13'번 왼쪽으로 회전하고, '10°'씩 '13'번 오른쪽으로 회전해서 휘두르는 모습을 보여줘요.

❺ 코딩이 완료되면 `▶ 시작하기` 를 클릭하여 [스티브1] 오브젝트의 모양이 바뀌는지 `SpaceBar` 키를 눌렀을 때 [곡괭이] 오브젝트가 휘둘러지는지 확인합니다. 이어서, 바탕화면에 자신의 이름으로 된 폴더에 '8장-홍길동.ent'로 저장합니다.

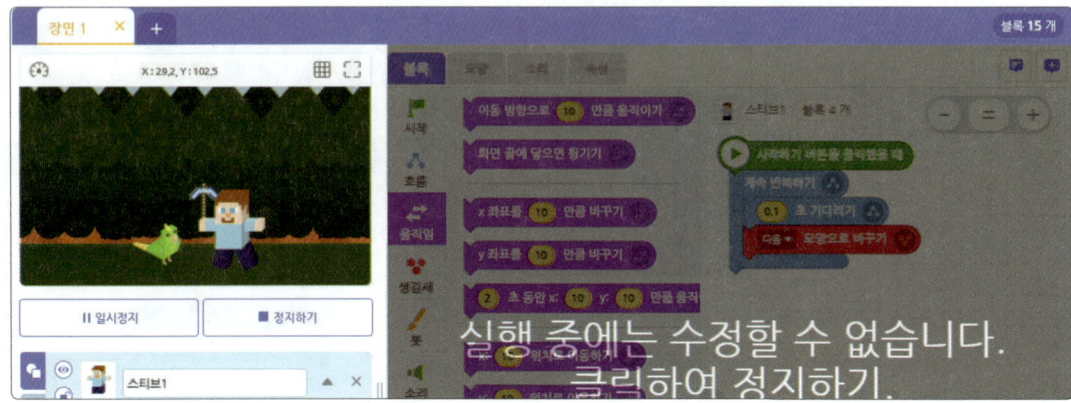

CHAPTER 08  미션 수행하기

■ 불러올 파일 : 8장-1 불러올 파일.ent   ■ 완성된 파일 : 8장-1 완성된 파일.ent

01 점수를 만들어봐요.

- 변수에서 '점수'를 추가해요.

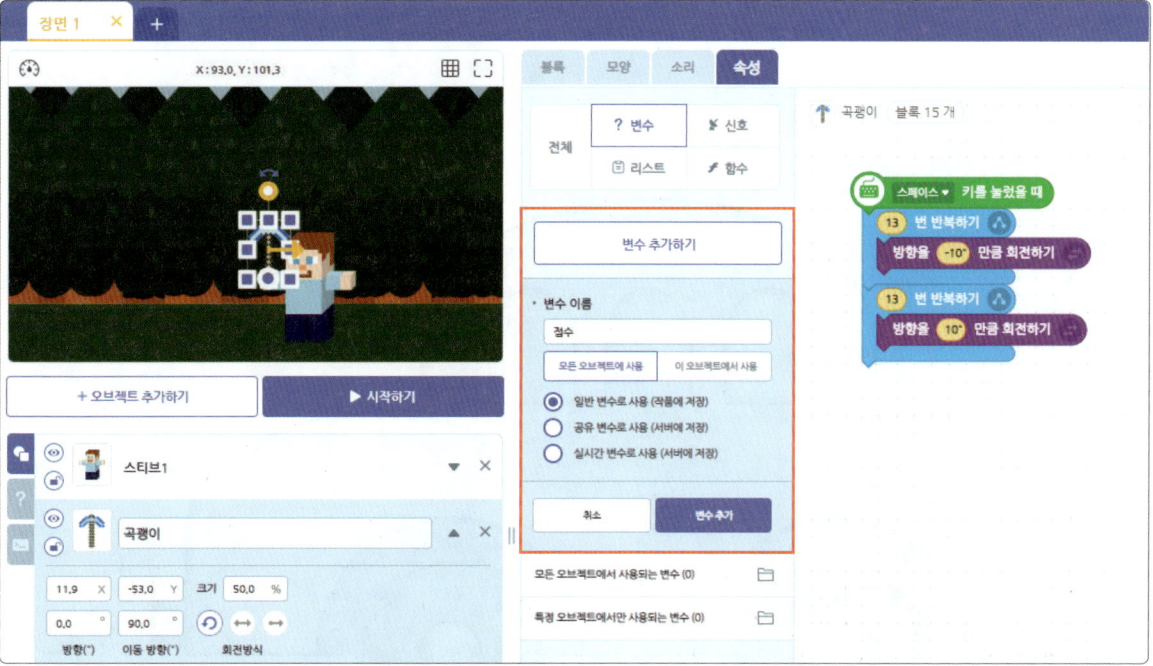

- 곡괭이가 토끼와 새와 만나면 점수가 올라가요.

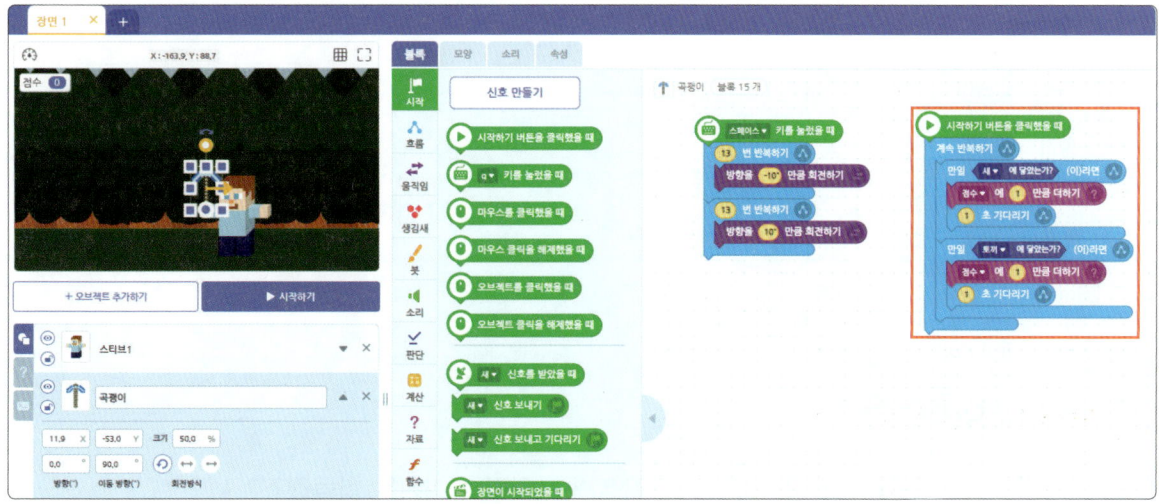

CHAPTER 09 입체 자동차 만들기

■ 불러올 파일 : 입체자동차.pptx   ■ 완성된 파일 : 입체자동차(완성).pptx, 자동차.png

 **학습목표**
- 도형에 그라데이션을 채울 수 있어요.
- 도형에 입체 효과를 적용할 수 있어요.

오늘 배울 내용 알아보기

종이에 자동차를 그리면 예쁘기는 하지만 진짜 자동차처럼 보이기는 힘들겠죠?
파워포인트의 입체효과를 이용하면 작품을 더 실제처럼 보이게 할 수 있어요.
입체적인 자동차를 만든 후, 엔트리에서는 자동차 여행을 할 거예요!
지금부터 파워포인트 2021을 이용하여 입체 자동차를 완성해 볼까요?

01 도형 삽입하기

① 파워포인트 2021( )을 실행한 후, [열기]-[찾아보기]-[불러올 파일]-[9장]의 '입체자동차.pptx' 파일을 불러옵니다.

※ 파일 불러오기는 부록의 007 페이지를 참고하세요~

② [삽입] 탭의 [일러스트레이션] 그룹에서 [도형( )]을 클릭한 후, 기본 도형의 '타원( )'을 선택합니다. 이어서, 마우스 커서가 + 모양으로 변경되면 Shift 키를 누른 채 바퀴가 들어갈 부분을 드래그하여 도형을 삽입합니다.

※ Shift 키를 누른 채 도형을 드래그하면 가로 세로 비율이 일정한 도형을 그릴 수 있어요.

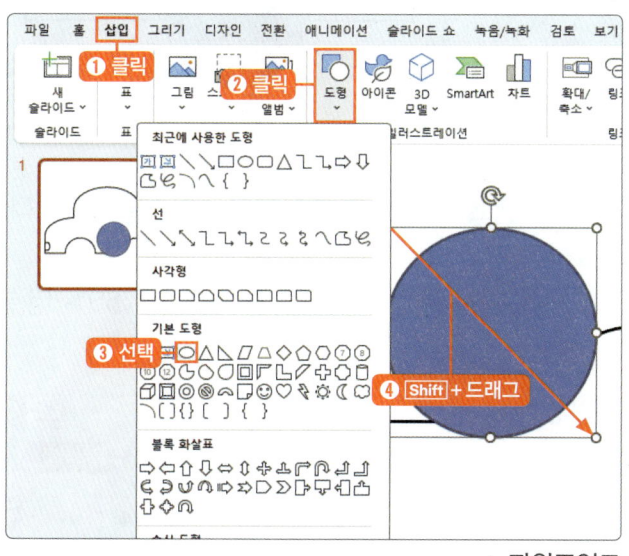
▲ 파워포인트

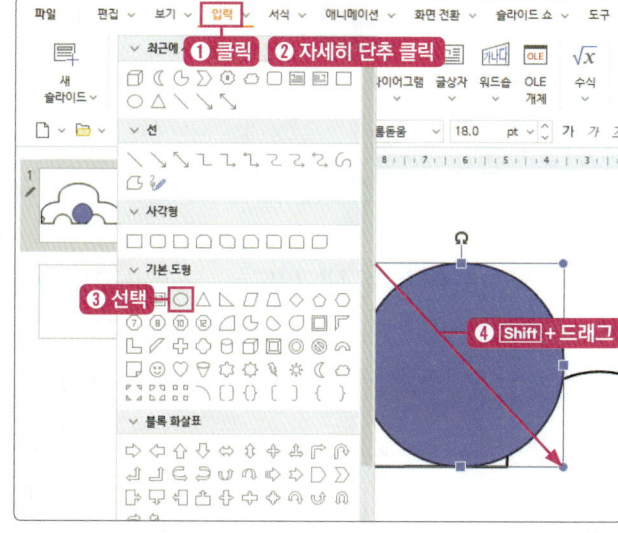
▲ 한쇼

③ 도형이 삽입되면 Shift 키를 누른 채 조절점( )을 드래그하여 크기를 조절한 후, 위치를 그림과 같이 변경합니다.

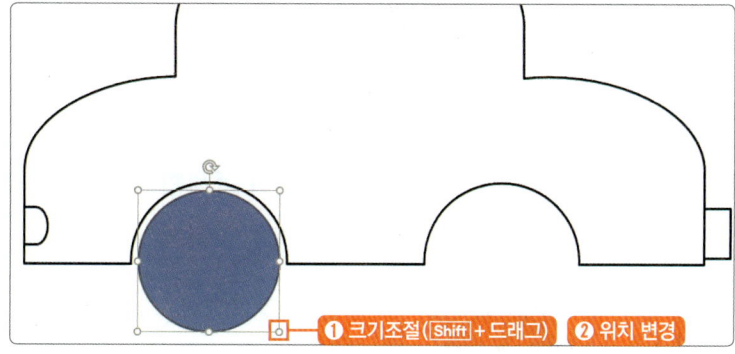

TIP

도형 위치 변경하기

① 도형의 테두리를 드래그하여 이동해요.

② 키보드 방향키(←, →, ↑, ↓)를 눌러 한 칸씩 이동해요.

③ Ctrl 키를 누른 채 키보드 방향키(←, →, ↑, ↓)를 누르면 더 세밀하게 이동할 수 있어요.

도형 서식 변경 후, 기본 도형으로 설정하기

❶ [도형 서식] 탭의 [도형 스타일] 그룹에서 [도형 윤곽선]을 클릭한 후, '검정, 텍스트 1'을 선택합니다.

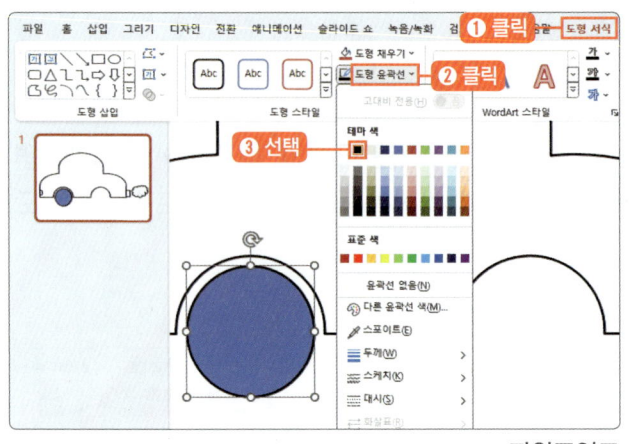
▲ 파워포인트

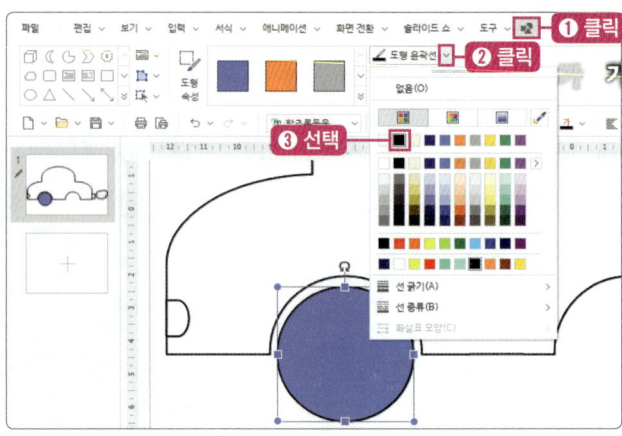
▲ 한쇼

❷ 도형 위에서 마우스 오른쪽 단추를 눌러 바로 가기 메뉴가 나오면 [기본 도형으로 설정]을 클릭합니다.

❸ 이어서, [도형 서식] 탭의 [도형 스타일] 그룹에서 [도형 채우기]를 클릭한 후, '검정, 텍스트 1, 50% 더 밝게'를 선택합니다. (한쇼 : [도형] 탭-[도형 채우기]-'검은 50% 밝게')

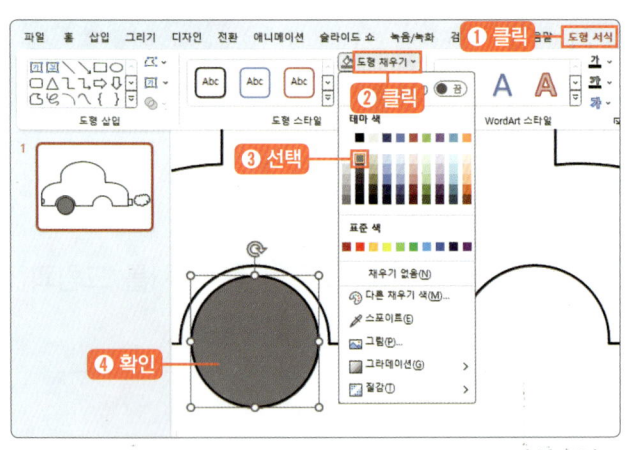
▲ 파워포인트

▲ 한쇼

❹ Ctrl 키를 누른 채 도형을 드래그하여 복사한 후, 그림과 같이 크기 및 위치를 조절합니다.

※ 크기를 조절할 때는 Shift 키를 눌러 조절점(O)을 드래그하세요.

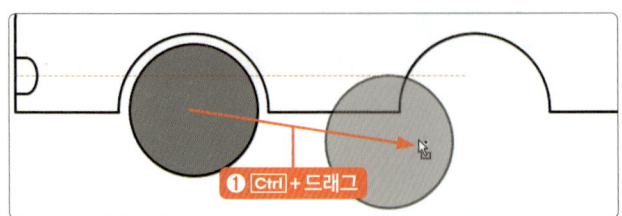

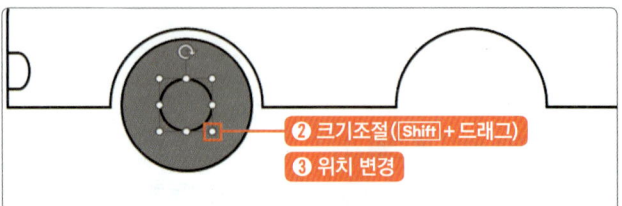

03 그라데이션 채우기

❶ [삽입] 탭의 [일러스트레이션] 그룹에서 [도형]을 클릭한 후, 순서도의 '순서도: 지연(D)'을 선택합니다. 이어서, 마우스 커서가 + 모양으로 변경되면 드래그하여 그림과 같이 도형을 삽입합니다.

※ 파일 불러오기는 부록의 007 페이지를 참고하세요~

❷ 도형이 삽입되면 회전점을 왼쪽으로 드래그하여 그림과 같이 회전시킵니다. 이어서, 조절점(O)을 드래그하여 도형의 크기를 조절한 후, 위치를 변경합니다. (한쇼 : [입력] 탭-자세히 단추 클릭-'순서도: 지연(D)')

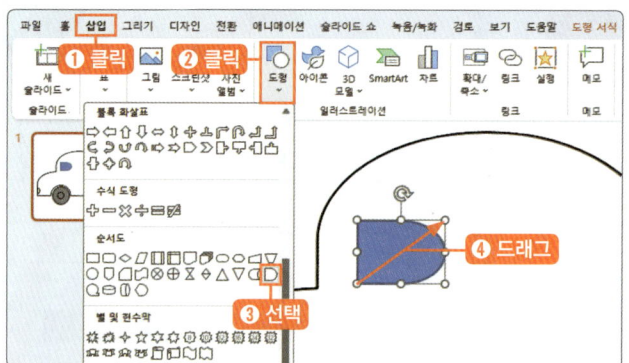
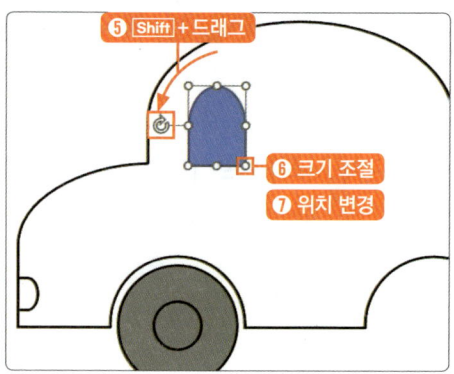

❸ [도형 서식] 탭의 [도형 스타일] 그룹에서 [도형 채우기]를 클릭한 후, '바다색, 강조 5'를 선택합니다.
(한쇼 : [도형] 탭-[도형 채우기]-'시안')

❹ 도형에 색이 채워지면 다시 [도형 채우기]를 클릭한 후, '그라데이션'을 선택합니다. 이어서, [밝은 그라데이션]의 '가운데에서'를 선택합니다. (한쇼 : [그러데이션]-'방사형'-'가운데에서')

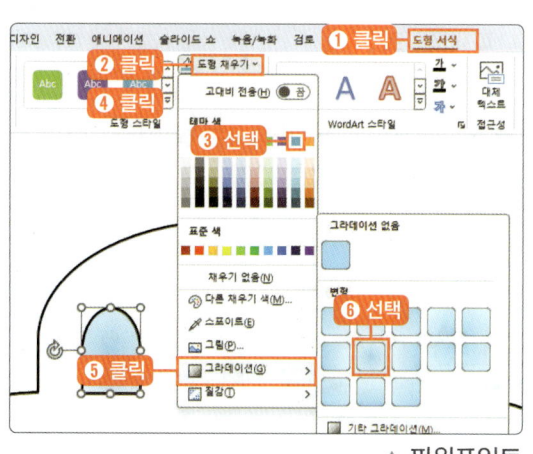

▲ 파워포인트　　　　　　　　　　　　　　　　▲ 한쇼

04 입체 효과 적용하기

❶ [삽입] 탭의 [일러스트레이션] 그룹에서 [도형]을 클릭한 후, 기본 도형의 '막힌 원호'를 선택합니다. 이어서, 마우스 커서가 + 모양으로 변경되면 드래그하여 그림과 같이 도형을 삽입합니다.

❷ 도형이 삽입되면 오른쪽 노란색 조절점(🟡)을 드래그하여 그림과 같이 두께를 조절합니다. 이어서, 조절점(⚪)을 드래그하여 도형의 크기를 조절한 후, 위치를 변경합니다.

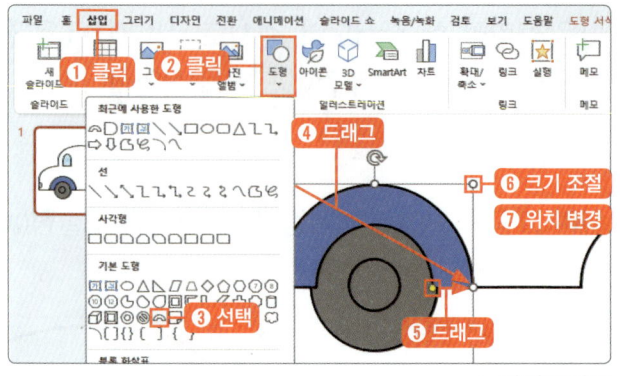
▲ 파워포인트

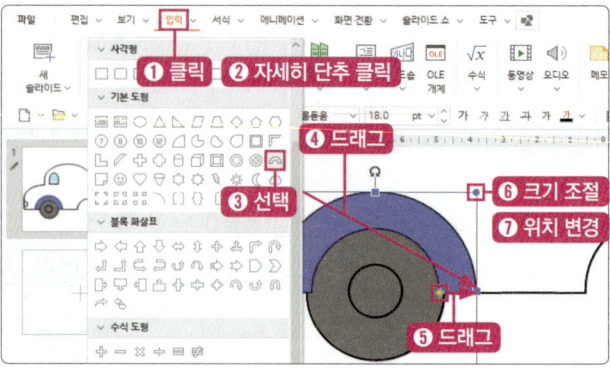
▲ 한쇼

❸ [도형 서식] 탭의 [도형 스타일] 그룹에서 [도형 채우기]를 클릭한 후, '자주, 강조 4'를 선택합니다.
(한쇼 : [도형] 탭-[도형 채우기]-'보라')

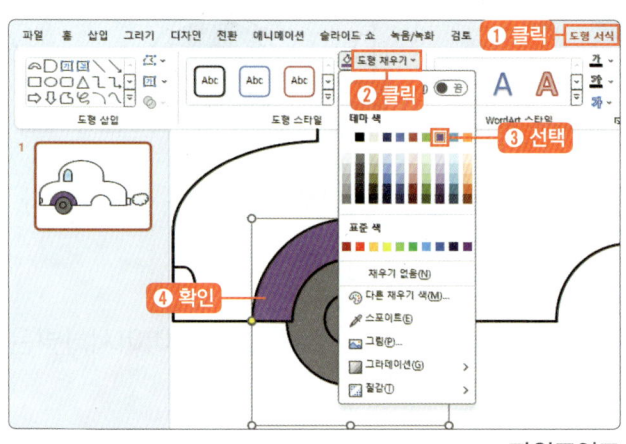

❹ Ctrl + A 키를 눌러 슬라이드의 모든 도형을 선택합니다. 이어서, [도형 서식] 탭의 [도형 스타일] 그룹에서 [도형 효과]를 클릭한 후, [입체 효과]의 '둥글게 볼록'을 선택합니다.
(한쇼 : [도형 효과]-[그림자]-'대각선 오른쪽 아래')

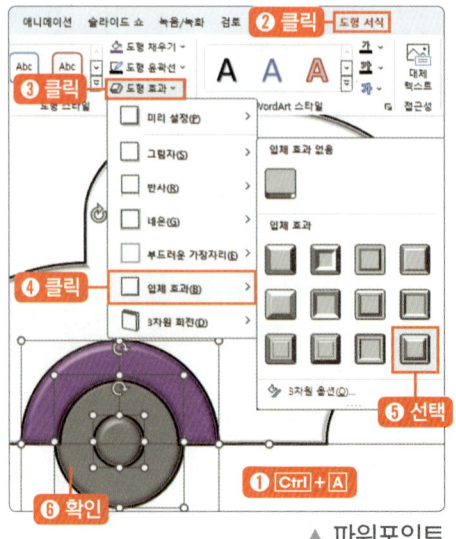
▲ 파워포인트

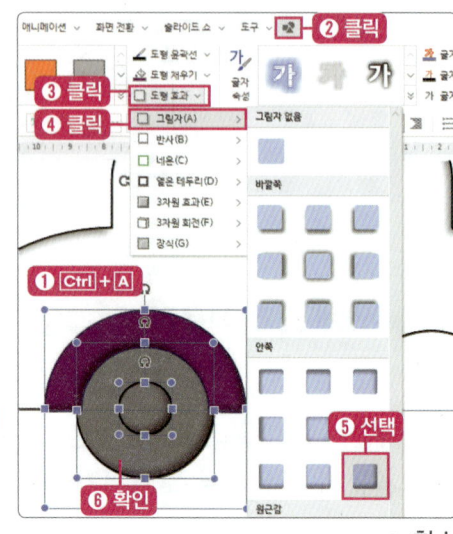
▲ 한쇼

 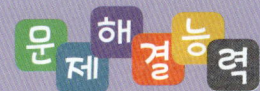 미션 수행하기

01 아래 그림을 참고하여 도형에 색을 채워보세요.
(한쇼 : ① 보라 60% 밝게, ② 노랑, ③ 검정 60% 밝게, ④ 밝은 색 1 하양)

- ① 자주, 강조 4, 60% 더 밝게(　), ② 노랑(　), ③ 검정, 텍스트 1, 50% 더 밝게(　), ④ 흰색, 배경 1(　)

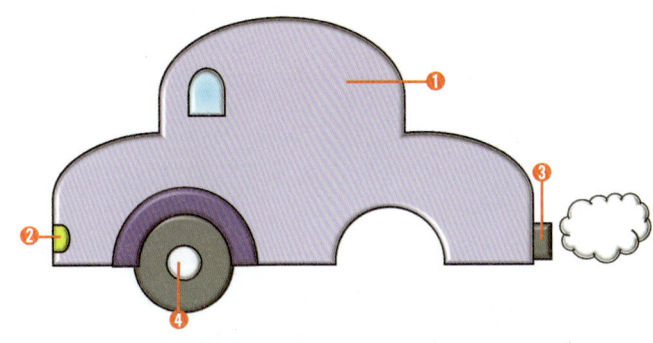

02 아래 그림을 참고하여 도형을 복사한 후, 자동차를 완성해 보세요.

- Ctrl + Shift + 드래그하여 복사 → Ctrl + A (모두 선택) → 도형 위에서 마우스 오른쪽 단추 클릭 → [그룹화]-[그룹]

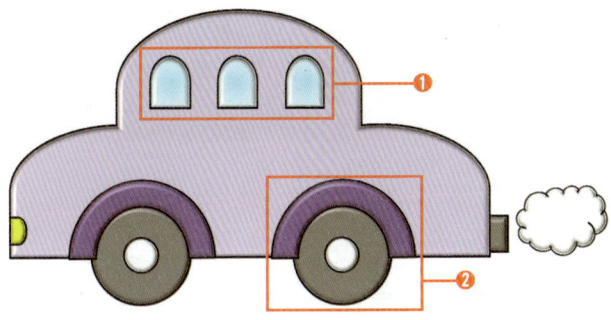

02 완성된 작품을 바탕화면에 자신의 이름으로 된 폴더에 그림으로 저장(자동차.png)한 후, 파일을 저장(입체자동차.pptx)해 보세요.

※ [그림으로 저장]할 때는 크기 배율을 '높이 조절 : 50%', '너비 조절 : 50%'로 줄여서 저장하세요.

▲ 파워포인트　　　　　　　　　　　▲ 한쇼

그룹 지정 및 저장 방법은 부록의 010~011 페이지를 참고하세요~

CHAPTER 10 | SpaceBar 키로 자동차 여행하기

■ 불러올 파일 : 10장 불러올 파일.ent, 자동차.png, 10장 완성파일 미리보기.url
■ 완성된 파일 : 10장 완성된 파일.ent

학습목표
- 조건문을 사용하여 자동차의 위치를 바꿀 수 있어요.
- 신호를 보내 다른 오브젝트의 모양을 바꿀 수 있어요.

오늘 사용할 명령 블록

명령 블록	블록 꾸러미	설 명
마우스포인터▼ 에 닿았는가?	판단(✓)	해당 오브젝트가 선택한 항목과 닿은 경우 '참'이 돼요.
이동▼ 신호 보내기	시작(🏁)	목록에서 선택된 신호를 보내요.
이동▼ 신호를 받았을 때	시작(🏁)	해당 신호를 받으면 아래에 연결된 블록들을 실행해요.

오늘 코딩할 내용 알아보기

[자동차] 오브젝트가 SpaceBar 키를 누르면 왼쪽으로 이동하고, 화면 끝(왼쪽 벽)에 닿으면 '이동' 신호를 보내고 실행 화면의 오른쪽 끝으로 이동해요. [배경] 오브젝트가 '이동' 신호를 받으면 다음 모양으로 바꿔요.

- **[자동차] 오브젝트** : Space Bar 키를 누르면 왼쪽으로 이동해요. 만일 왼쪽 벽에 닿으면 '이동' 신호를 보내고 다시 오른쪽 끝으로 이동해요.
- **[스포츠카], [젖소] 오브젝트** : 배경에 따라 화면에 왼쪽에서 등장해요. [자동차] 오브젝트가 가만히 있으면 그냥 지나가고 이동하는 도중에 부딪치면 하늘 높이 날아가요.
- **[배경] 오브젝트** : '이동' 신호를 받으면 모양을 바꿔 배경을 바꿔줘요.

01 기본 작업하기

❶ 엔트리(Entry)를 실행한 후, [불러올 파일]-[10장]-'10장 불러올 파일.ent'를 불러옵니다. 이어서, 9장에서 만들었던 '자동차.png'를 오브젝트로 추가합니다. 만일 이미지 파일이 없다면 [불러올 파일]-[10장]-'자동차.png'를 추가합니다.

※ 오브젝트 추가하기는 부록의 012 페이지를 참고해요~

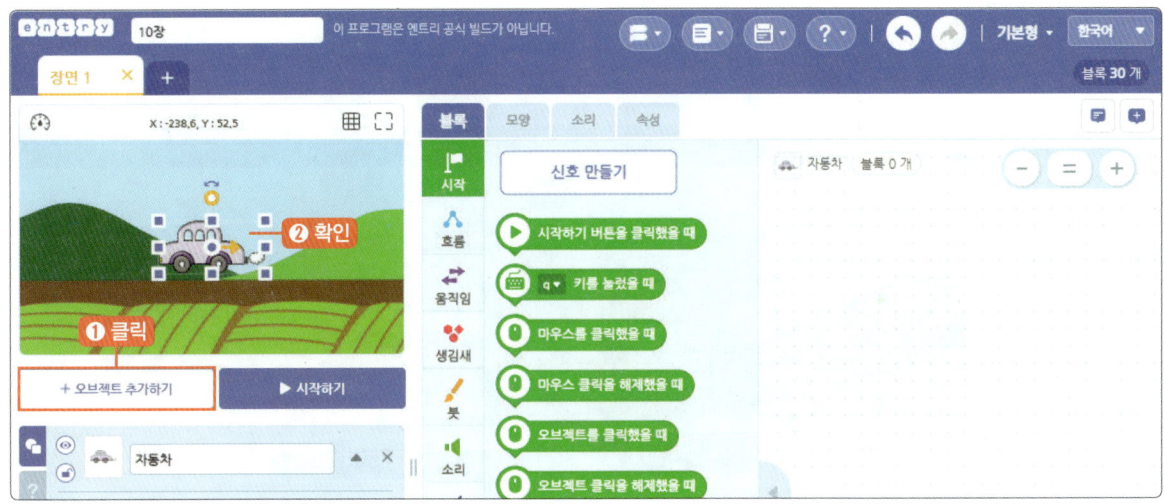

❷ 이어서, [자동차] 오브젝트의 위치를 x는 '178', y는 '-60'으로 변경합니다.

02 SpaceBar 키를 눌렀을 때 왼쪽으로 이동하도록 코딩하기

❶ 기본작업이 끝나면 [시작(🏁)] 블록 꾸러미에서 `시작하기 버튼을 클릭했을 때` 를 [블록 조립소]로 가져다 놓습니다.

※ 코딩하는 도중에 작품을 실행하려면 오브젝트를 추가한 후, 080 페이지의 3번, 4번을 먼저 작업해주세요.

❷ [흐름(🔀)] 블록 꾸러미에서 `계속 반복하기` 를 연결합니다.

❸ [흐름(🔀)] 블록 꾸러미에서 `만일 참 (이)라면` 을 연결합니다.

❹ [판단(✓)] 블록 꾸러미에서 `q▼ 키가 눌러져 있는가?`를 '참'의 위치에 끼워 넣은 후, `q`를 클릭하여 선택 메뉴가 나오면 '스페이스'를 선택합니다.

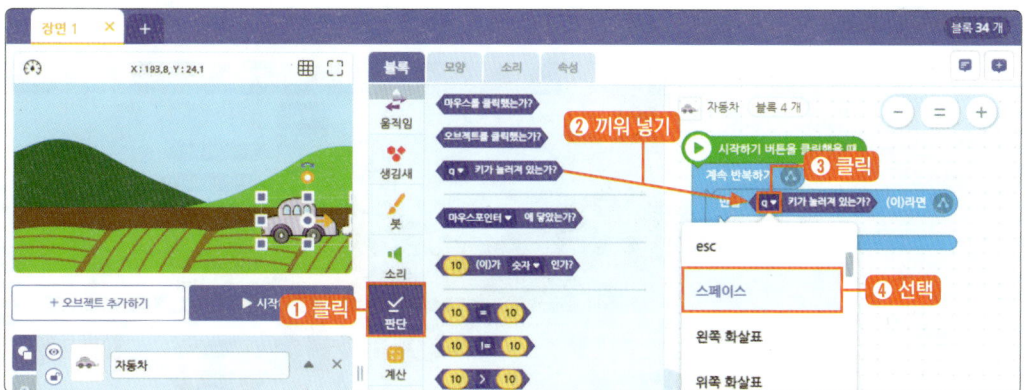

❺ [움직임(↔)] 블록 꾸러미에서 `x좌표를 10 만큼 바꾸기`를 연결한 후, '10'을 '-2'로 변경합니다.

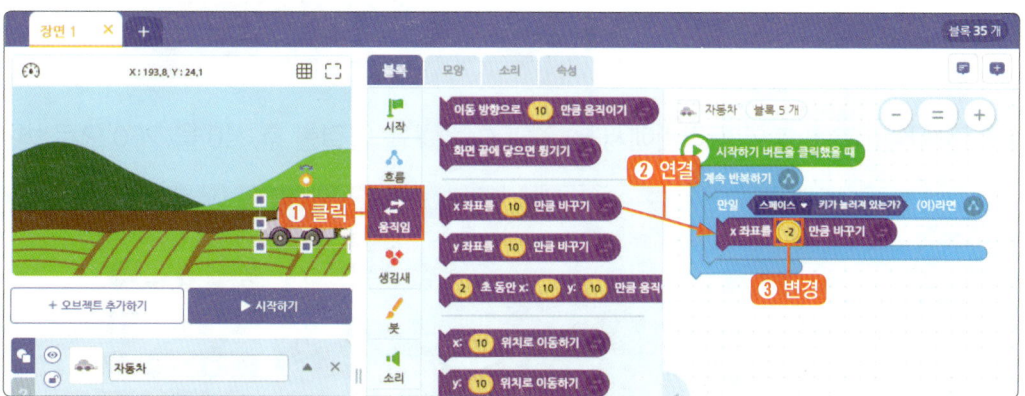

> **코딩풀이**
> 시작하기 버튼을 클릭했을 때 계속 반복하여 키보드의 [Space Bar] 키를 눌러져 있는지 확인해요. 만일 [Space Bar] 키를 눌렀다면 x좌표를 '-2(왼쪽)' 만큼 이동해요.

03 왼쪽 벽에 닿으면 신호를 보내고 오른쪽으로 이동하도록 코딩하기

❶ [흐름(⋀)] 블록 꾸러미에서 `만일 참 (이)라면`을 연결합니다.

❷ [판단(✓)] 블록 꾸러미에서 `<마우스포인터▼ 에 닿았는가?>`를 '참'의 위치에 끼워 넣은 후, `마우스포인터▼`를 클릭하여 선택 메뉴가 나오면 '왼쪽 벽'을 선택합니다.

※ `마우스포인터▼`를 클릭했을 때 나오는 목록의 실제 개수는 더 많아요.

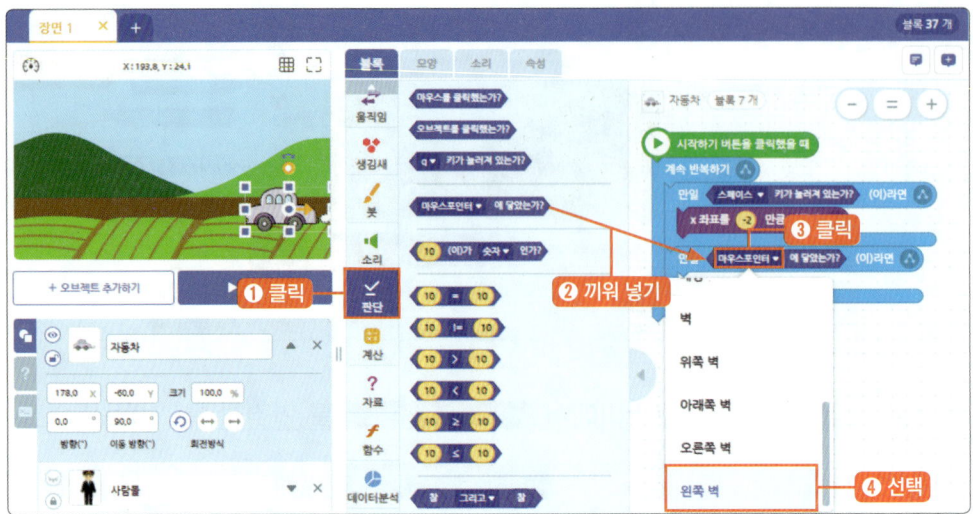

❸ [움직임(⇄)] 블록 꾸러미에서 `x: 10 위치로 이동하기`를 연결한 후, '10'을 '260'으로 변경합니다.

❹ [시작(▶)] 블록 꾸러미에서 `이동▼ 신호 보내기`를 연결합니다.

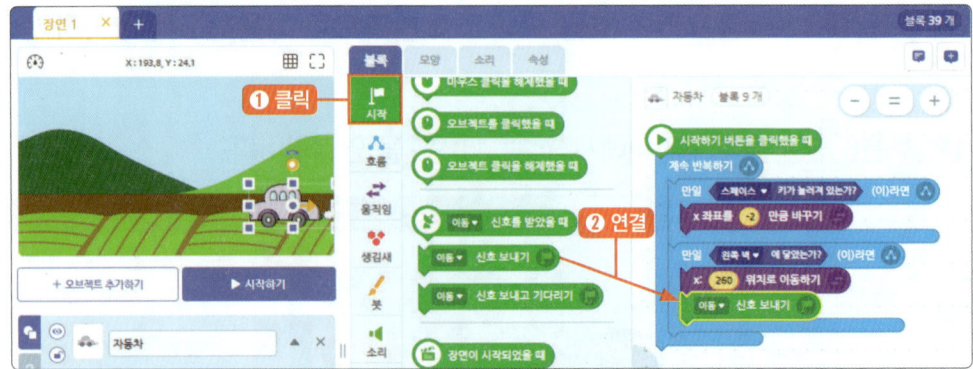

코딩풀이

왼쪽 벽에 닿으면 [자동차] 오브젝트의 x 좌표를 '260'으로 바꿔 다시 오른쪽으로 이동해요. 그리고 '이동' 신호를 보내서 배경을 바꿀 거에요. 그러면 자동차가 마치 다른 장소로 이동하는 것처럼 보여요.

04 [배경] 오브젝트가 신호를 받으면 다음 모양으로 바꾸도록 코딩하기

❶ [오브젝트 목록]에서 [배경] 오브젝트를 선택한 후, [시작(🚩)] 블록 꾸러미에서 이동▼ 신호를 받았을 때 을 [블록 조립소]로 가져다 놓습니다.

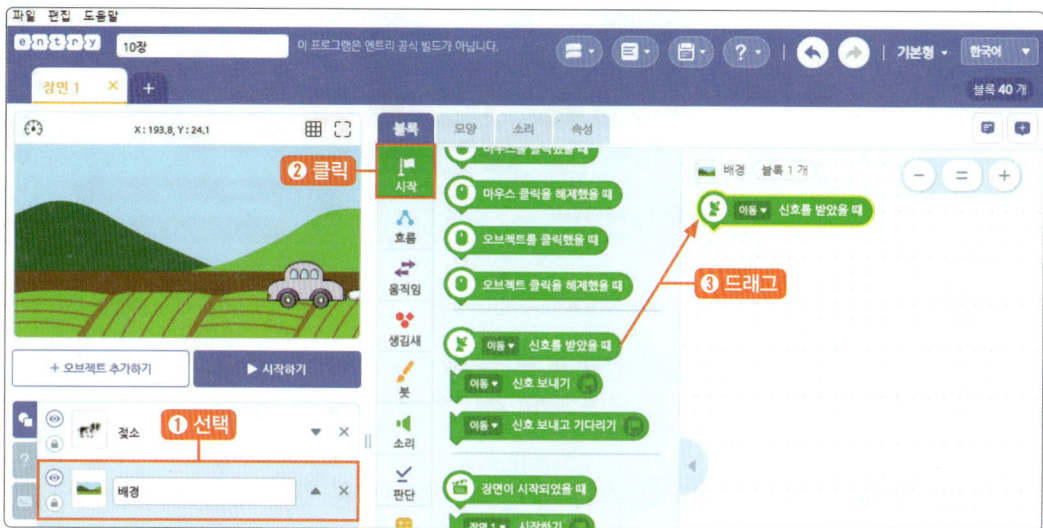

❷ [생김새(👁)] 블록 꾸러미에서 다음▼ 모양으로 바꾸기 를 연결합니다.

코딩풀이

[자동차] 오브젝트가 왼쪽 벽에 닿아 '이동' 신호를 보내고 실행 화면의 오른쪽 끝으로 이동해요. 그러면 [배경] 오브젝트는 '이동' 신호를 받아 다음 모양(도시 배경)으로 바꿔요.

TIP

신호란?

엔트리(Entry)에서 신호란 한 오브젝트에서 다른 오브젝트에게 코드를 시작하라고 알려줄 때 사용해요. 신호는 특정 오브젝트에게 전달하는 것이 아니고 누구나 들을 수 있도록 신호를 보내요. 하지만 이동▼ 신호를 받았을 때 블록이 있어야 신호를 받을 수 있어요. 여러 개의 오브젝트가 이동▼ 신호를 받았을 때 블록을 가지고 있으면 신호를 보낼 때 오브젝트들이 동시에 신호를 받아서 코드를 시작할 수도 있어요.

❸ [오브젝트 목록]에서 [스포츠카] 오브젝트를 선택한 후, [블록 조립소]의 코드 중에서 대상없음▼ 을 클릭하여 선택 메뉴가 나오면 '자동차'를 각각 선택합니다.

> 코딩풀이
>
> [스포츠카] 오브젝트가 [자동차] 오브젝트에 닿지 않으면 왼쪽에서 오른쪽으로 이동해요. 하지만 오브젝트가 서로 닿았을 때 Space Bar 키를 누르고 있었다면 [스포츠카] 오브젝트는 충돌로 날아가요.

❹ [오브젝트 목록]에서 [젖소] 오브젝트를 선택한 후, [블록 조립소]의 코드 중에서 대상없음▼ 을 클릭하여 선택 메뉴가 나오면 '자동차'를 각각 선택합니다.

❺ 코딩이 완료되면 ▶시작하기 를 클릭하여 [자동차] 오브젝트가 Space Bar 키를 누르면 이동하다가 화면의 왼쪽 끝에 닿으면 [배경] 오브젝트가 바뀌는지 확인합니다. 이어서, 바탕화면에 자신의 이름으로 된 폴더에 '10장-홍길동.ent'로 저장합니다.

※ Space Bar 키를 눌러 이동하는 도중에 [스포츠카] 오브젝트나 [젖소] 오브젝트에 닿으면 소리가 재생되는지 들어보세요.

CHAPTER 10 미션 수행하기

📁 **불러올 파일** : 10장-1 불러올 파일.ent 📁 **완성된 파일** : 10장-1 완성된 파일.ent

01 자동차를 위로, 아래로 움직이도록 코딩해봐요.

📁 **불러올 파일** : 10장-2 불러올 파일.ent 📁 **완성된 파일** : 10장-2 완성된 파일.ent

01 자동차를 위로, 아래로 움직이도록 코딩해봐요.

- 소리를 추가해요.
- Enter 키를 누르면 소리가 나요.

CHAPTER 10 SpaceBar 키로 자동차 여행하기 **081**

CHAPTER 11 동글 동글 문어

■ 불러올 파일 : 동글동글.pptx   ■ 완성된 파일 : 동글동글(완성).pptx, 대왕문어.png

 **학습목표**
- 도형을 자유롭게 복사할 수 있어요.
- 도형을 그룹으로 지정한 후, 복사할 수 있어요.

오늘 배울 내용 알아보기

문어의 다리는 몇 개 일까요? 정답은 8개예요~!! 8개의 다리에는 약 1,200개의 튼튼한 빨판이 있어 사냥을 할 때 이용한답니다. 또한 문어는 카멜레온처럼 보호색을 가지고 있어요. 빨간색, 노란색, 갈색 등의 색을 띠며 필요에 따라서 몸의 색 뿐만 아니라 피부 감촉, 질감까지 변화시키는 신기한 바닷속 동물이에요.

이번 CHAPTER에서 만드는 문어는 엔트리에서 바닷속을 요리조리 헤엄칠 거예요. 지금부터 파워포인트 2021을 이용하여 대왕 문어를 완성해 볼까요?

01 그룹 지정하기

❶ 파워포인트 2021( )을 실행한 후, [열기]-[찾아보기]-[불러올 파일]-[11장]의 '동글동글.pptx' 파일을 불러옵니다.

※ 파일 불러오기는 부록의 007 페이지를 참고하세요~

❷ Ctrl + A 키를 눌러 슬라이드의 모든 도형을 선택한 후, 도형 위에서 마우스 오른쪽 단추를 눌러 바로가기 메뉴가 나오면 [그룹화]에서 [그룹]을 클릭합니다.

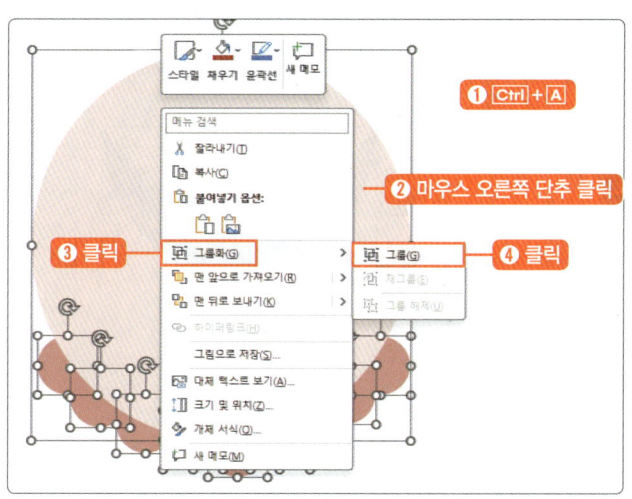
▲ 파워포인트

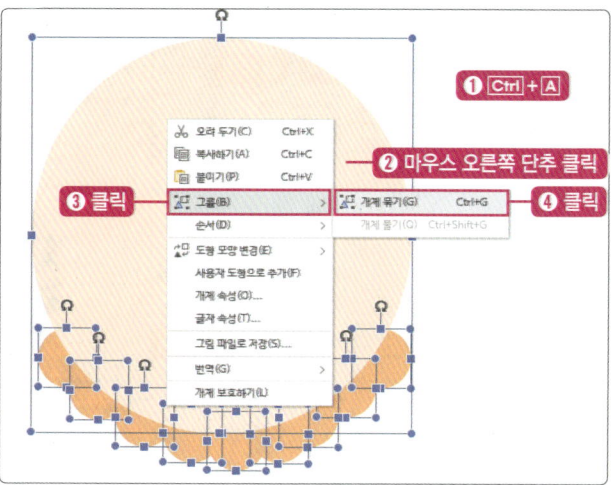
▲ 한쇼

❸ 그룹으로 지정된 도형을 오른쪽으로 드래그하여 그림과 같이 위치를 변경합니다.

※ 크기는 조절하지 않아요.

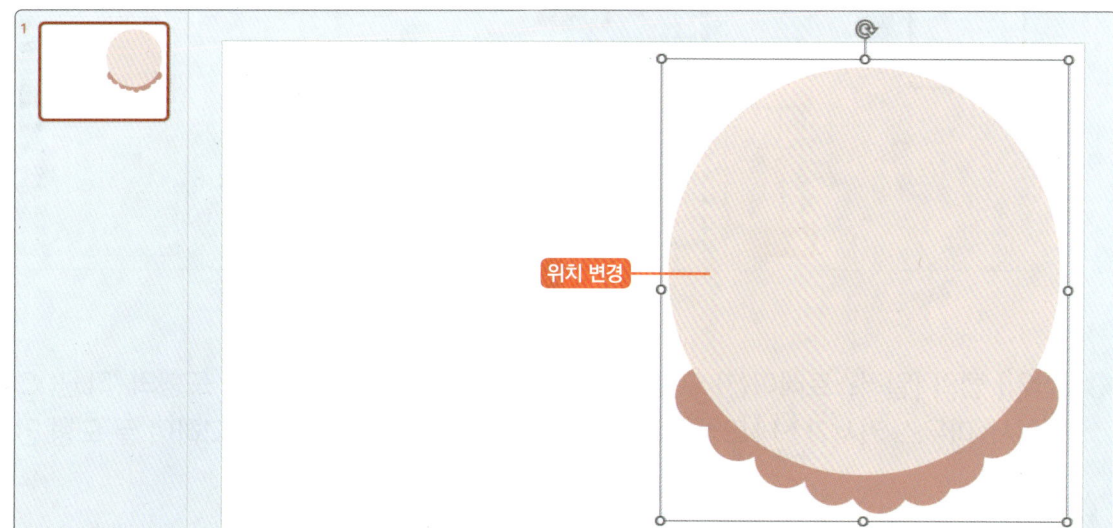

> **TIP**
>
> **그룹으로 지정하기**
> 작업이 복잡할 경우 도형을 그룹으로 지정하면 도형들의 이동 및 크기를 한 번에 조절할 수 있기 때문에 다음 작업이 조금 더 수월해져요~

02 도형 삽입하기

❶ [삽입] 탭의 [일러스트레이션] 그룹에서 [도형(⬚)]을 클릭한 후, 기본 도형의 '달(☾)'을 선택합니다. 이어서, 마우스 커서가 ＋ 모양으로 변경되면 화면의 왼쪽을 드래그하여 도형을 삽입합니다.

※ 현재 작업하는 파일(동글동글.pptx)은 '윤곽선 없음'이 기본 서식으로 지정되어 있어요.

❷ 도형이 삽입되면 회전점(⟳)을 드래그하여 도형을 회전시킵니다. 이어서, 조절점(○)을 드래그하여 도형의 크기를 조절한 후, 위치를 변경합니다. (한쇼 : [입력] 탭-자세히 단추 클릭-'달(☾)')

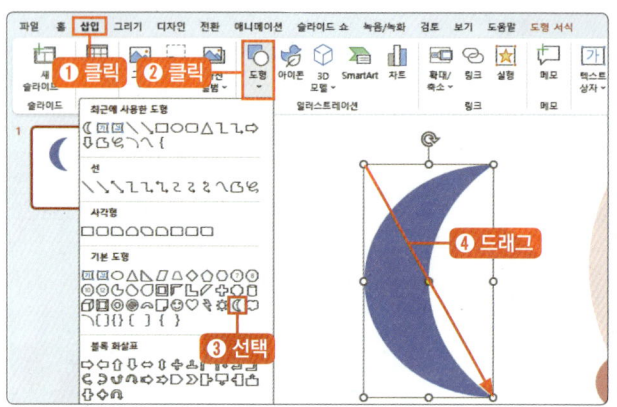
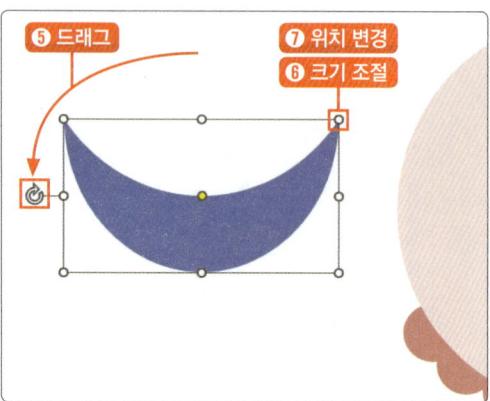

❸ [도형 서식] 탭의 [도형 스타일] 그룹에서 [도형 채우기]를 클릭한 후, '빨강, 강조 2, 80% 더 밝게'를 선택합니다. (한쇼 : [도형] 탭-[도형 채우기]-'주황 80% 밝게')

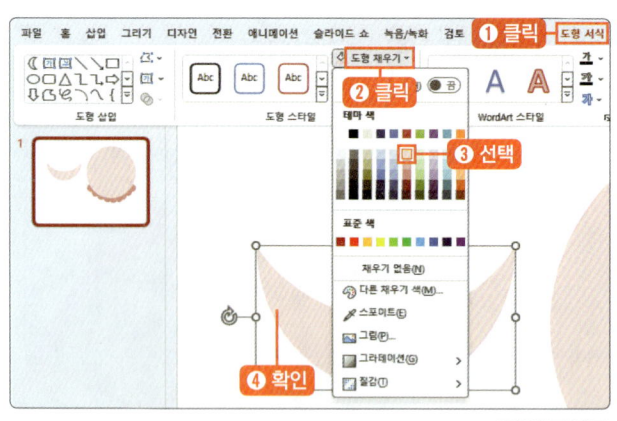
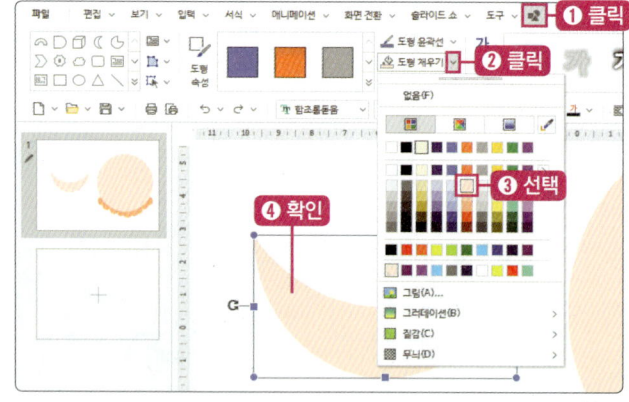

▲ 파워포인트 ▲ 한쇼

❹ [삽입] 탭의 [일러스트레이션] 그룹에서 [도형(⬚)]을 클릭한 후, 기본 도형의 '타원(○)'을 선택합니다. 이어서, 마우스 커서가 ＋ 모양으로 변경되면 Shift 키를 누른 채 드래그하여 달 도형 안쪽에 도형을 삽입합니다.

❺ 도형이 삽입되면 Shift 키를 누른 채 조절점(○)을 드래그하여 도형의 크기를 조절한 후, 위치를 변경합니다.

※ 도형을 삽입할 때 Shift 키를 누른 채 도형을 드래그하면 가로·세로 비율이 일정한 도형을 그릴 수 있으며, Shift 키를 누른 채 조절점(○)을 드래그하면 비율에 맞춰 크기를 조절할 수 있어요.

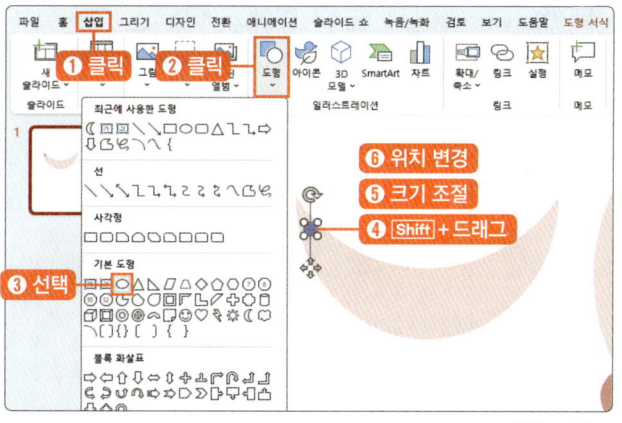
▲ 파워포인트

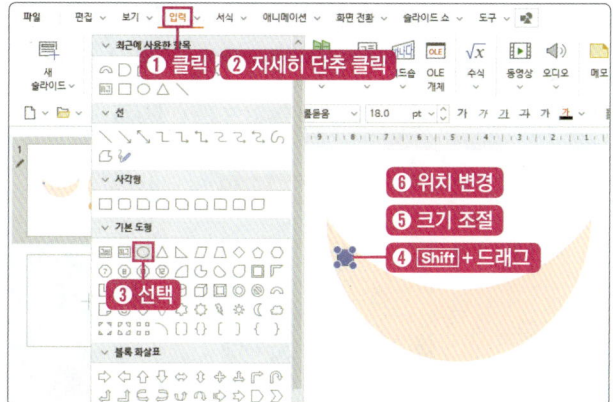
▲ 한쇼

6 [도형 서식] 탭의 [도형 스타일] 그룹에서 [도형 채우기]를 클릭한 후, '빨강, 강조 2'를 선택합니다.
(한쇼 : [도형] 탭-[도형 채우기]-'주황')

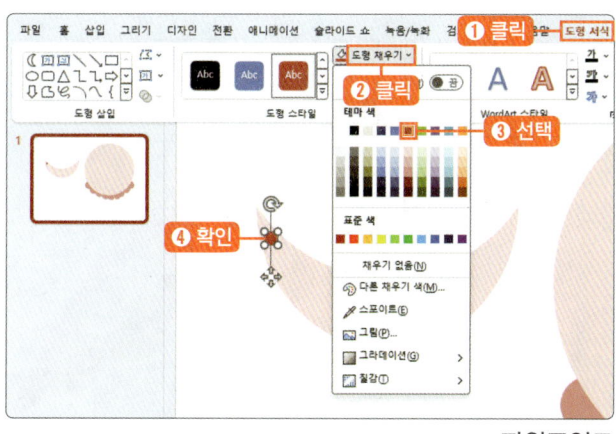
▲ 파워포인트

▲ 한쇼

03 도형 복사하기

1 Ctrl 키를 누른 채 도형을 그림과 같이 드래그하여 복사합니다.

※ Ctrl 키를 누른 채 도형을 드래그하면 원하는 곳에 자유롭게 복사할 수 있어요.

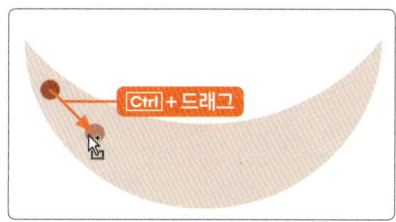
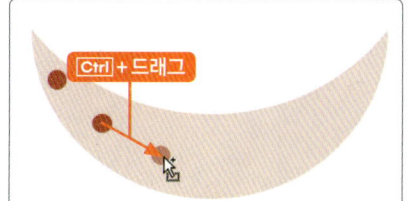
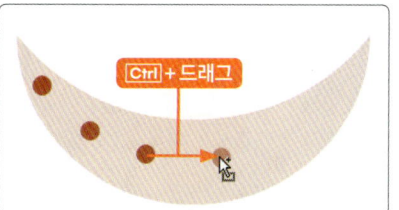
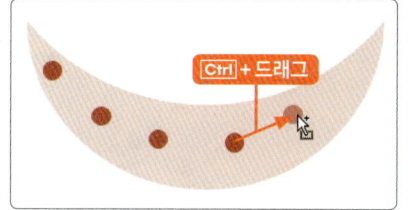
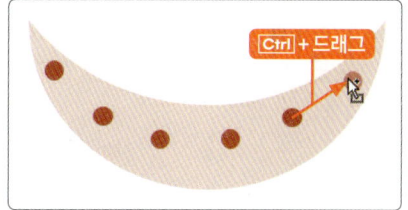
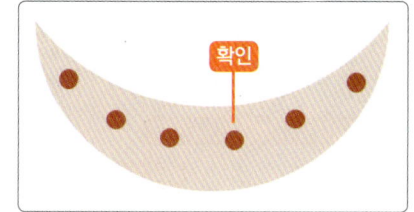

❷ 그림과 같이 드래그하여 문어 다리의 도형들을 선택합니다. 이어서, 도형 위에서 마우스 오른쪽 단추를 눌러 바로 가기 메뉴가 나오면 [그룹화]에서 [그룹]을 클릭합니다.

※ 도형의 선택이 해제되었을 경우 다시 Shift 키를 눌러 선택해요.

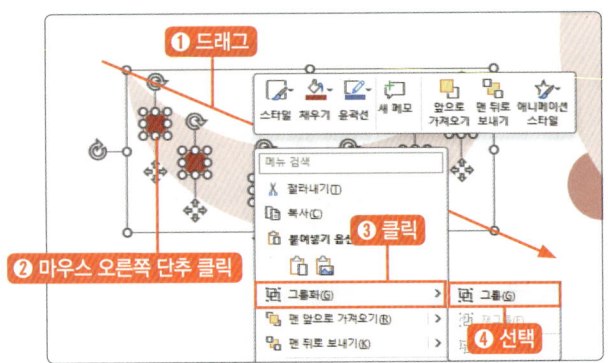 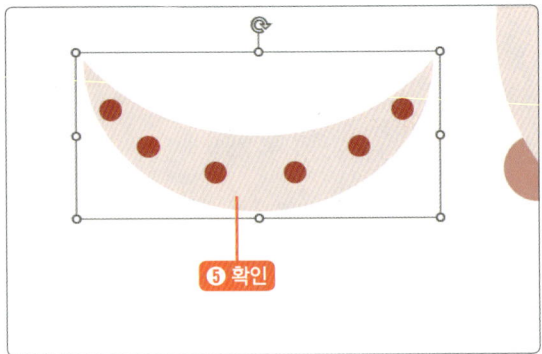

❸ Shift 키를 누른 채 조절점(O)을 드래그하여 크기를 조절한 후, 위치를 그림과 같이 변경합니다. 이어서, 도형 위에서 마우스 오른쪽 단추를 눌러 바로 가기 메뉴가 나오면 [맨 뒤로 보내기]를 클릭합니다.

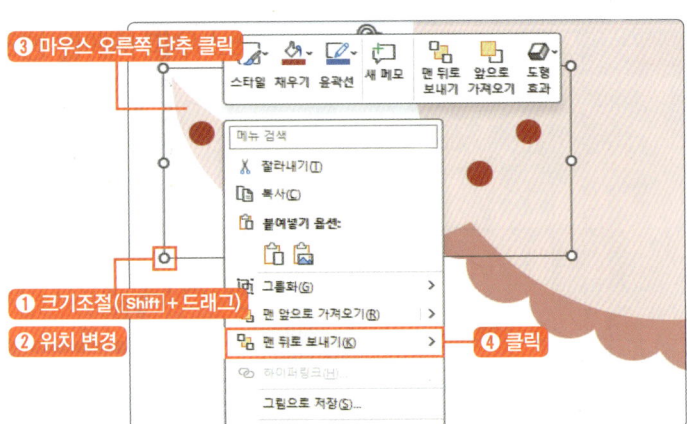 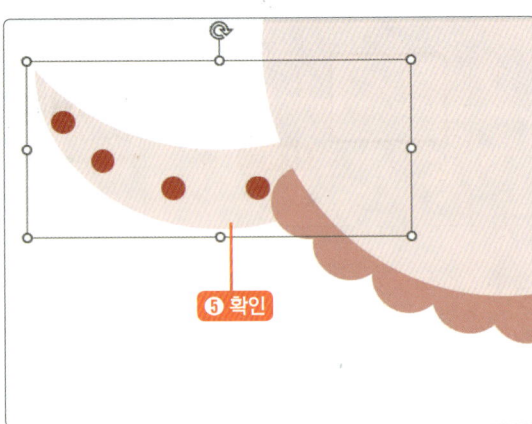

❹ 문어 다리가 완성되면 Ctrl + A 키를 눌러 얼굴과 다리를 선택한 후, 슬라이드의 가운데 부분으로 드래그 합니다. 이어서, Esc 키를 눌러 모든 선택을 해제합니다.

❺ Ctrl 키를 누른 채 다리 도형을 복사한 후, 회전점(⟳)을 드래그하여 도형을 회전합니다. 이어서, 위치를 변경한 후, [맨 뒤로 보내기]를 클릭합니다.

※ 나머지 문어 다리도 같은 방법으로 복사하여 만듭니다.

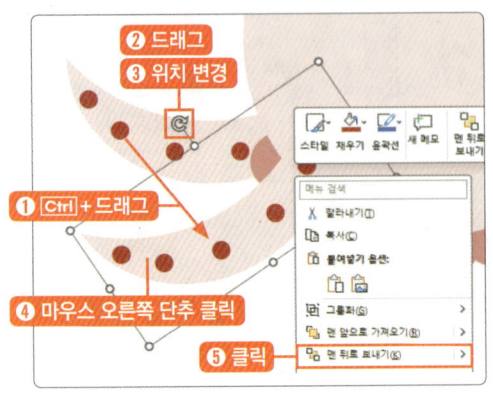 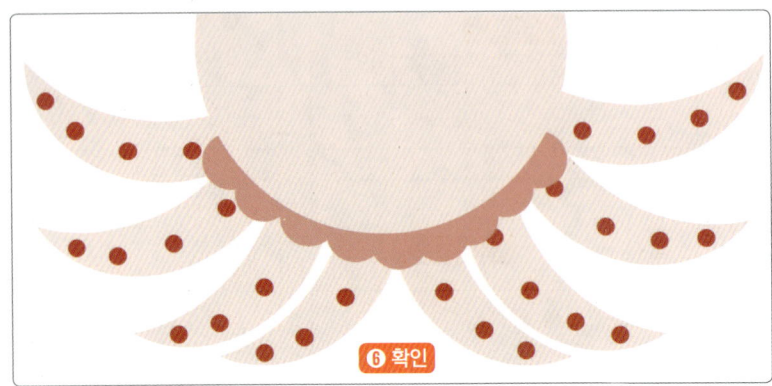

CHAPTER 11 문제해결능력 미션 수행하기

01 아래 그림을 참고하여 문어의 얼굴을 완성해 보세요.
(한쇼 : ① 어두운 색 1 검정, ② 밝은 색 1 하양, ③ 주황 40% 밝게, ④ 주황

- ① 검정, 텍스트 1(■), ② 흰색, 배경 1(□), ③ 빨강, 강조 2, 40% 더 밝게(■), ④ 빨강, 강조 2(■)
  ※ 문어의 얼굴은 '기본 도형'의 '타원(○)'을 삽입한 후, 복사하여 작업하세요.

02 Ctrl + A 키 → 도형 위에서 마우스 오른쪽 단추 클릭 → [그룹화]-[그룹]

03 완성된 작품을 바탕화면에 자신의 이름으로 된 폴더에 그림으로 저장(대왕문어.png)한 후, 파일을 저장(동글동글.pptx)해 보세요.

※ [그림으로 저장]할 때는 크기 배율을 '높이 조절 : 50%', '너비 조절 : 50%'로 줄여서 저장하세요.

▲ 파워포인트　　　　　　　　　　▲ 한쇼

그룹 지정 및 저장 방법은 부록의 010~011 페이지를 참고하세요~

CHAPTER 12 마우스를 클릭하여 물고기를 낚기

- 불러올 파일 : 12장 불러올 파일.ent, 대왕문어.png, 12장 완성파일 미리보기.url
- 완성된 파일 : 12장 완성된 파일.ent

학습목표
- 무작위 수 블록을 사용하여 이동 속도를 조절할 수 있어요.
- 조건을 포함한 반복하기 블록을 사용할 수 있어요.

오늘 사용할 명령 블록

명령 블록	블록 꾸러미	설 명
`0 부터 10 사이의 무작위 수`	계산( )	입력한 두 숫자의 사이에서 선택된 무작위 숫자예요.
`참 이 될 때까지 ▼ 반복하기`	흐름( )	'참' 위치에 들어온 블록이 참이 될 때까지 감싸인 블록을 실행해요.
`엔트리봇 ▼ 쪽 바라보기`	움직임( )	선택한 오브젝트 또는 마우스 포인터 쪽을 바라봐요.

오늘 코딩할 내용 알아보기

[대왕문어] 오브젝트가 좌·우로 무작위 속도로 이동하다가 마우스 왼쪽 단추를 클릭하여 [바늘] 오브젝트에 닿으면 바늘과 함께 위로 올라가도록 코딩해요.

[대왕문어], [주황 물고기], [빨간 물고기] 오브젝트 : 바닷속을 좌우로 이동하다가 [바늘] 오브젝트에 닿으면 잡히는 것처럼 [바늘] 오브젝트를 따라 이동해요. 오브젝트가 잡혀서 위쪽으로 이동하는 도중에 화면의 위쪽 끝에 닿으면 모습을 감춰요.

[바늘], [낚시대줄] 오브젝트 : 마우스 왼쪽 단추를 클릭하면 물고기를 낚기 위해 위로 이동하고, 위쪽 끝으로 전부 이동하면 다시 원래 위치에서 나타나요.

[바닷속] 오브젝트 : 바닷속 배경을 보여줘요.

01 기본 작업하기

❶ 엔트리(Entry)를 실행한 후, [불러올 파일]-[12장]-'12장 불러올 파일.ent'를 불러옵니다. 이어서, 11장에서 만들었던 '대왕문어.png'를 오브젝트로 추가합니다. 만일 이미지 파일이 없다면 [불러올 파일]-[12장]-'대왕문어.png'를 추가합니다.

※ 오브젝트 추가하기는 부록의 012 페이지를 참고해요~

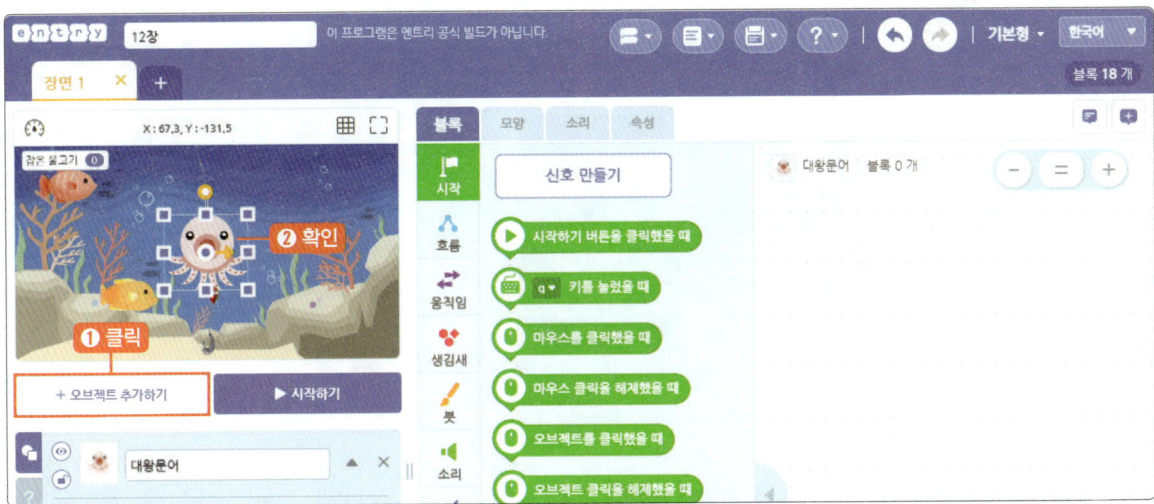

❷ 이어서, [대왕문어] 오브젝트의 크기를 '50'으로 변경합니다.

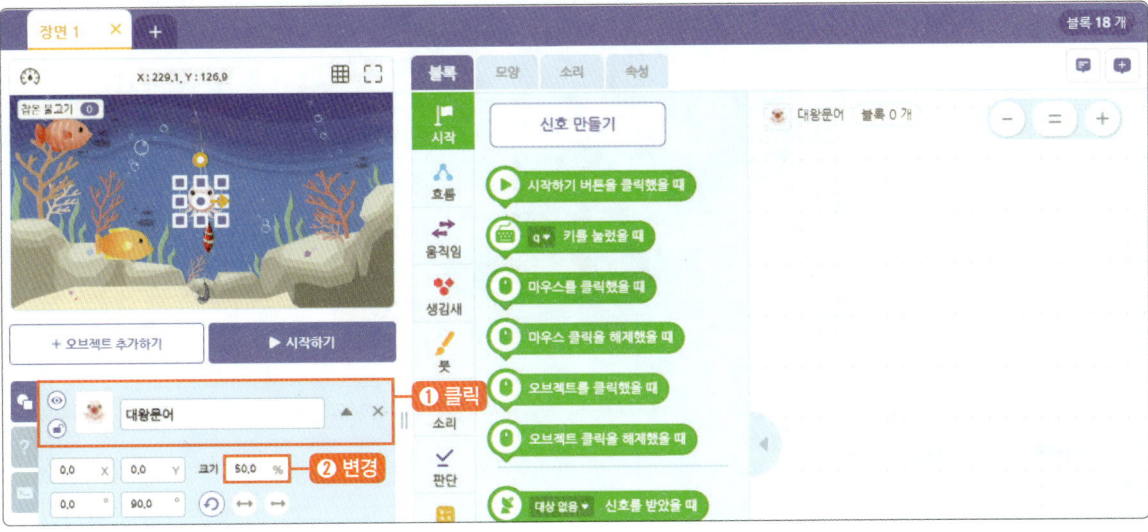

02 좌·우 방향을 무작위 속도로 이동하도록 코딩하기

❶ 기본작업이 끝나면 [시작(🏁)] 블록 꾸러미에서 `시작하기 버튼을 클릭했을 때` 를 [블록 조립소]로 가져다 놓습니다.

※ 코딩하는 도중에 작품을 실행하려면 오브젝트를 추가한 후, 094 페이지의 6번을 먼저 작업해주세요.

❷ [흐름(🔺)] 블록 꾸러미에서 `참 이 될 때까지▼ 반복하기` 를 연결합니다.

❸ [판단(✔)] 블록 꾸러미에서 `마우스포인터▼ 에 닿았는가?` 를 '참'의 위치에 끼워 넣은 후, `마우스포인터▼` 를 클릭하여 선택 메뉴가 나오면 '바늘'을 선택합니다.

코딩풀이

`바늘▼ 에 닿았는가? 이 될 때까지▼ 반복하기` 은 [바늘] 오브젝트에 닿기 전까지 감싸인 블록을 실행해요.

❹ [움직임( )] 블록 꾸러미에서 화면끝에닿으면튕기기 를 연결합니다.

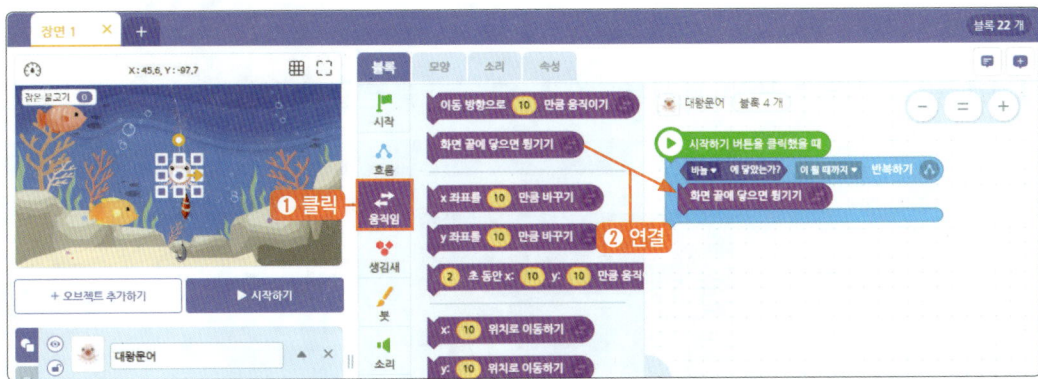

❺ [움직임( )] 블록 꾸러미에서 이동방향으로 10 만큼움직이기 를 연결합니다.

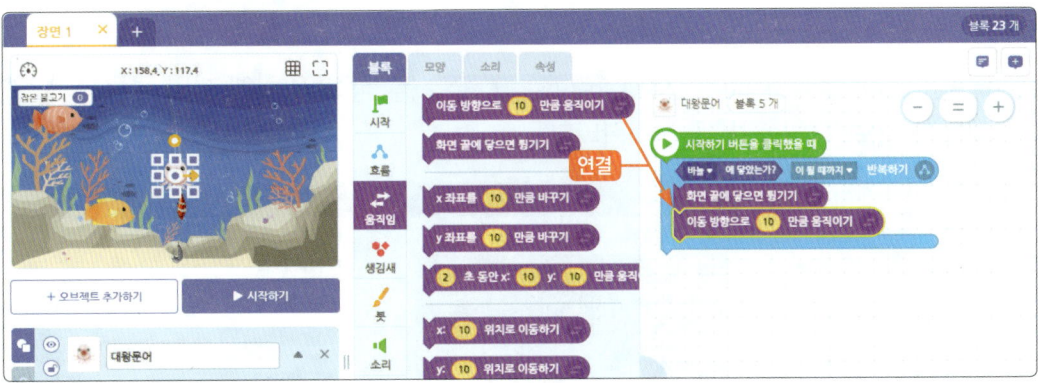

❻ [계산( )] 블록 꾸러미에서 0 부터 10 사이의무작위수 를 '10'의 위치에 끼워 넣은 후, '0'을 '1'로, '10'을 '3'으로 각각 변경합니다.

코딩풀이

[바늘] 오브젝트에 닿기 전까지 이동 방향으로 '1'부터 '3'사이의 무작위 수로 이동하고, 실행 화면 왼쪽과 오른쪽 끝에 닿으면 튕기는 것을 반복해요.

TIP

0 부터 10 사이의무작위수 는 '0'부터 '10'사이의 무작위 수를 선택해 입력해줘요. 나오는 무작위 수의 범위를 바꾸고 싶으면 작은 수는 앞의 '0'의 자리에 입력하고, 큰 수는 뒤의 '10'의 자리에 입력하세요. 그리고 사용하고 싶은 위치에 끼워 넣으면 돼요. 무작위 수 블록은 여러 가지 상황에서 많이 사용하기 때문에 어떻게 사용하는지 알아둘 필요가 있어요.

03 바늘을 따라 위쪽으로 이동하도록 코딩하기

❶ [흐름( )] 블록 꾸러미에서 [참 이 될 때까지 반복하기] 를 연결합니다.

❷ [판단( )] 블록 꾸러미에서 [마우스포인터 에 닿았는가?] 를 '참'의 위치에 끼워 넣은 후, [마우스포인터 ▼] 를 클릭하여 선택 메뉴가 나오면 '위쪽 벽'을 선택합니다.

❸ [움직임( )] 블록 꾸러미에서 [대왕문어 ▼ 쪽 바라보기] 를 연결한 후, [대왕문어 ▼] 를 클릭하여 선택 메뉴가 나오면 '바늘'을 선택합니다.

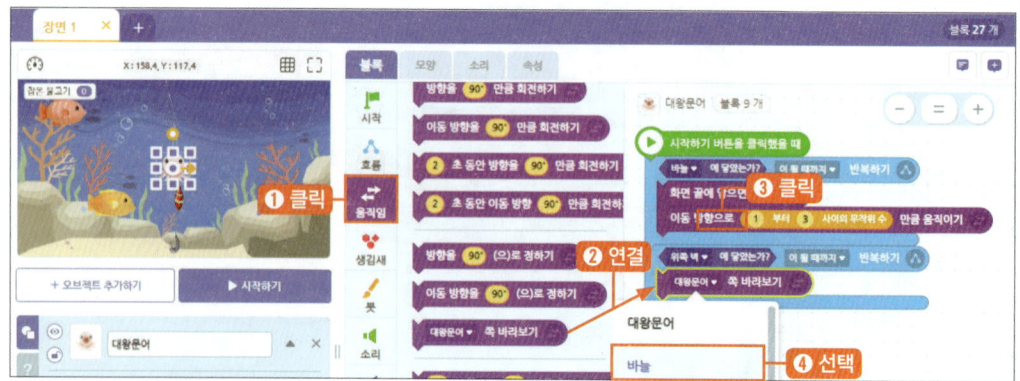

코 딩 풀 이

위쪽 벽에 닿을 때까지 [바늘] 오브젝트 쪽을 바라봐요. [대왕문어 ▼ 쪽 바라보기] 는 선택한 오브젝트나 마우스 포인터를 향해 이동할 수 있도록 오브젝트의 방향을 바꿔줘요.

❹ [움직임(🔄)] 블록 꾸러미에서 `이동 방향으로 10 만큼 움직이기` 를 연결한 후, '10'을 '3'으로 변경합니다.

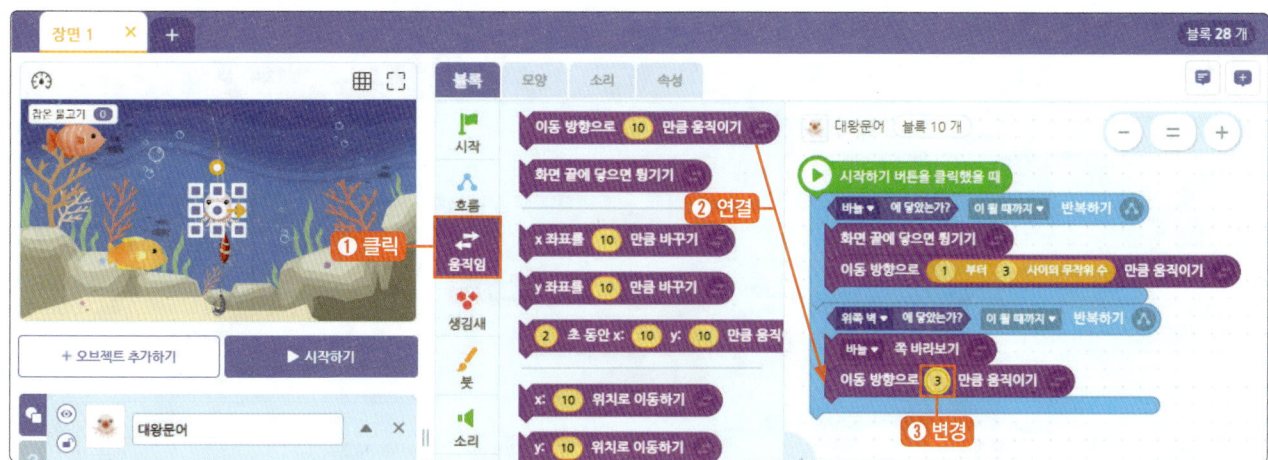

❺ [생김새(✿)] 블록 꾸러미에서 `모양 숨기기` 를 연결합니다.

> **코 딩 풀 이**
>
> 지금까지 만든 코드를 살펴보면
>
> ① 시작하기 버튼을 클릭했을 때 [바늘] 오브젝트에 닿을 때까지 다음 ㉮, ㉯를 반복해요.
>   ㉮ 화면 끝에 닿으면 튕겨요.
>   ㉯ 이동 방향으로 '1'부터 '3'사이의 무작위 수만큼 이동해요.
> ② [바늘] 오브젝트에 닿으면 ①번을 반복을 종료해요.
> ③ 위쪽 벽에 닿을 때까지 다음 ㉮, ㉯를 반복해요.
>   ㉮ [바늘] 오브젝트 쪽을 바라봐요.
>   ㉯ 이동 방향으로 '3'만큼 이동해요.
> ④ 위쪽 벽에 닿으면 ③번 반복을 종료해요.
> ⑤ 마지막으로 모양을 숨겨요.
>
> 프로그램을 실행하면 [대왕문어] 오브젝트는 좌우로 이동하다가 마우스를 클릭하여 올라가는 [바늘] 오브젝트에 닿으면 [바늘] 오브젝트를 따라서 위쪽으로 이동해요. 그러다 위쪽 벽에 닿으면 따라가는 것을 종료하고 모양을 숨겨요.

❻ [오브젝트 목록]에서 [바늘] 오브젝트를 선택한 후, 대상없음▼ 을 클릭하여 선택 메뉴가 나오면 '대왕문어'를 선택합니다.

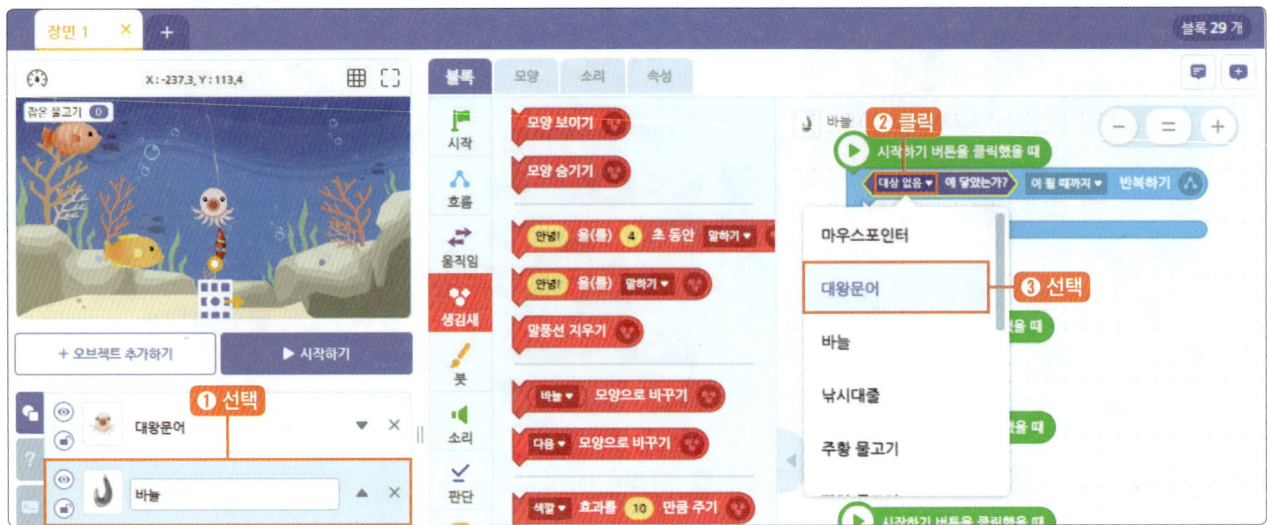

코딩풀이

대왕문어▼ 에 닿았는가? 이 될 때까지▼ 반복하기 를 사용하고 감싸인 블록이 없고 아래쪽에만 블록이 연결된 이유는 [대왕문어] 오브젝트에 닿기 전까지 감싸인 블록이 없어서 아무런 실행도 하지 않고 조건만 확인해요. 그러다 [바늘] 오브젝트가 [대왕문어] 오브젝트에 닿으면 조건을 만족하여 반복을 종료하고 아래에 연결된 블록을 실행해요.

❼ 코딩이 완료되면 ▶시작하기 를 클릭하여 [대왕문어] 오브젝트가 '0'부터 '3'사이의 무작위 수만큼 좌·우로 이동하다가 [바늘] 오브젝트에 닿으면 따라 올라가는지 확인합니다. 이어서, 바탕화면에 자신의 이름으로 된 폴더에 '12장-홍길동.ent'로 저장합니다.

CHAPTER 12 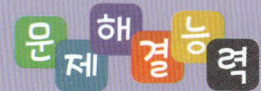 미션 수행하기

■ 불러올 파일 : 12장-1 불러올 파일.ent   ■ 완성된 파일 : 12장-1 완성된 파일.ent

01 물고기를 더 많이 코딩해봐요.

- 물고기 오브젝트를 추가해요.
- 문어와 같이 코딩해요.

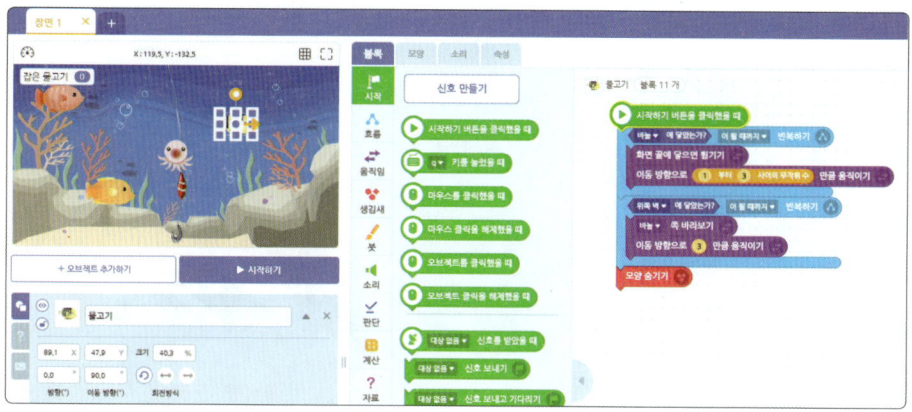

- 낚시 바늘에 물고기가 닿으면 물고기가 잡히게 코딩해요.

- 바닷속 오브젝트에서 함수를 더블클릭한 후, 잡은 물고기의 값을 4로 바꿔줘요.

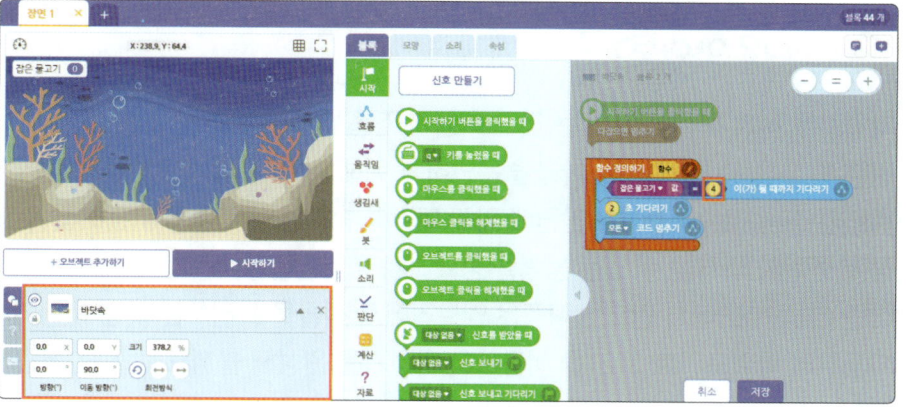

CHAPTER 13 내 꿈은 파일럿

■ 불러올 파일 : 파일럿.pptx, 어린이.png   ■ 완성된 파일 : 파일럿(완성).pptx, 비행기.png

학습목표
- 윤곽선 서식을 변경한 후, 기본 도형으로 설정할 수 있어요.
- 그림을 삽입한 후, 크기를 조절할 수 있어요.

오늘 배울 내용 앞아보기

파일럿은 우리가 잘 알고 있는 멋진 비행기 조종사예요.
비행기 조종사는 승객이나 화물을 운반하기 위해 여객기, 경비행기 등의 항공기를 조종해요.
비행기 조종사는 순간적인 판단에 의해 여러 탑승객들의 목숨이 위험해질 수도 있으므로 갑작스러운 상황 변화에 대처할 수 있는 능력을 중요하게 평가한답니다.
이번 CHAPTER에서 만드는 작품은 엔트리에서 적들을 물리치는 멋진 비행기가 될 거예요.
지금부터 파워포인트 2021을 이용하여 비행기를 완성해 볼까요?

01 윤곽선 서식 변경하기

① 파워포인트 2021( )을 실행한 후, [열기]-[찾아보기]-[불러올 파일]-[13장]의 '파일럿.pptx' 파일을 불러옵니다.
  ※ 파일 불러오기는 부록의 007 페이지를 참고하세요~

② 비행기 몸체를 클릭한 후, [도형 서식] 탭의 [도형 스타일] 그룹에서 [도형 윤곽선]을 클릭합니다. 이어서, '검정, 텍스트 1, 35% 더 밝게'를 선택합니다. (한쇼 : [도형] 탭-[도형 윤곽선]-'검정 50% 밝게')

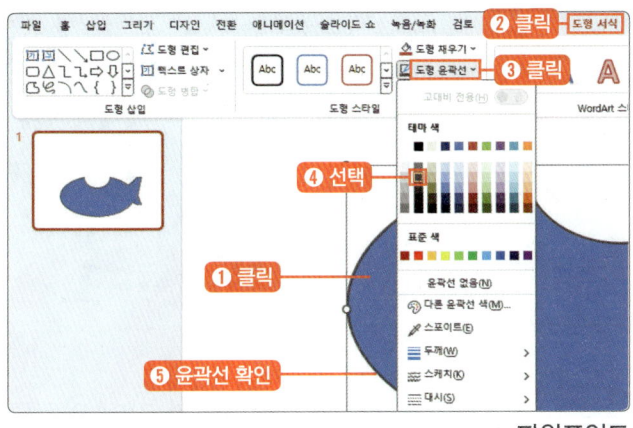
▲ 파워포인트

▲ 한쇼

③ 윤곽선 색이 변경되면 다시 [도형 윤곽선]을 클릭한 후, [두께]에서 '1½ pt'을 선택합니다.
  (한쇼 : 마우스 오른쪽 단추 클릭-[개체 속성]-[선]-'선 굵기(1.5pt)')

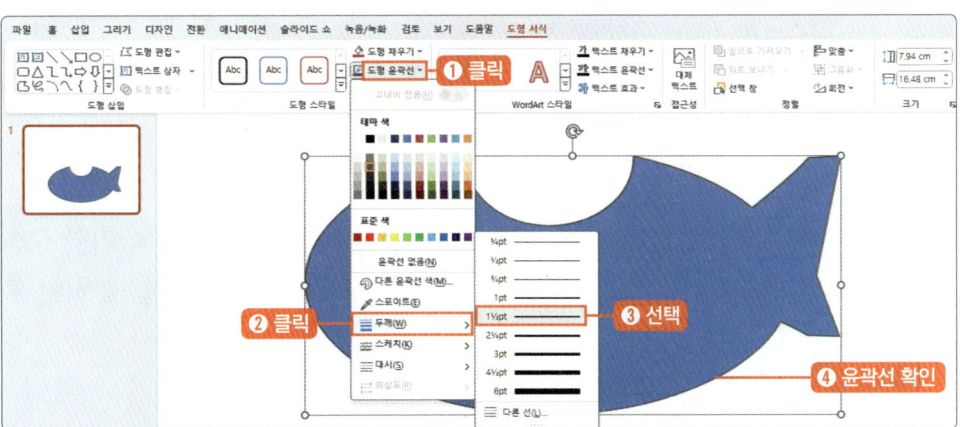

④ 도형 위에서 마우스 오른쪽 단추를 눌러 바로 가기 메뉴가 나오면 [기본 도형으로 설정]을 클릭합니다.

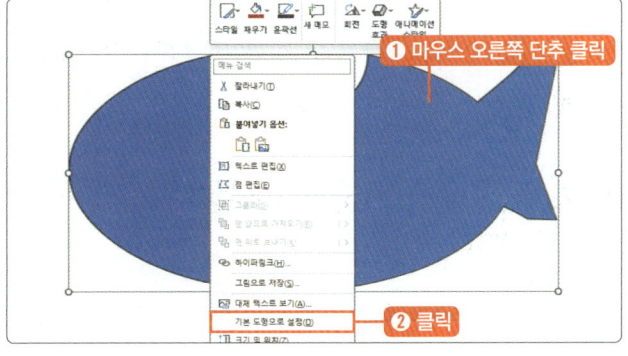

02 비행기 프로펠러 만들기

❶ [삽입] 탭의 [일러스트레이션] 그룹에서 [도형]을 클릭한 후, 기본 도형의 '이등변 삼각형(△)'을 선택합니다. 이어서, 마우스 커서가 ＋ 모양으로 변경되면 드래그하여 도형을 삽입한 후, 그림과 같이 크기 및 위치를 조절합니다.

❷ [도형 서식] 탭의 [도형 스타일] 그룹에서 [도형 채우기]를 클릭한 후, '빨강, 강조 2, 40% 더 밝게'를 선택합니다. (한쇼 : [입력] 탭–자세히 단추 클릭–'기본 도형(이등변 삼각형△)', [도형 채우기]–'주황 40% 밝게')

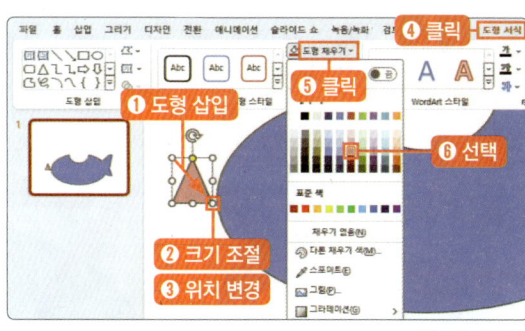
▲ 파워포인트

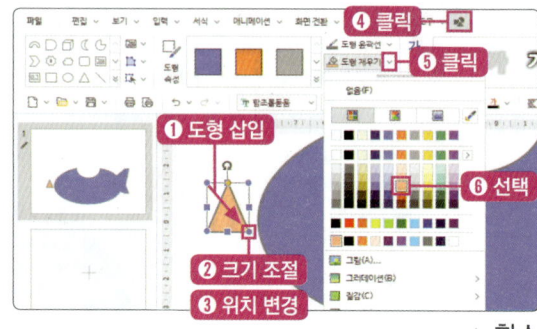
▲ 한쇼

❸ Shift 키를 누른 채 도형의 회전점을 왼쪽으로 드래그하여 회전시킨 후, 그림과 같이 위치를 변경합니다. 이어서, 도형 위에서 마우스 오른쪽 단추를 눌러 바로 가기 메뉴가 나오면 [맨 뒤로 보내기]를 클릭합니다.

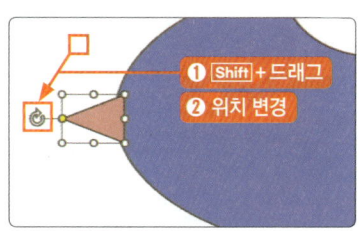
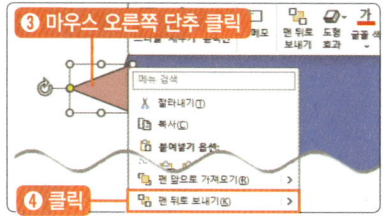
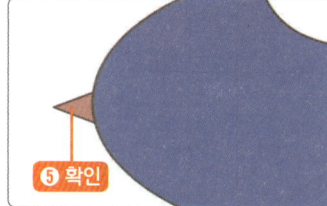

❹ [삽입] 탭의 [일러스트레이션] 그룹에서 [도형]을 클릭한 후, 기본 도형의 '타원(○)'을 선택합니다. 이어서, 마우스 커서가 ＋ 모양으로 변경되면 드래그하여 도형을 삽입한 후, 그림과 같이 크기 및 위치를 조절합니다.

※ Shift 키를 누른 채 드래그하면 가로·세로 비율을 일정하게 그릴 수 있습니다.

❺ [도형 서식] 탭의 [도형 스타일] 그룹에서 [도형 채우기]를 클릭한 후, '흰색, 배경 1'을 선택합니다.

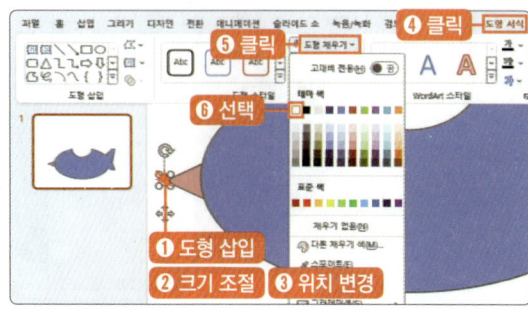
▲ 파워포인트 ▲ 한쇼

❻ Ctrl + Shift 키를 누른 채 흰색 타원을 위쪽으로 드래그하여 복사한 후, 그림과 같이 크기 및 위치를 조절합니다.

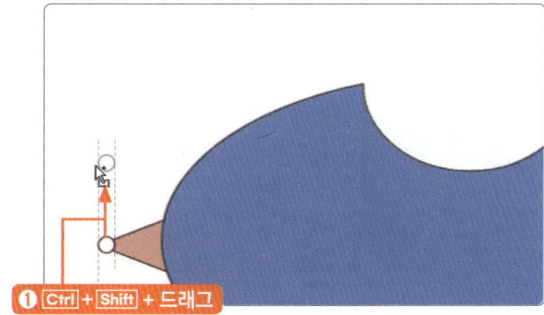 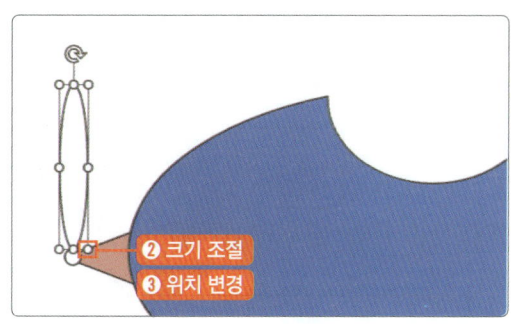

❼ [도형 서식] 탭의 [도형 스타일] 그룹에서 [도형 채우기]를 클릭한 후, '바다색, 강조 5, 60% 더 밝게'를 선택합니다. 이어서, Ctrl + Shift 키를 누른 채 아래쪽으로 드래그하여 복사한 후, 그림과 같이 위치를 변경합니다. (한쇼 : [도형] 탭-[도형 채우기]-'초록 60% 밝게')

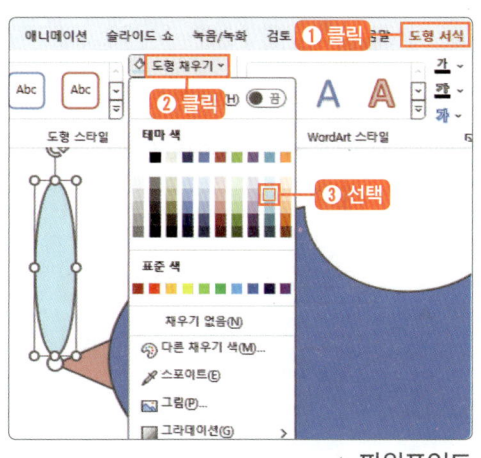  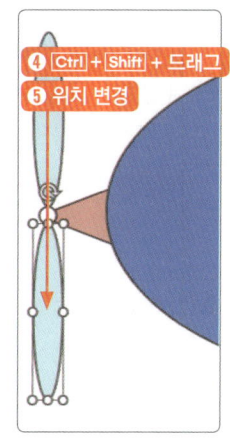

▲ 파워포인트　　　　　　　　　　▲ 한쇼

❽ [삽입] 탭의 [일러스트레이션] 그룹에서 [도형]을 클릭한 후, 기본 도형의 '달'을 선택합니다. 이어서, 마우스 커서가 + 모양으로 변경되면 도형을 그림과 같이 삽입합니다.

❾ Shift 키를 누른 채 회전점을 오른쪽으로 드래그하여 도형을 회전시킨 후, 노란색 조절점을 드래그하여 두께를 조절합니다. 이어서, 그림과 같이 크기 및 위치를 조절합니다.

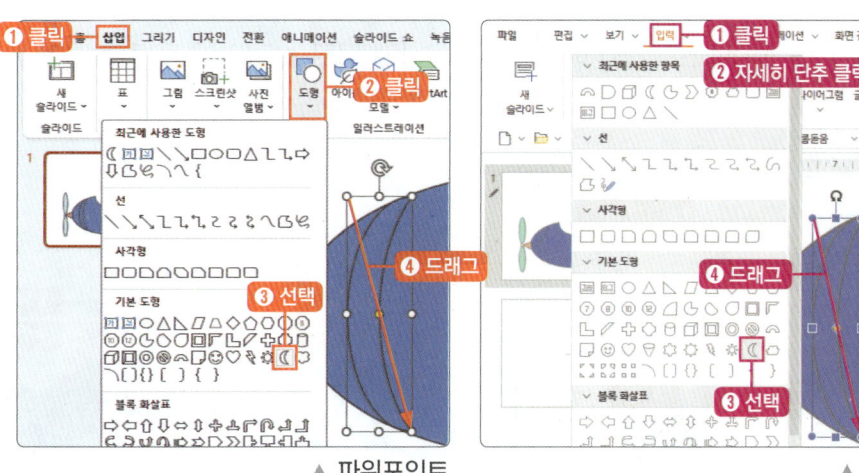 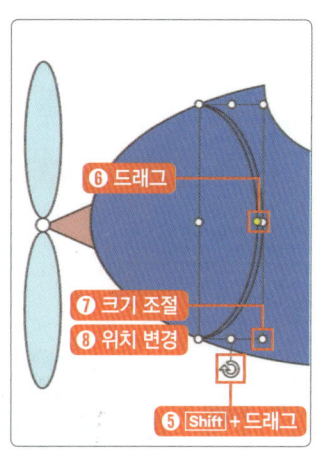

▲ 파워포인트　　　　　　　　　　▲ 한쇼

CHAPTER 13 내 꿈은 파일럿　099

⑩ [도형 서식] 탭의 [도형 스타일] 그룹에서 [도형 채우기]를 클릭한 후, '검정, 텍스트 1, 35% 더 밝게'를 선택합니다. (한쇼 : [도형] 탭-[도형 채우기]-'검정 50% 밝게')

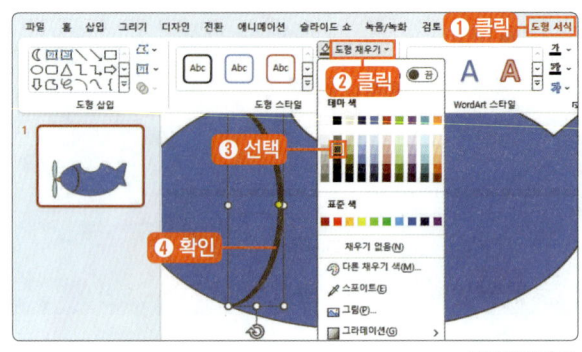
▲ 파워포인트

▲ 한쇼

03 그림 삽입하기

❶ [삽입] 탭의 [이미지] 그룹에서 [그림(🖼)]-[이 디바이스...]를 클릭합니다. 이어서, [그림 삽입] 대화상자가 나오면 [불러올 파일]-[13장]-'어린이.png' 파일을 선택한 후, <삽입> 단추를 클릭합니다.
(한쇼 : [입력] 탭-[그림(🖼)])

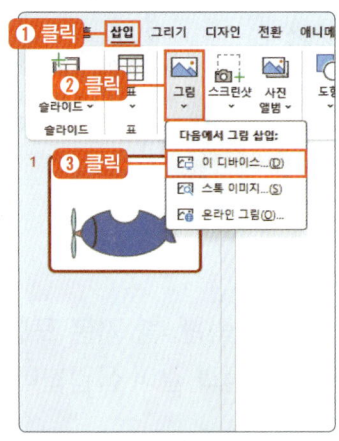
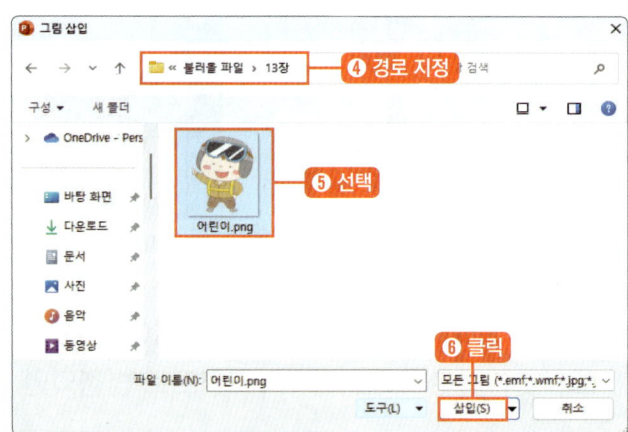

❷ 그림이 삽입되면 조절점(○)을 드래그하여 크기를 조절한 후, 위치를 변경합니다.

❸ 그림 위에서 마우스 오른쪽 단추를 눌러 바로 가기 메뉴가 나오면 [맨 뒤로 보내기]를 클릭합니다. 이어서, 그림과 같이 위치를 변경합니다. (한쇼 : 마우스 오른쪽 단추-[순서]-[맨 뒤로])

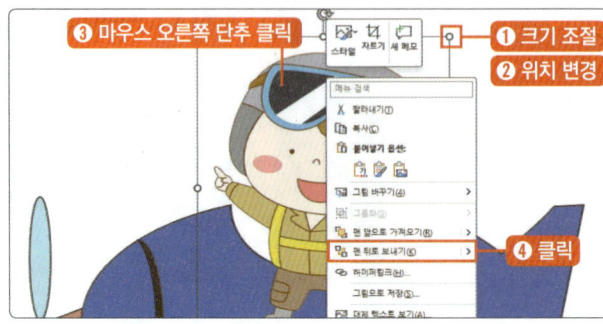

CHAPTER 13 미션 수행하기

01 도형을 이용하여 비행기의 날개를 만들어 보세요. (한쇼 : 별 및 현수막-포인트가 5개인 별)

- 순서도-순서도: 지연(▱) → 드래그 후, 크기 및 위치 조절 → 회전점(⟲)을 드래그하여 도형 회전
- 별 및 현수막-별: 꼭짓점 5개(☆) → 드래그 후, 크기 및 위치 조절

※ 아래 그림을 참고하여 작업하세요.

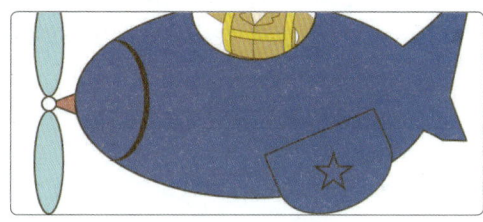

02 도형을 이용하여 캐릭터를 완성해 보세요. (한쇼 : ①주황 80% 밝게 ②주황 20% 밝게 ③밝은 색 1 하양)

- ① 빨강, 강조 2, 80% 더 밝게(☐), ② 빨강, 강조 2, 40% 더 밝게(■), ③ 흰색, 배경 1(☐)

03 Ctrl + A (모두 선택) → 도형 위에서 마우스 오른쪽 단추 클릭 → [그룹화]-[그룹]

04 완성된 작품을 바탕화면에 자신의 이름으로 된 폴더에 그림으로 저장(도라에몽.png)한 후, 파일을 저장(대나무헬리콥터.pptx)해 보세요.

※ [그림으로 저장]할 때는 크기 배율을 '높이 조절 : 50%', '너비 조절 : 50%'로 줄여서 저장하세요.

▲ 파워포인트

▲ 한쇼

그룹 지정 및 저장 방법은 부록의 010~011 페이지를 참고하세요~

CHAPTER 14 — 비행기를 조종하여 적들을 물리치기

■ 불러올 파일 : 14장 불러올 파일.ent, 비행기.png, 14장 완성파일 미리보기.url
■ 완성된 파일 : 14장 완성된 파일.ent

학습목표
- 마우스 포인터를 이용하여 비행기를 위·아래로 움직일 수 있어요.
- 조건문을 사용하여 모든 코드를 멈출 수 있어요.
- 다른 오브젝트의 복제본을 만들 수 있어요.

오늘 사용한 명령 블록

명령 블록	블록 꾸러미	설 명
모든▼ 코드 멈추기	흐름	모든 오브젝트의 코드가 실행을 멈춰요
미사일▼ 의 복제본 만들기	흐름	선택한 오브젝트의 복제본을 생성해요.
마우스 x▼ 좌표	계산	마우스 포인터의 x 또는 y 좌표 값이에요

오늘 코딩한 내용 알아보기

[비행기] 오브젝트가 마우스의 움직임을 따라서 위·아래로만 이동하고 Space Bar 키를 눌렀을 때 [미사일] 오브젝트의 복제본을 만들어 발사해요. 그리고 [적] 오브젝트에 닿으면 모든 코드를 멈춰요.

- **[비행기] 오브젝트** : 마우스의 움직임을 따라서 위·아래로 움직이고 Space Bar 키를 누르면 [미사일] 오브젝트의 복제본을 만들어요. 그리고 [적] 오브젝트에 닿으면 모든 코드를 멈춰요.
- **[미사일] 오브젝트** : Space Bar 키를 누르면 [비행기] 오브젝트의 앞쪽에 복제본이 만들어지고 왼쪽으로 이동해요.
- **[적] 오브젝트** : 화면의 왼쪽 화면 바깥에서 나타나 오른쪽으로 이동하다가 [미사일] 오브젝트에 닿으면 삭제돼요.
- **[구름 세상], [구름 세상1] 오브젝트** : 두 개의 배경이 왼쪽에서 오른쪽으로 흘러가는데 화면에서 완전히 벗어나면 왼쪽 화면 바깥으로 이동해서 다시 흘러가요. 두 개의 배경이 계속 번갈아 흘러가기 때문에 끝없이 흘러가는 것처럼 보여요.

01 기본 작업하기

❶ 엔트리(Entry)를 실행한 후, [불러올 파일]-[14장]-'14장 불러올 파일.ent'를 불러옵니다. 이어서, 13장에서 만들었던 '비행기.png'를 오브젝트로 추가합니다. 만일 이미지 파일이 없다면 [불러올 파일]-[14장]-'비행기.png'를 추가합니다.

※ 오브젝트 추가하기는 부록의 012 페이지를 참고해요~

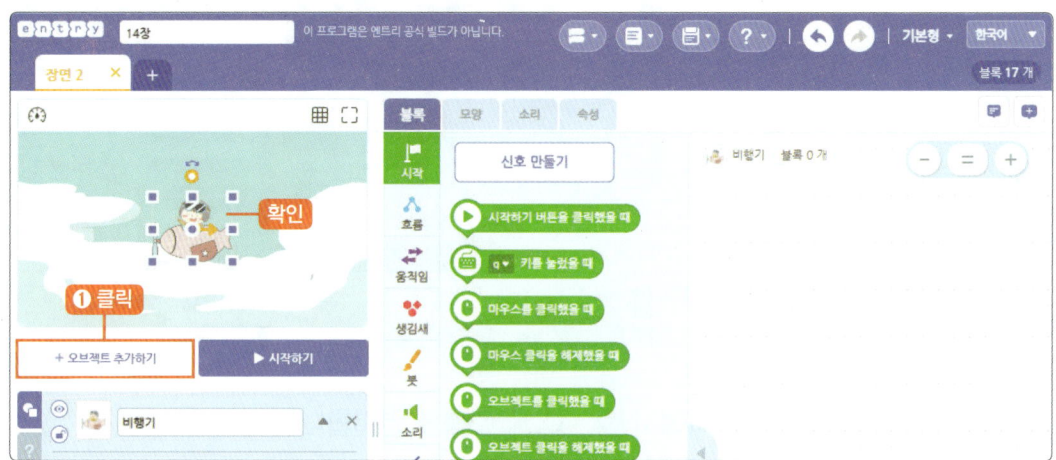

❷ 오브젝트가 추가되면 [비행기] 오브젝트의 크기를 '80', x는 '170'으로 각각 변경합니다.

※ 오브젝트의 정보 수정 방법은 부록의 016 페이지를 참고해요~

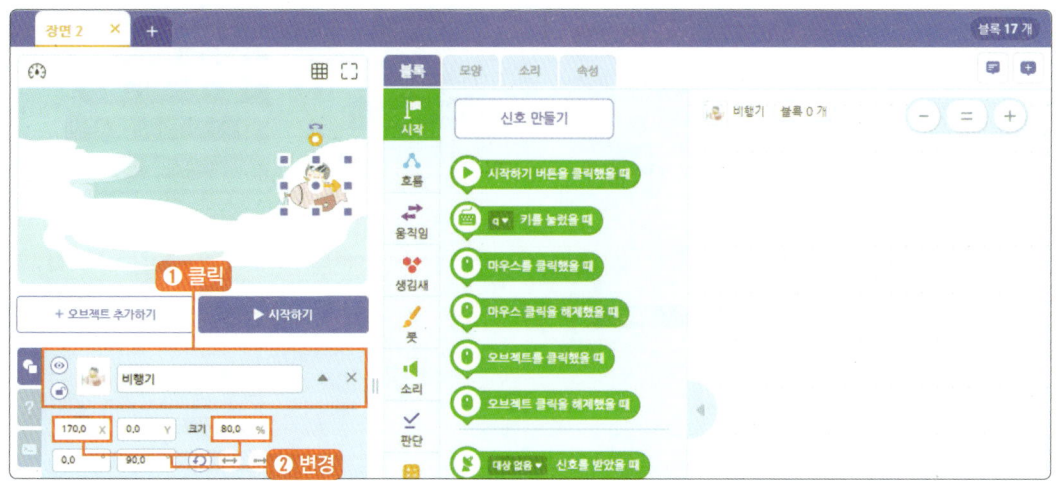

02 [비행기] 오브젝트가 마우스를 따라 움직이도록 코딩하기

❶ 기본 작업이 끝나면 [시작(🏁)] 블록 꾸러미에서 `시작하기 버튼을 클릭했을 때` 를 [블록 조립소]로 가져다 놓습니다.

※ 코딩하는 도중에 작품을 실행하려면 오브젝트를 추가한 후, 108 페이지의 7번을 먼저 작업해주세요.

❷ [흐름(⋀)] 블록 꾸러미에서  를 연결합니다.

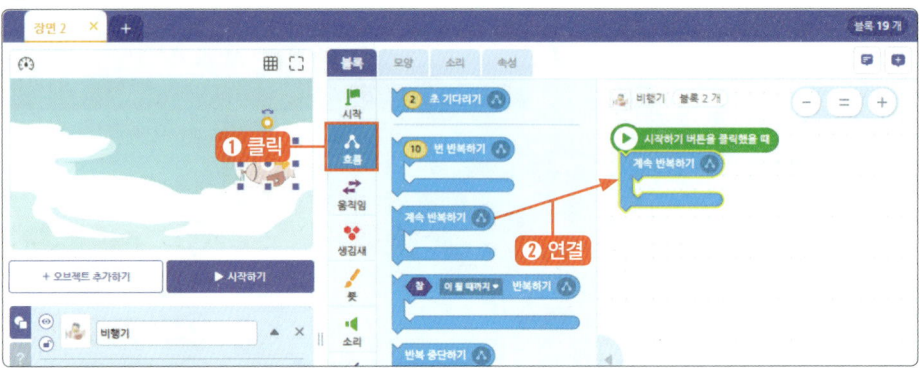

❸ [움직임(⇄)] 블록 꾸러미에서 `y: 10 위치로 이동하기` 를 연결합니다.

코딩풀이

계속 반복하기 블록 안에 `y: 10 위치로 이동하기` 블록을 사용한 것은 [비행기] 오브젝트의 y 좌표만 조절하기 위해서예요. y 좌표만 변경하면 앞뒤로는 움직이지 않고 위아래로만 움직이게 만들 수 있어요.

❹ [계산( )] 블록 꾸러미에서 마우스 x▼ 좌표 를 '10'의 위치에 끼워 넣은 후, x▼를 클릭하여 선택 메뉴가 나오면 'y'를 선택합니다.

코딩풀이

[비행기] 오브젝트는 계속해서 현재 마우스 포인터의 y 좌표로 이동해요. 하지만 x 좌표는 전혀 변하지 않기 때문에 오브젝트는 앞뒤로는 움직일 수 없고 위아래로만 움직여요.

03 [적] 오브젝트에 닿으면 모든 코드를 종료하도록 코딩하기

❶ [흐름( )] 블록 꾸러미에서 만일 참 (이)라면 를 연결합니다.

❷ [판단( )] 블록 꾸러미에서 마우스포인터▼ 에 닿았는가? 를 '참'의 위치에 끼워 넣은 후, 마우스포인터▼를 클릭하여 선택 메뉴가 나오면 '적'을 선택합니다.

CHAPTER 14 비행기를 조종하여 적들을 물리치기 **105**

❸ [흐름(△)] 블록 꾸러미에서 `모든▼ 코드 멈추기` 를 연결합니다.

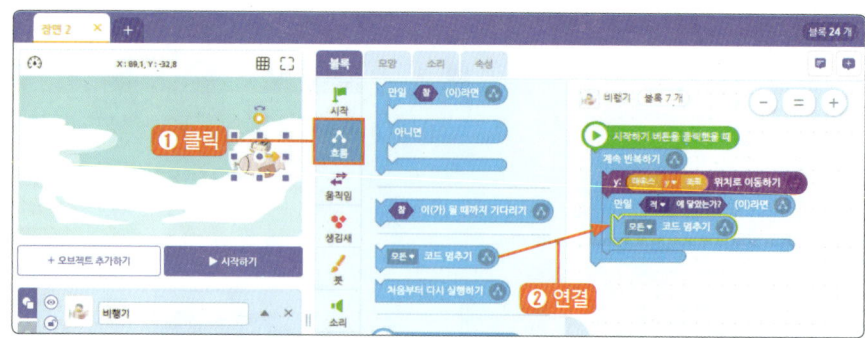

> **TIP**
> `모든▼ 코드 멈추기` 를 사용하면 현재 작동하고 있는 모든 코드가 멈춰요. 하지만 작동이 멈춘 후, [시작(▶)] 블록 꾸러미에 있는 이벤트 블록 중 `시작하기 버튼을 클릭했을 때` 를 제외한 다른 이벤트 블록(`q▼ 키를 눌렀을 때`, `마우스를 클릭했을 때`, `오브젝트를 클릭했을 때` 등)의 아래에 연결된 코드를 실행할 수 있어요.

04 Space Bar 키를 누르면 미사일을 발사하도록 코딩하기

❶ [시작(▶)] 블록 꾸러미에서 `시작하기 버튼을 클릭했을 때` 를 [블록 조립소]로 가져다 놓습니다.

※ 이전까지 만들었던 코드는 가장 위에 있는 블록(`시작하기 버튼을 클릭했을 때`)을 드래그하거나, 마우스의 휠을 움직여 [블록 조립소] 에서 보이지 않도록 할 수 있어요.

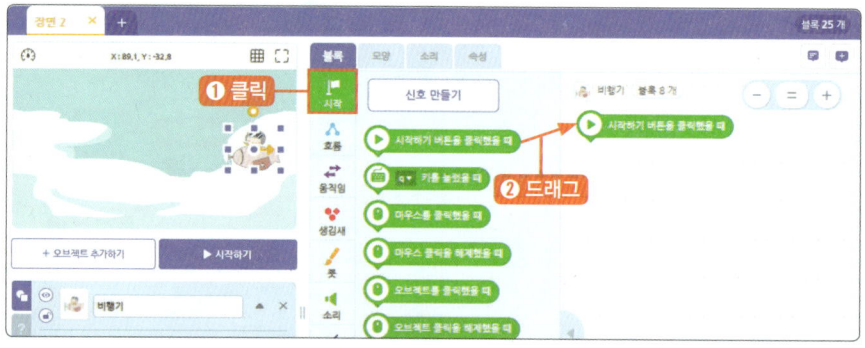

❷ [흐름(△)] 블록 꾸러미에서 `계속 반복하기` 를 연결합니다.

❸ [흐름( )] 블록 꾸러미에서 를 연결합니다.

❹ [판단( )] 블록 꾸러미에서 를 '참'의 위치에 끼워 넣은 후, 를 클릭하여 선택 메뉴가 나오면 '스페이스'를 선택합니다.

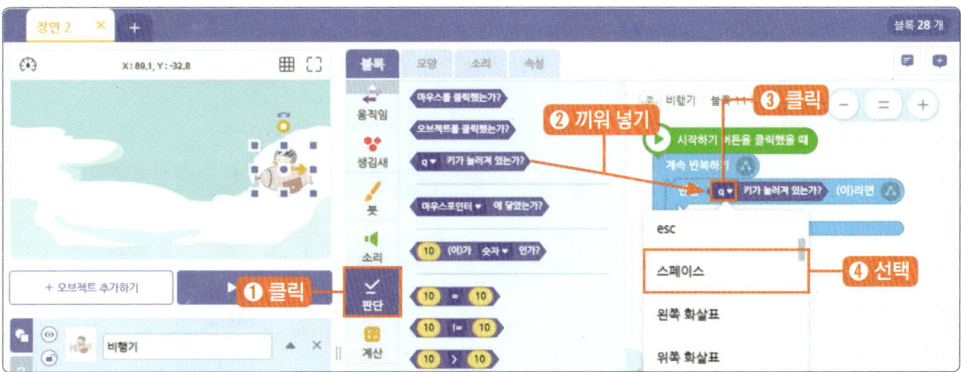

❺ [흐름( )] 블록 꾸러미에서 를 연결한 후, 을 클릭하여 선택 메뉴가 나오면 '미사일'을 선택합니다.

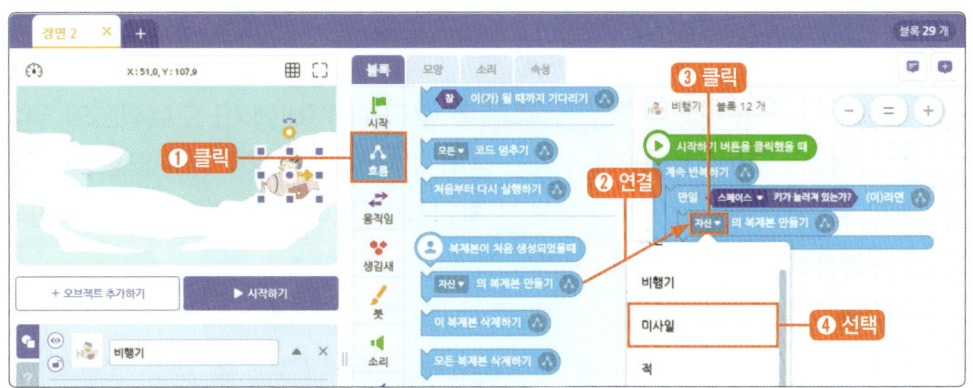

코딩풀이

Space Bar 키를 누를 때마다 [비행기] 오브젝트에서 [미사일] 오브젝트의 복제본을 만들게 할 수 있어요.
블록은 현재 블록이 사용된 오브젝트의 복제본을 만들 수도 있지만, 다른 오브젝트의 복제본을 만들게 할 수도 있어요.

❻ [흐름(△)] 블록 꾸러미에서 `2초 기다리기`를 연결한 후, '2'를 '1'로 변경합니다.

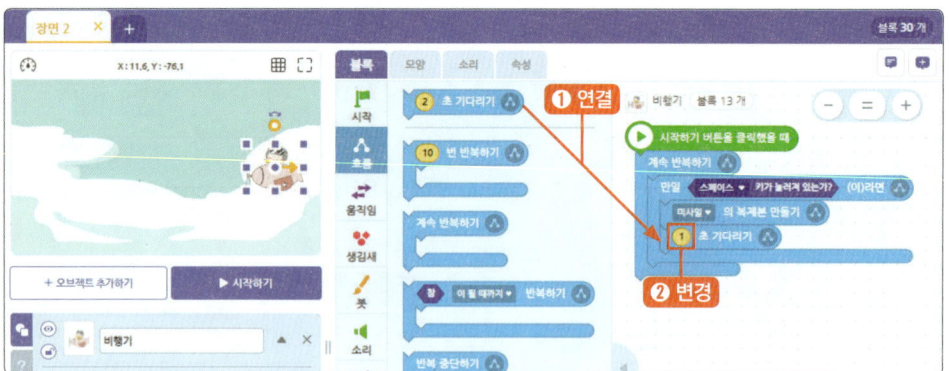

> **코딩풀이**
> `Space Bar` 키를 눌러서 [미사일] 오브젝트의 복제본을 만들 때 너무 빨리 만들지 않도록 `1초 기다리기`를 사용했어요.

❼ [오브젝트 목록]에서 [미사일] 오브젝트를 선택한 후, `대상 없음▼`을 클릭하여 선택 메뉴가 나오면 '비행기'를 선택합니다.

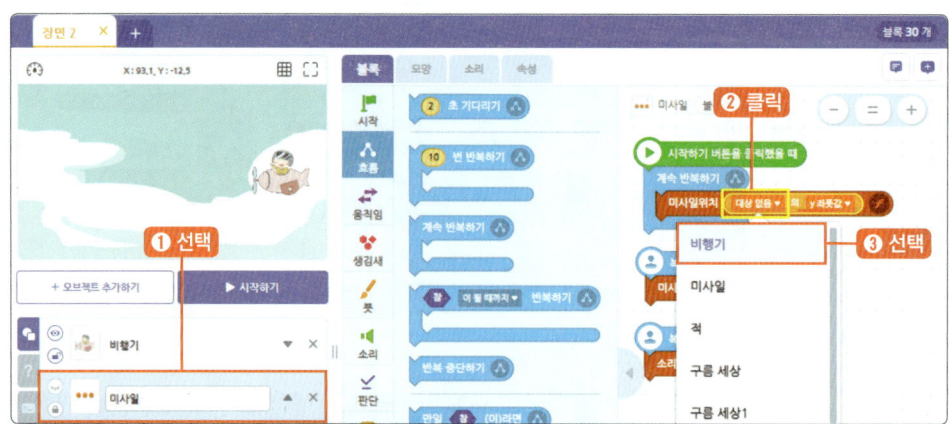

❽ 코딩이 완료되면 `▶시작하기`를 클릭하여 [비행기] 오브젝트의 위치가 마우스 포인터를 따라서 위·아래로 움직이고, `Space Bar` 키를 눌러 발사한 미사일에 적이 닿으면 없어지며 [비행기] 오브젝트가 적에게 닿으면 모든 코드가 멈추는지 확인합니다. 이어서, 바탕화면에 자신의 이름으로 된 폴더에 '14장-홍길동.ent'로 저장합니다.

※ `Space Bar` 키를 눌러 [미사일] 오브젝트를 발사할 때 소리가 재생되는지 들어보세요.

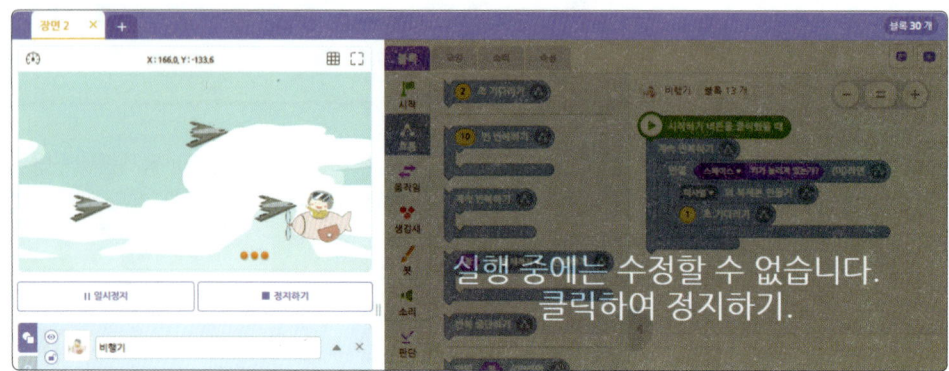

CHAPTER 14 문제해결능력 미션 수행하기

■ 불러올 파일 : 14장-1 불러올 파일.ent   ■ 완성된 파일 : 14장-1 완성된 파일.ent

01 적의 비행기를 10대 제거 후, 승리 외치도록 코딩해봐요.

- '적의 수' 변수 추가합니다.
- 적 오브젝트에서 '적의 이동' 함수 더블클릭 한 후, 블록을 추가해요.

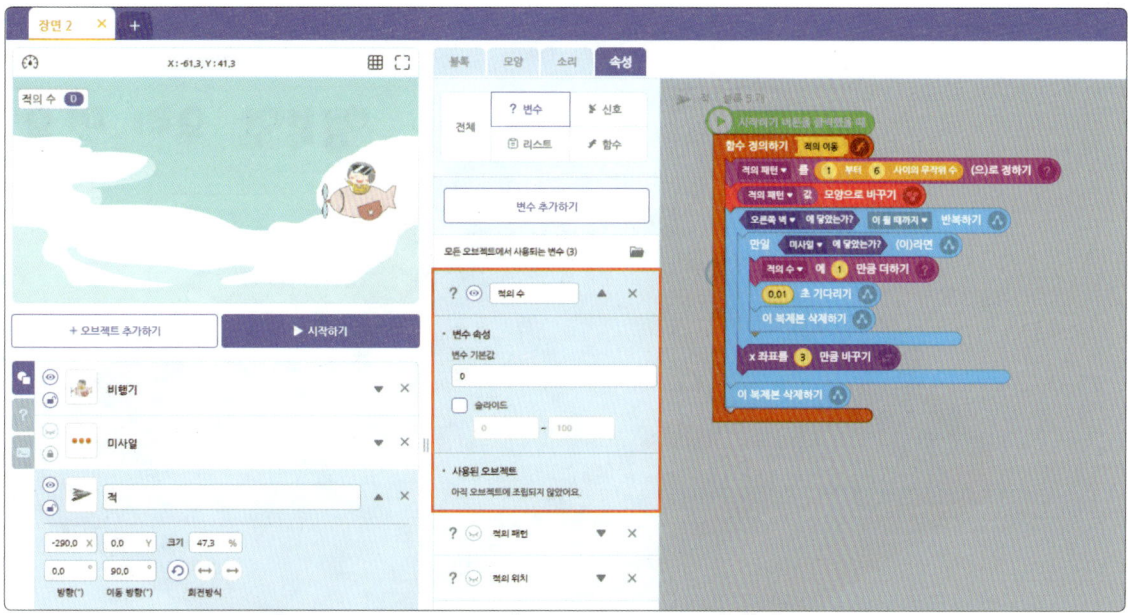

- 비행기 오브젝트에서 적의 수가 10개가 되면, 승리를 외친 후, 모든 코드를 멈춰요.

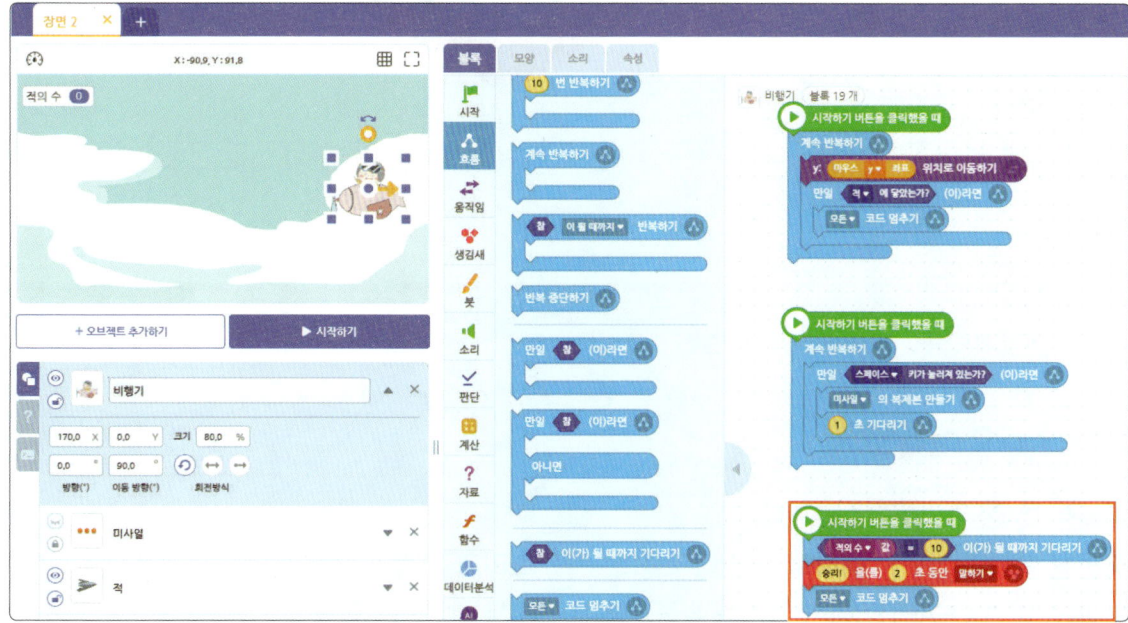

CHAPTER 15 행복한 우리 마을

■ 불러올 파일 : 마을꾸미기.pptx　■ 완성된 파일 : 마을꾸미기(완성).pptx, 우리마을.png

학습목표
- 복사, 잘라내기, 붙여넣기 기능을 다양하게 사용할 수 있어요.
- 워드아트의 스타일을 변경할 수 있어요.

오늘 배울 내용 알아보기

행복한 마을은 어떤 모습일까요?
다양한 복사 방법을 이용하여 푸른 나무들과 동물, 그리고 사람이 함께 살아갈 수 있는 행복한 마을을 꾸며 보아요. 이번 CHAPTER에서 만드는 작품은 엔트리에서 배경으로 이용될 거예요.
지금부터 파워포인트 2021을 이용하여 행복한 우리 마을을 완성해 볼까요?

01 잘라내기 기능 알아보기

❶ 파워포인트 2021( )을 실행한 후, [열기]-[찾아보기]-[불러올 파일]-[15장]의 '마을꾸미기.pptx' 파일을 불러옵니다.

※ 파일 불러오기는 부록의 007 페이지를 참고하세요~

❷ 왼쪽 슬라이드 미리 보기 창의 [슬라이드 2]를 클릭합니다.

▲ 파워포인트

▲ 한쇼

❸ 첫 번째 건물(CAFE)을 마우스로 클릭합니다. 이어서, [홈] 탭의 [클립보드] 그룹에서 '잘라내기( )'를 클릭합니다. (한쇼 : [편집] 탭-[오려두기])

※ '잘라내기' 기능을 이용하면 잠시 건물이 사라질거에요. '붙여넣기' 기능을 이용하면 금방 다시 나타나게 할 수 있어요.

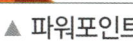
▲ 파워포인트

▲ 한쇼

TIP

잘라내기( )

'잘라내기' 기능을 이용하면 완전한 삭제가 아닌 임시 저장 공간에 잠시 복사가 되며, '붙여넣기' 기능과 함께 사용할 수 있어요.

① [홈]-[클립보드]-잘라내기
② 그림 위에서 마우스 오른쪽 단추 클릭 → 바로 가기 메뉴-[잘라내기]
③ 잘라내기 바로 가기 키 : Ctrl + X

④ 왼쪽 슬라이드 미리 보기 창의 [슬라이드 1]을 클릭한 후, [홈] 탭의 [클립보드] 그룹에서 '붙여넣기( )'를 클릭합니다. 이어서, 조절점(O)을 드래그하여 크기를 조절한 후, 그림과 같이 위치를 변경합니다.
(한쇼 : [편집] 탭-[붙이기])

▲ 파워포인트

▲ 한쇼

TIP

붙여넣기( )

'복사' 또는 '잘라내기'와 반드시 같이 쓰이는 기능으로 임시 저장 공간에 잠시 복사한 내용을 원하는 곳에 붙여넣을 수 있어요.
① [홈]-[클립보드]-붙여넣기
② 그림 위에서 마우스 오른쪽 단추 클릭 → 바로 가기 메뉴-[붙여넣기 옵션( )]
③ 붙여넣기 바로 가기 키 : Ctrl + V

⑤ 왼쪽 슬라이드 미리 보기 창의 [슬라이드 2]를 클릭한 후, 빨간색 집 위에서 마우스 오른쪽 단추를 눌러 바로 가기 메뉴가 나오면 [잘라내기]를 클릭합니다. (한쇼 : [오려두기])

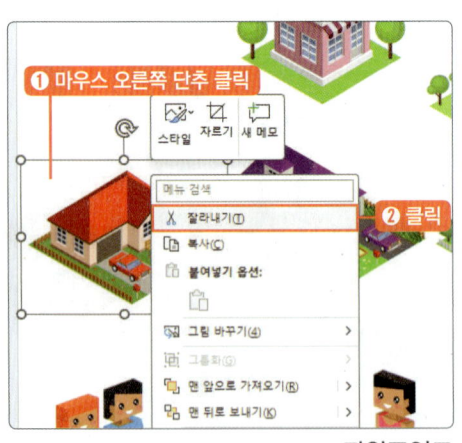
▲ 파워포인트

▲ 한쇼

⑥ 왼쪽 슬라이드 미리 보기 창의 [슬라이드 1]을 클릭한 후, 슬라이드의 빈 곳 위에서 마우스 오른쪽 단추를 눌러 바로 가기 메뉴가 나오면 [붙여넣기]-[대상 테마 사용( )]을 클릭합니다. (한쇼 : [붙이기])

⑦ [그림 서식] 탭의 [정렬] 그룹에서 [회전( )]을 클릭한 후, '좌우 대칭( )'을 선택합니다. 이어서, 크기 및 위치를 조절합니다.

▲ 파워포인트

▲ 한쇼

02 복사 기능 알아보기

❶ 왼쪽 슬라이드 미리 보기 창의 [슬라이드 2]를 클릭한 후, 오른쪽 상단의 울타리를 클릭합니다. 이어서, [홈] 탭의 [클립보드] 그룹에서 '복사( )'를 클릭합니다.

※ '복사'를 클릭해도 아무 반응은 없지만 실제로는 임시 저장 공간에 복사되어 있는 상태랍니다.

❷ 왼쪽 슬라이드 미리 보기 창의 [슬라이드 1]을 클릭한 후, [홈] 탭의 [클립보드] 그룹에서 '붙여넣기( )'를 클릭합니다. 이어서, 그림과 같이 울타리의 위치를 변경합니다.

▲ 파워포인트

▲ 한쇼

❸ Ctrl 키를 누른 채 울타리를 드래그하여 그림과 같이 복사합니다.

❹ [그림 서식] 탭의 [정렬] 그룹에서 [회전( )]을 클릭한 후, '좌우 대칭( )'을 선택합니다. 이어서, 그림처럼 위치를 변경합니다. (한쇼 : [도형] 탭-[회전( )]-[좌우 대칭( )])

※ 울타리의 크기는 더 이상 조절하지 않아요.

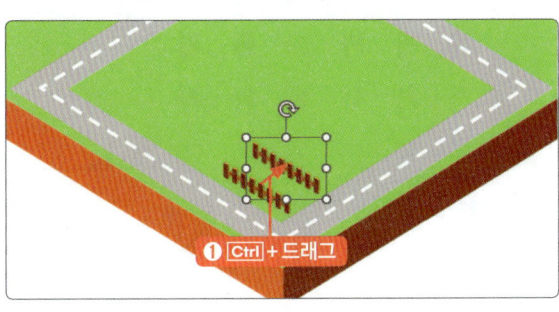

❺ 3~4번 작업을 참고하여 그림과 같이 울타리를 완성합니다.

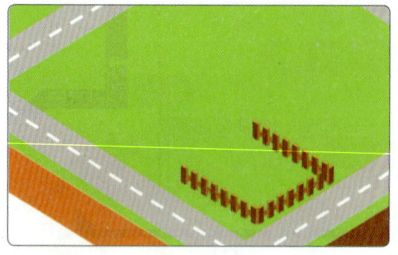 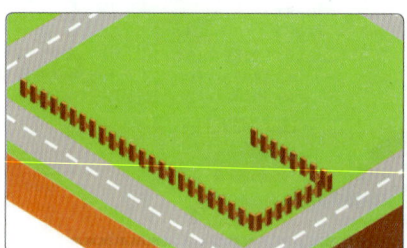 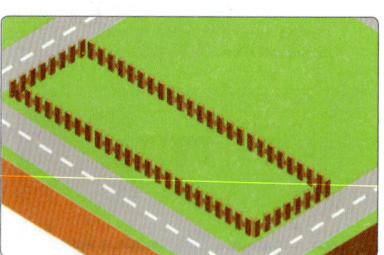

> **TIP**
>
> 복사(🗐)
>
> '복사' 기능은 기존의 개체를 그대로 둔 채 임시 저장 공간에 복사되며 '붙여넣기' 기능과 함께 사용할 수 있어요.
> ① [홈]-[클립보드]-복사
> ② 그림 위에서 마우스 오른쪽 단추 클릭 → 바로 가기 메뉴-[복사]
> ③ 복사 바로 가기 키 : Ctrl + C

03 워드아트 스타일 변경하기

❶ 오른쪽 상단에 있는 워드아트('행복한 우리 마을')를 클릭한 후, 다시 테두리를 선택합니다.

❷ [도형 서식] 탭의 [WordArt 스타일] 그룹에서 자세히 단추(▼)를 클릭한 후, '채우기 : 검정, 텍스트 색 1, 윤곽선 : 배경색 1, 진한 그림자 : 흰색, 배경색 1(**A**)'를 선택합니다.

(한쇼 : [도형] 탭-[워드숍 스타일]-자세히 단추 클릭-'채우기 – 강조 2(밝은 계열, 그러데이션), 윤곽 – 강조 2')

※ 워드아트(Word Art)는 파워포인트 2021에 지정되어 있는 서식을 이용하여 글꼴에서는 표현하지 못하는 다양한 모양의 글자를 만들 수 있도록 구성되어 있어요.

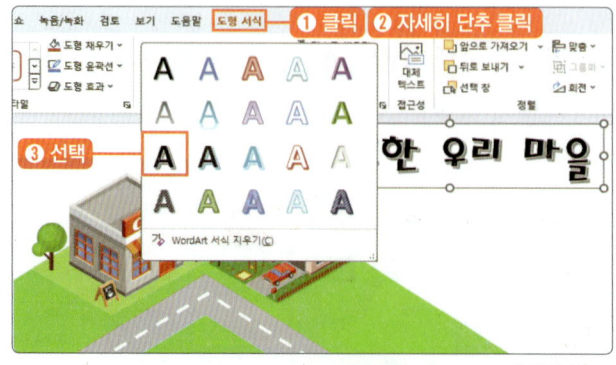 

▲ 파워포인트 ▲ 한쇼

CHAPTER 15 문제해결능력 미션 수행하기

01 [슬라이드 2]에 있는 그림들을 다양한 방법으로 복사하여 [슬라이드 1]의 '행복한 우리 마을'을 예쁘게 꾸며보세요.

▲ 파워포인트

▲ 한쇼

02 Ctrl + A (모두 선택) → 도형 위에서 마우스 오른쪽 단추 클릭 → [그룹화]-[그룹]

03 완성된 작품을 바탕화면에 자신의 이름으로 된 폴더에 그림으로 저장(우리마을.png)한 후, 파일을 저장(마을꾸미기.pptx)해 보세요.

※ 이번 CHAPTER는 크기 배율을 조절하지 않은 채 [그림으로 저장]을 작업하며, 초록색 바닥은 다음 CHAPTER의 불러올 엔트리 파일에서 다시 나타날거에요.

▲ 파워포인트

▲ 한쇼

그룹 지정 및 저장 방법은 부록의 010~011 페이지를 참고하세요~

CHAPTER 16 마을 꾸미기

- 불러올 파일 : 16장 불러올 파일.ent, 우리마을.png, 16장 완성파일 미리보기.url
- 완성된 파일 : 16장 완성된 파일.ent

학습목표
- 조건을 포함한 반복문을 사용할 수 있어요.
- 신호를 만들어 사용할 수 있어요.
- 도장 찍기와 모든 붓 지우기를 사용하여 마을을 꾸밀 수 있어요.

오늘 사용할 명령 블록

명령 블록	블록 꾸러미	설 명
도장 찍기	붓	오브젝트의 모양을 도장처럼 실행 화면 위에 찍어요.
모든 붓 지우기	붓	해당 오브젝트가 그린 선과 도장을 모두 지워요.
엔트리봇▼ 위치로 이동하기	움직임	오브젝트가 목록에서 선택한 오브젝트 또는 마우스 포인터의 위치로 이동해요.

오늘 코딩할 내용 알아보기

[꽃] 오브젝트를 클릭한 상태로 원하는 위치에 드래그한 후, `Space Bar` 키를 누르면 해당 위치에 도장이 찍혀요. 그리고 [다시하기 버튼] 오브젝트를 클릭하면 실행 화면을 도장이 찍히기 전 화면으로 되돌려요.

- **[다시하기 버튼] 오브젝트** : 클릭하면 화면에 도장처럼 찍힌 그림들을 모두 지워요.
- **[꽃], [나무], [의자], [나무1] 오브젝트** : 클릭하여 원하는 위치로 드래그한 후, Space Bar 키를 누르면 오브젝트의 모양이 도장처럼 찍혀요. 마우스의 클릭을 해제하면 오브젝트는 다시 원래 위치로 돌아가요.
- **[우리마을], [바닥], [단색 배경] 오브젝트** : 바닥과 배경을 보여줘요.

01 기본 작업하기

① 엔트리(Entry)를 실행한 후, [불러올 파일]-[16장]-'16장 불러올 파일.ent'를 불러옵니다. 이어서, 15장에서 만들었던 '우리마을.png'를 오브젝트로 추가합니다. 만일 이미지 파일이 없다면 [불러올 파일]-[16장]-'우리마을.png'를 추가합니다.

※ 오브젝트 추가하기는 부록의 012 페이지를 참고해요~

② 오브젝트가 추가되면 [우리마을] 오브젝트의 크기를 '300', x는 '50', y는 '7'로 각각 변경합니다.

※ 오브젝트의 정보 수정 방법은 부록의 016 페이지를 참고해요~

❸ [오브젝트 목록]에서 [우리마을] 오브젝트를 드래그하여 [바닥] 오브젝트의 바로 위, [나무1] 오브젝트의 아래로 순서를 변경합니다.

TIP

[오브젝트 목록]의 순서는 오브젝트가 실행 화면에서 겹칠 때 앞쪽에 보여줄 순서예요. 만일 모든 오브젝트가 겹쳐있다면 첫 번째 오브젝트가 가장 앞쪽에 보이고, 두 번째 오브젝트는 그 뒤에 보이고, 나머지 오브젝트들도 [오브젝트 목록]의 순서대로 보일 거예요.

02 [꽃] 오브젝트를 클릭하고 있으면 마우스를 따라다니도록 코딩하기

❶ 기본 작업이 끝나면 [오브젝트 목록]에서 [꽃] 오브젝트를 선택한 후, [시작(🏁)] 블록 꾸러미에서 `오브젝트를 클릭했을 때`를 [블록 조립소]로 가져다 놓습니다.

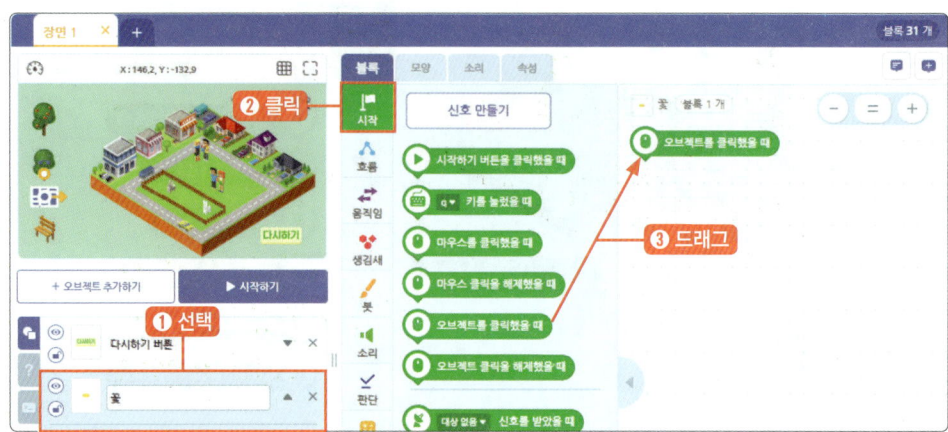

❷ [흐름(△)] 블록 꾸러미에서 `참 이 될 때까지 반복하기`를 연결한 후, `이 될 때까지`를 클릭하여 선택 메뉴가 나오면 '인 동안'을 선택합니다.

❸ [판단(✓)] 블록 꾸러미에서 `마우스를 클릭했는가?` 를 '참'의 위치에 끼워 넣습니다.

❹ [움직임(⇄)] 블록 꾸러미에서 `다시하기 버튼▼ 위치로 이동하기` 를 연결한 후, `다시하기 버튼▼`을 클릭하여 선택 메뉴가 나오면 '마우스포인터'를 선택합니다.

코딩풀이

[꽃] 오브젝트를 클릭하고 있으면 `마우스를 클릭했는가? 인 동안 반복하기` 블록으로 감싸인 `마우스포인터 위치로 이동하기` 가 마우스의 클릭을 해제하기 전까지 계속 반복해서 실행하여 [꽃] 오브젝트가 마우스 포인터의 위치로 이동해요.

03 SpaceBar 키를 누르면 오브젝트의 도장이 찍히도록 코딩하기

❶ [흐름(∧)] 블록 꾸러미에서 `만일 참 (이)라면` 를 연결합니다.

❷ [판단(✓)] 블록 꾸러미에서 `q▼ 키가 눌러져 있는가?` 를 '참'의 위치에 끼워 넣은 후, `q`를 클릭하여 선택 메뉴가 나오면 '스페이스'를 선택합니다.

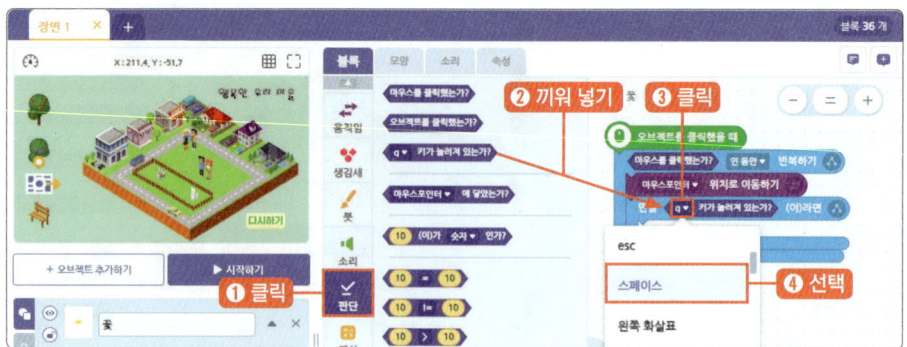

❸ [붓(🖌)] 블록 꾸러미에서 `도장 찍기` 를 연결합니다.

> **코딩풀이**
> 마우스를 클릭하고 있는 동안 오브젝트가 마우스 포인터의 위치로 이동하다가 [Space Bar] 키를 누르면 해당 위치에서 도장 찍기 블록을 실행해요.

❹ [움직임(⇄)] 블록 꾸러미에서 `x: 0 y: 0 위치로 이동하기` 를 연결한 후, 첫 번째 '0'은 '-200', 두 번째 '0'은 '-40' 으로 각각 변경합니다.

> **코딩풀이**
> 마우스를 클릭하고 있는 동안 [Space Bar] 키를 누르면 몇 번이든 도장을 찍을 수 있어요. 그리고 마우스의 클릭을 해제하면 반복하기를 끝내고 오브젝트는 처음의 위치(x : -200, y : -40)로 돌아가요.

04 [다시하기 버튼] 오브젝트를 클릭하면 실행 화면이 처음상태가 되도록 코딩하기

❶ [속성] 탭-[신호]-<신호 추가하기>를 순서대로 클릭합니다. 이어서, 신호의 이름을 '지우기'로 입력하고 <신호 추가> 단추를 클릭합니다.

❷ 신호가 추가되면 [오브젝트 목록]에서 [다시하기 버튼] 오브젝트를 선택한 후, [블록] 탭을 클릭합니다. 이어서, [시작(🏁)] 블록 꾸러미에서 `오브젝트를 클릭했을 때` 를 [블록 조립소]로 가져다 놓습니다.

❸ [시작(🏁)] 블록 꾸러미에서 `지우기▼ 신호 보내기` 를 연결합니다.

코딩풀이

[다시하기 버튼] 오브젝트를 클릭하면 '지우기' 신호를 보내요.

❹ [오브젝트 목록]에서 [꽃] 오브젝트를 선택한 후, [시작(🏁)] 블록 꾸러미에서 `지우기▼ 신호를 받았을 때` 를 [블록 조립소]로 가져다 놓습니다.

❺ [붓(🖌)] 블록 꾸러미에 `모든 붓 지우기` 를 연결합니다.

※ `모든 붓 지우기` 는 해당 블록이 연결된 오브젝트가 실행 화면에 그린 그림만을 지워줘요.(현재는 [꽃] 오브젝트의 그림만 지움)

❻ [오브젝트 목록]에서 [나무] 오브젝트를 선택한 후, `대상 없음▼` 을 클릭하여 선택 메뉴가 나오면 '지우기'를 선택합니다. 나머지 [의자]와 [나무1] 오브젝트들도 같은 작업을 해줍니다.

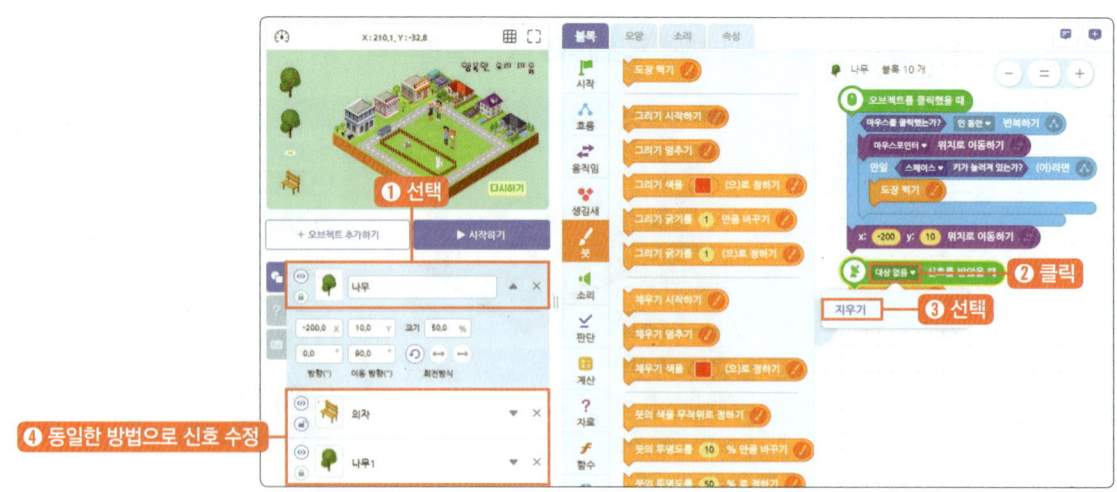

❼ 코딩이 완료되면 `▶ 시작하기` 를 클릭한 후, 왼쪽의 오브젝트(꽃~나무1)들을 드래그하여 원하는 위치에서 `Space Bar` 키를 눌러 도장찍기로 마을을 꾸미고, [다시하기 버튼] 오브젝트를 클릭하면 그림들이 전부 지워지는지 확인합니다. 이어서, 바탕화면에 자신의 이름으로 된 폴더에 '16장-홍길동.ent'로 저장합니다.

CHAPTER 16 문제해결능력 미션 수행하기

■ 불러올 파일 : 16장-1 불러올 파일.ent   ■ 완성된 파일 : 16장-1 완성된 파일.ent

01 도장을 찍을 때마다 소리가 나도록 코딩해봐요

- 소리를 추가해요.
- 오브젝트에 소리 재생하기 블록을 추가해요.

■ 불러올 파일 : 16장-2 불러올 파일.ent   ■ 완성된 파일 : 16장-2 완성된 파일.ent

02 화살표를 누르면 도장의 크기가 커졌다, 작아졌다를 만들어봐요.

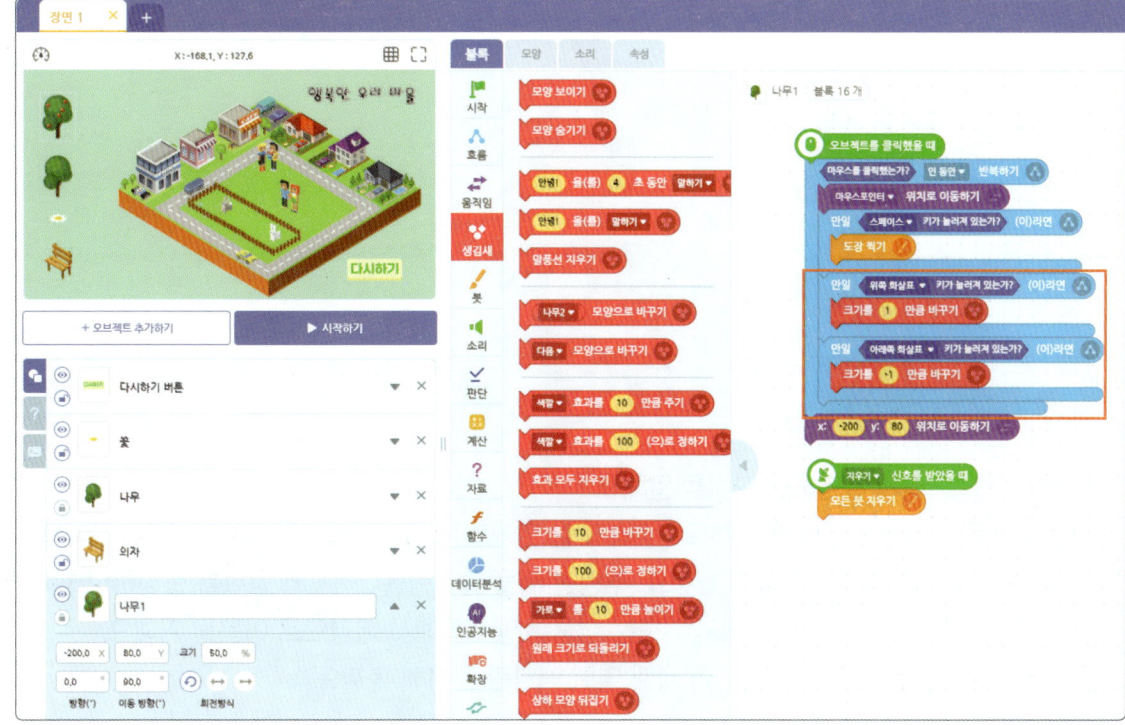

CHAPTER 16 마을 꾸미기

CHAPTER 17

세계 명화 액자 만들기

■ 불러올 파일 : 명화1~4.jpg, 액자1~4.jpg   ■ 완성된 파일 : 명화액자만들기(완성).pptx, 세계명화1~4.png

학습목표
- 그림 바꾸기 기능으로 슬라이드에 똑같은 크기의 그림을 삽입할 수 있어요.
- 그림에 투명한 색 설정을 지정할 수 있어요.

오늘 배울 내용 앞아보기

명화란 아주 잘 그려져 유명해진 그림을 말해요.
유명한 명화로는 어떤 것들이 있을까요? 우리가 잘 알고있는 다빈치의 '모나리자', 밀레의 '이삭 줍기', 고흐의 '별이 빛나는 밤', 뭉크의 '절규' 등이 있어요. 투명한 색을 설정한 후, 액자와 명화를 합성하여 세계 명화 액자를 만들어 볼 거예요. 이번 CHAPTER에서 만드는 작품은 엔트리에서 배경으로 이용될 거예요.
지금부터 파워포인트 2021을 이용하여 세계 명화 액자를 완성해 볼까요?

01 그림 크기 조절하기

❶ 파워포인트 2021( )을 실행하고 [새 프레젠테이션]을 클릭합니다.

❷ [홈] 탭의 [슬라이드] 그룹에서 '레이아웃( )'을 클릭한 후, '빈 화면'을 선택합니다. (한쇼 : [편집] 탭)

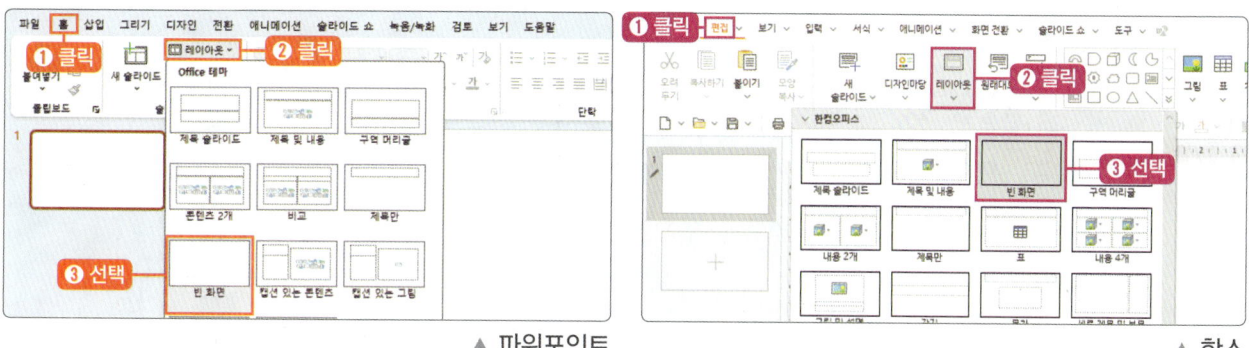

▲ 파워포인트　　　　　　　　　　　　　　　　　　　　　　　▲ 한쇼

❸ [삽입] 탭의 [이미지] 그룹에서 [그림( )]-[이 디바이스...]를 클릭합니다. 이어서, [그림 삽입] 대화상자가 나오면 [불러올 파일]-[17장]-'액자1.jpg' 파일을 선택한 후, <삽입> 단추를 클릭합니다.
(한쇼 : [입력] 탭-[그림( )])

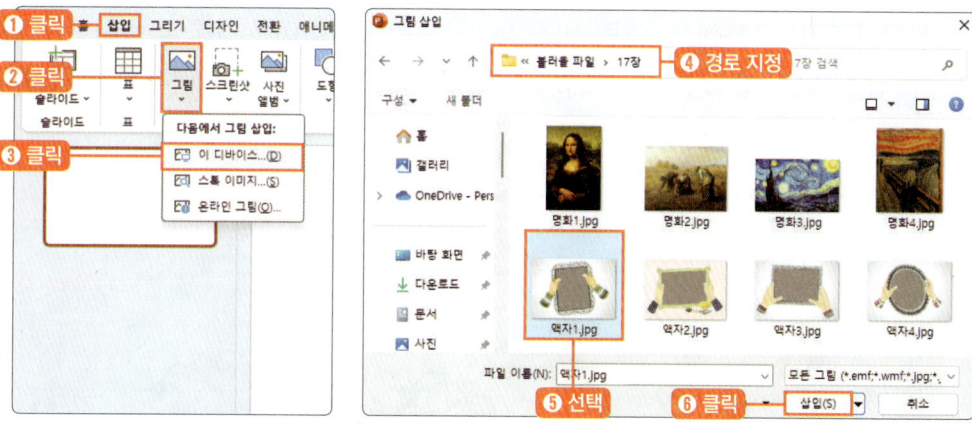

❹ 그림이 삽입되면 [그림 서식] 탭의 [크기] 그룹에서 [도형 높이] 입력 칸에 '15'를 입력한 후, Enter 키를 누릅니다. 이어서, 그림을 드래그하여 슬라이드 화면의 가운데로 위치를 변경합니다.
(한쇼 : [그림] 탭-'높이(170)')

※ 그림은 일정한 비율이 지정되어 있기 때문에 높이만 입력하면 비율에 맞게 너비까지 자동으로 조절돼요.

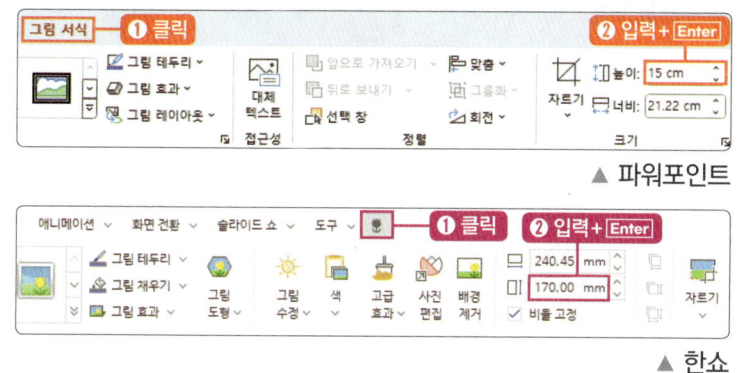

▲ 파워포인트

▲ 한쇼

CHAPTER 17 세계 명화 액자 만들기　125

02 그림 바꾸기 기능 알아보기

❶ 왼쪽 슬라이드 미리 보기 창의 [슬라이드 1] 위에서 마우스 오른쪽 단추를 눌러 바로 가기 메뉴가 나오면 [슬라이드 복제]를 클릭합니다. 이어서, 똑같은 방법으로 슬라이드를 두 번 더 복제합니다.

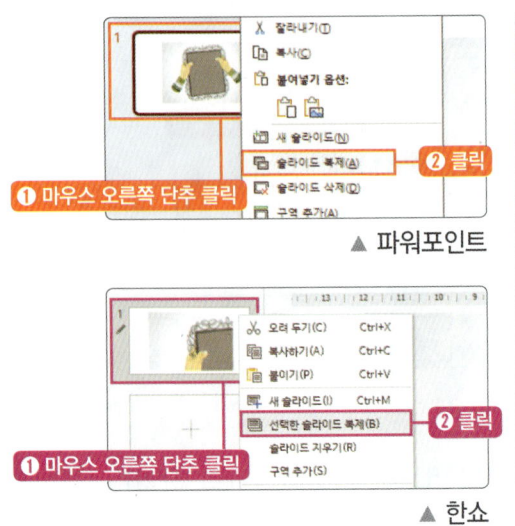
▲ 파워포인트

▲ 한쇼

❷ 왼쪽 슬라이드 미리 보기 창의 [슬라이드 2]를 선택한 후, 삽입된 그림을 클릭합니다. 이어서, [그림 서식] 탭의 [조정] 그룹에서 [그림 바꾸기( )]-[이 디바이스...]를 클릭하고 [그림 삽입] 대화상자가 나오면 [불러올 파일]-[17장]-'액자2.jpg' 파일을 선택한 후, <삽입> 단추를 클릭합니다.

(한쇼 : [그림] 탭-[그림 바꾸기( )])

🅣🅘🅟 그림 바꾸기

그림 바꾸기는 기존의 그림과 똑같은 위치에 새로운 그림을 넣고 싶을 때 사용하는 편리한 기능이에요.

❸ [슬라이드 2]의 그림이 변경되면 다시 왼쪽 슬라이드 미리 보기 창의 [슬라이드 1]을 클릭합니다.

❹ [삽입] 탭의 [이미지] 그룹에서 [그림]-[이 디바이스...]를 클릭합니다. 이어서, [그림 삽입] 대화상자가 나오면 [불러올 파일]-[17장]-'명화1.jpg' 파일을 선택한 후, <삽입> 단추를 클릭합니다.

(한쇼 : [입력] 탭-[그림])

 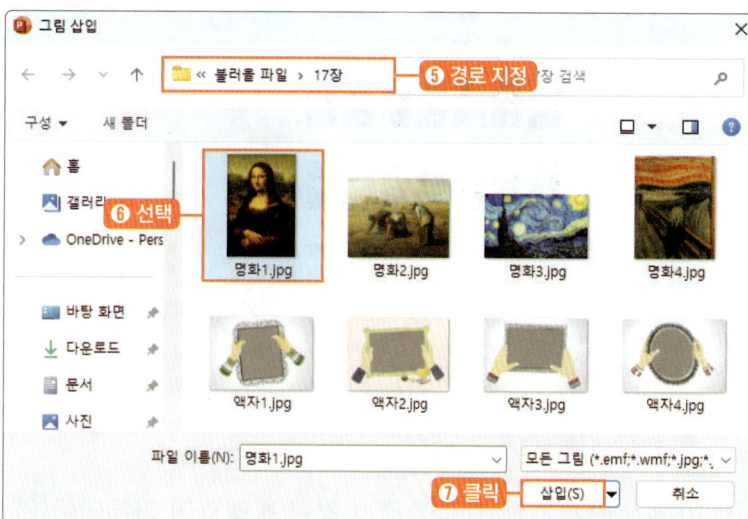

❺ 그림이 삽입되면 조절점(O)을 드래그하여 크기를 조절한 후, 그림과 같이 위치를 변경합니다. 이어서, 회전점을 왼쪽으로 드래그하여 그림을 회전시킵니다.

※ 크기 조절은 가운데와 대각선 조절점을 이용하여 조절해요.

❻ 그림 위에서 마우스 오른쪽 단추를 눌러 바로 가기 메뉴가 나오면 [맨 뒤로 보내기]를 클릭한 후, Esc 키를 눌러 모든 선택을 해제합니다.

▲ 파워포인트　　　　　　　　　　　　　▲ 한쇼

TIP

액자 안에 그림 넣기

가운데 회색 부분을 투명으로 처리하여 명화를 합성할 거예요. 그렇기 때문에 액자보다는 조금 크게 그림의 크기를 조절하면 예쁘게 명화 액자를 만들 수 있어요.

03 투명한 색 설정하기

❶ 액자 그림을 클릭한 후, [그림 서식] 탭의 [조정] 그룹에서 [색(🖼)]을 클릭합니다. 이어서, '투명한 색 설정(🖌)'을 선택합니다. (한쇼 : [그림] 탭-[색(🖼)])

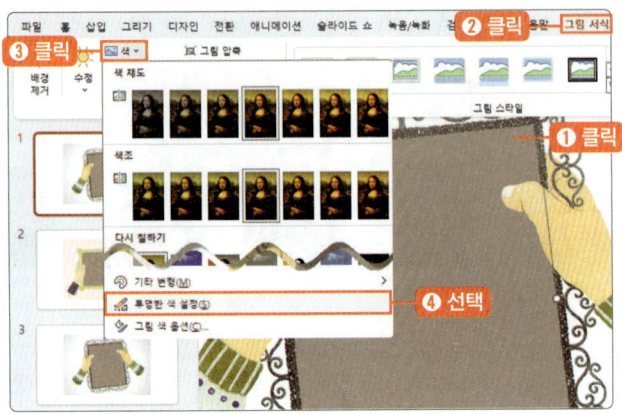
▲ 파워포인트

▲ 한쇼

❷ 마우스 커서가 🖱 모양으로 변경되면 액자의 가운데(회색 부분)를 클릭합니다.

TIP
액자 속 그림의 위치를 변경하는 방법

CHAPTER 17  미션 수행하기

01 [슬라이드 2]의 명화 액자를 완성해 보세요.

- 그림 삽입 → [불러올 파일]-[17장]-명화2 삽입 → 크기 및 위치 조절 → [맨 뒤로 보내기] → 투명한 색 설정

02 [슬라이드 3]의 명화 액자를 완성해 보세요.

- 삽입된 액자 그림 클릭 → 그림 바꾸기 → [불러올 파일]-[17장]-액자3 삽입
- 그림 삽입 → [불러올 파일]-[17장]-명화3 삽입 → [맨 뒤로 보내기] → 투명한 색 설정

03 위와 똑같은 방법으로 [슬라이드 4]의 명화 액자를 완성해 보세요.

※ 액자4.jpg와 명화4.jpg를 사용해요.

04 Ctrl + A (모두 선택) → 도형 위에서 마우스 오른쪽 단추 클릭 → [그룹화]-[그룹]

※ [슬라이드 1~4] 모두 그룹으로 지정하세요.
※ Ctrl + A 키를 눌러 모든 개체를 선택하는 작업을 할 때는 반드시 오른쪽 슬라이드의 액자를 클릭한 후, Ctrl + A 키를 눌러 개체들을 선택하세요.

05 완성된 작품을 그림으로 저장(세계명화1~4.png)한 후, 파일을 저장(명화액자만들기.pptx)해 보세요.

※ 이번 CHAPTER는 배율을 조절하지 않은 채 [그림으로 저장]을 작업해요~

그룹 지정 및 저장 방법은 부록의 010~011 페이지를 참고하세요~

CHAPTER 18 - 나만의 미술관 만들기

- 불러올 파일 : 18장 불러올 파일.ent, 세계명화4.png, 이전 버튼.png, 효과.png, 18장 완성파일 미리보기.url
- 완성된 파일 : 18장 완성된 파일.ent

 **학습목표**

- 장면을 만들고 오브젝트를 클릭하면 장면이 바뀌게 할 수 있어요.
- [효과] 오브젝트를 이용하여 장면이 바뀔 때 효과를 표현할 수 있어요.

오늘 사용한 명령 블록

명령 블록	블록 꾸러미	설 명
장면이 시작되었을 때	시작(🚩)	장면이 시작되면 아래에 연결된 블록들을 실행해요.
다음▼ 장면 시작하기	시작(🚩)	이전 장면 또는 다음 장면을 시작해요.
오브젝트를 클릭했을 때	시작(🚩)	오브젝트를 클릭했을 때 아래에 연결된 블록들을 실행해요.

오늘 코딩한 내용 알아보기

[효과1] 오브젝트는 장면이 바뀌었을 때 왼쪽에서 오른쪽으로 이동하면서 [세계명화4] 오브젝트가 서서히 실행 화면에 보이도록 해줘요. 그리고 [이전 버튼] 오브젝트를 클릭하면 이전 장면으로 바뀌도록 코딩해요.

- [효과1] 오브젝트 : 각 장면이 바뀔 때 화면에 다양한 효과를 보여줘요.
- [이전 버튼], [다음 버튼] 오브젝트 : 클릭하면 이전 또는 다음 장면으로 바뀌어요.
- [세계명화1], [세계명화2], [세계명화3], [세계명화4] 오브젝트 : 세계명화들을 보여줘요.

01 기본 작업하기

❶ 엔트리(Entry)를 실행한 후, [불러올 파일]-[18장]-'18장 불러올 파일.ent'를 불러옵니다. 이어서, 실행 화면 위쪽의 ➕ 를 클릭하여 '장면4'를 추가합니다.

※ 추가할 오브젝트가 많이 있기 때문에 '장면1~3'은 '세계명화1~3'을 이용하여 미리 만들어 놓았어요.

 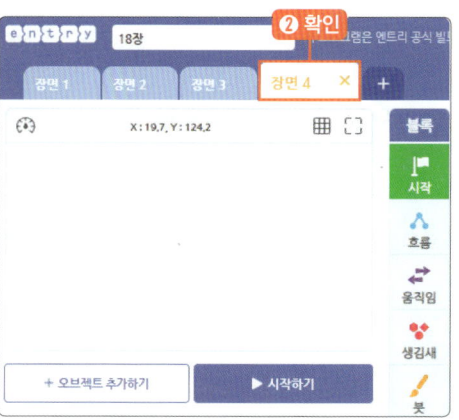

❷ 장면이 추가되면 17장에서 만들었던 '세계명화4.png' 파일과 [불러올 파일]-[18장] 폴더에 '이전 버튼.png', '효과.png' 총 세 개의 오브젝트를 추가합니다. 만일 이미지 파일이 없다면 [불러올 파일]-[18장]-'세계명화4.png'를 추가합니다.

※ 추가하는 오브젝트의 순서는 '세계명화4.png', '이전 버튼.png', '효과.png'이예요! 만일 추가한 순서가 다르다면 아래 그림의 오브젝트 목록을 참고하여 순서를 바꿔주세요.

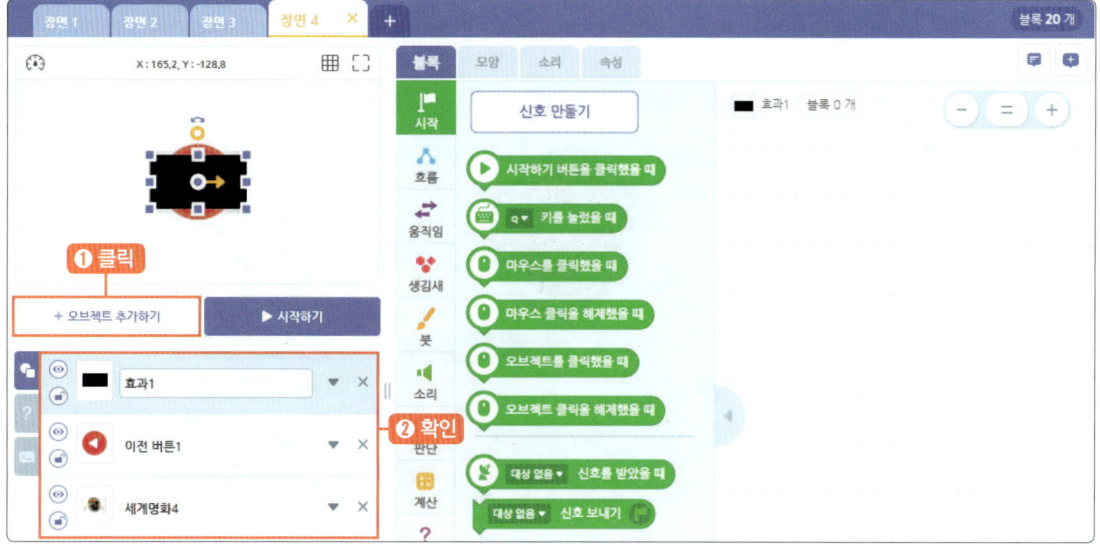

CHAPTER 18 나만의 미술관 만들기 **131**

❸ [오브젝트 목록]에서 [효과1] 오브젝트를 선택합니다. 이어서, 오브젝트의 이름을 '효과'로, 크기를 '375'로 각각 변경한 후, 잠금( )과 숨기기( )를 클릭합니다.

※ 오브젝트 이름과 크기를 먼저 변경하세요.

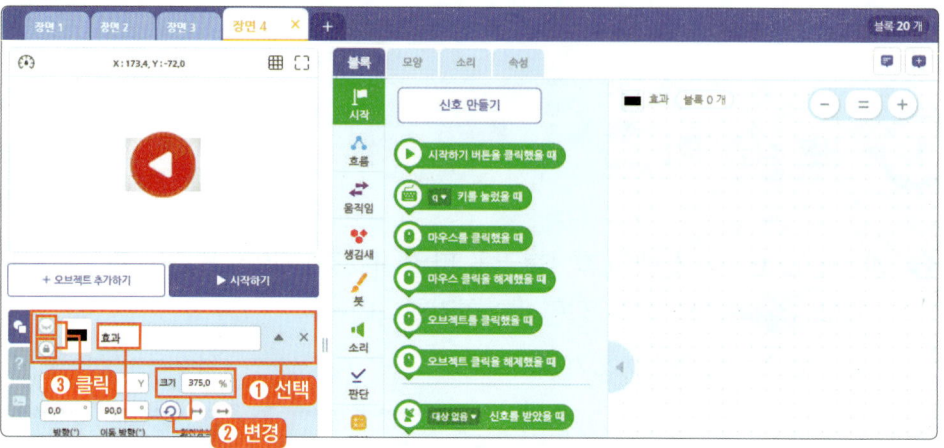

❹ [오브젝트 목록]에서 [이전 버튼1] 오브젝트를 선택합니다. 이어서, 오브젝트의 이름을 '이전 버튼'으로, 크기를 '50'으로, x를 '-210'으로 각각 변경합니다.

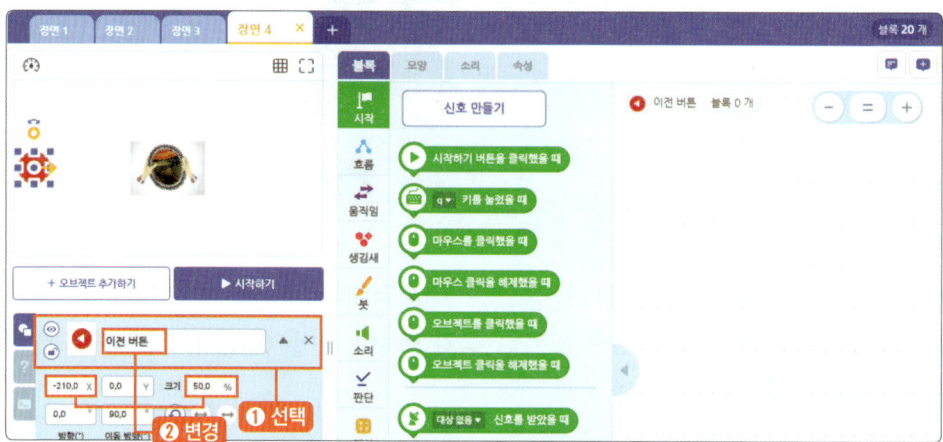

❺ [오브젝트 목록]에서 [세계명화4] 오브젝트를 선택합니다. 이어서, 크기를 '375'로 변경합니다.

※ 오브젝트들의 수정이 완료되면 [오브젝트 목록]에서 순서를 반드시 [효과], [이전 버튼], [세계명화4] 순서를 지켜주세요.

02 [이전 버튼] 오브젝트를 클릭하면 이전 장면으로 바뀌도록 코딩하기

① 기본 작업이 끝나면 [오브젝트 목록]에서 [이전 버튼]을 선택합니다. 이어서, [시작( )] 블록 꾸러미에서 `오브젝트를 클릭했을 때`를 [블록 조립소]로 가져다 놓습니다.

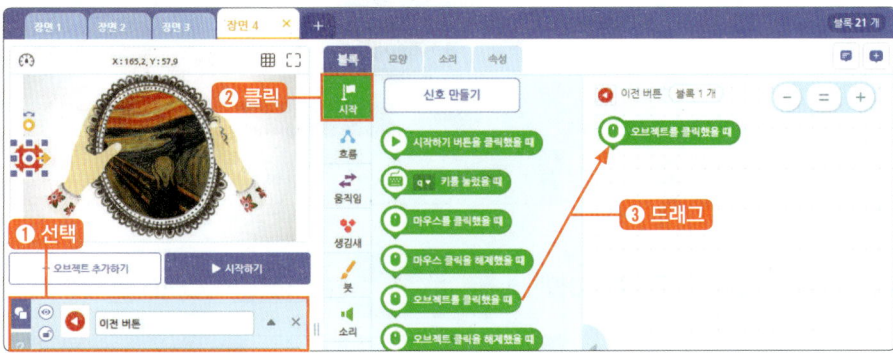

② [시작( )] 블록 꾸러미에서 `다음▼ 장면 시작하기`를 연결한 후, `다음▼`을 클릭하여 선택 메뉴가 나오면 '이전'을 선택합니다.

03 장면이 시작되면 효과를 보이도록 코딩하기

① [오브젝트 목록]에서 [효과] 오브젝트를 선택한 후, [시작( )] 블록 꾸러미에서 `장면이 시작되었을 때`를 [블록 조립소]로 가져다 놓습니다.

❷ [생김새( )] 블록 꾸러미에서 `모양 보이기` 를 연결합니다.

❸ [흐름( )] 블록 꾸러미에서 `10 번 반복하기` 를 연결한 후, '10'을 '200'으로 변경합니다.

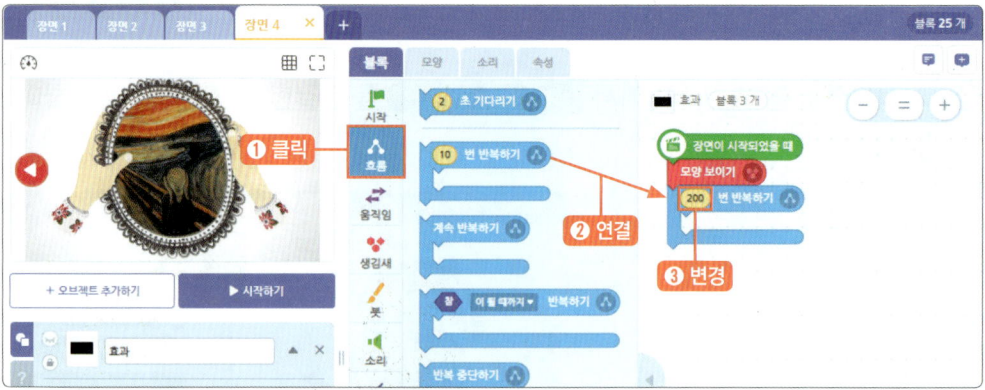

❹ [움직임( )] 블록 꾸러미에서 `x좌표를 10 만큼 바꾸기` 를 연결한 후, '10'을 '3'으로 변경합니다. 코딩이 완료되면 `▶시작하기` 를 클릭하여 실행한 후, [이전 버튼] 오브젝트를 눌러 '장면 3'으로 바꿉니다. 이어서, [다음 버튼] 오브젝트를 눌러 다시 '장면 4'로 바꿔 효과가 보이는지 확인한 후, 바탕화면에 자신의 이름으로 된 폴더에 '18장-홍길동.ent'로 저장합니다.

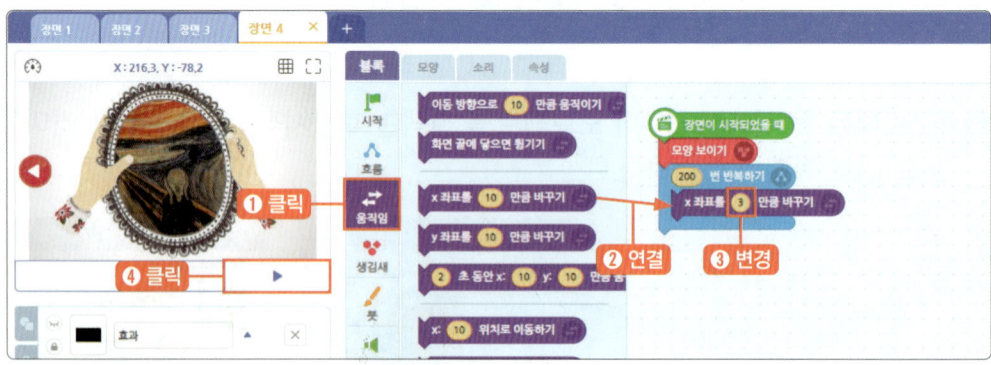

코딩풀이

장면이 시작되면 [효과] 오브젝트가 모습을 보여서 실행 화면을 전부 가려요. 그리고 x 좌표를 '3(오른쪽)' 만큼 '200'번 이동하기 때문에 실행 화면이 왼쪽부터 천천히 보여요. '장면 2'와 '장면 3'에도 각각 다른 효과가 만들어져 있으니 확인해 보세요.

CHAPTER 18 문제해결능력 미션 수행하기

📁 **불러올 파일** : 18장-1 불러올 파일.ent   📁 **완성된 파일** : 18장-1 완성된 파일.ent

01 작품 설명을 해봐요.

- 말하기 블록을 추가해요.

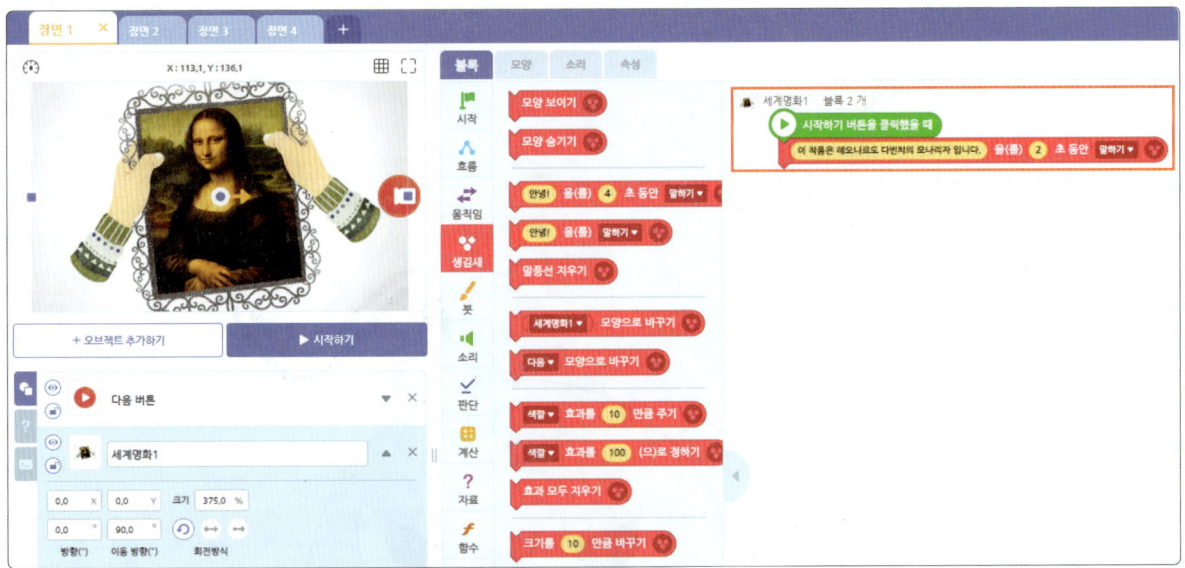

📁 **불러올 파일** : 18장-2 불러올 파일.ent   📁 **완성된 파일** : 18장-2 완성된 파일.ent

02 버튼을 누를 때마다 소리가 나도록 코딩해봐요.

- 소리를 추가해요.
- 오브젝트에 소리 재생하기 블록을 추가해요.

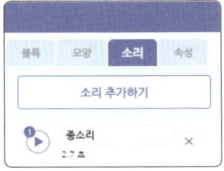
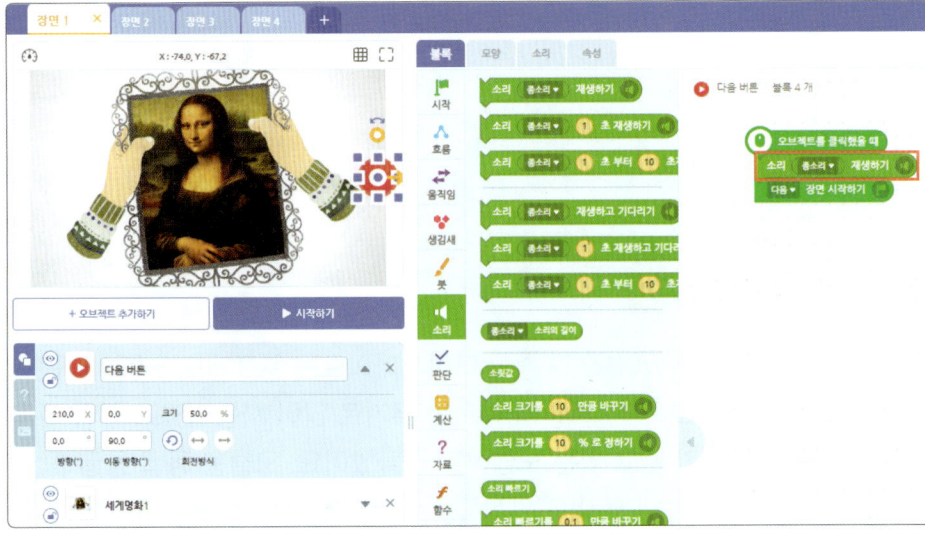

CHAPTER 19 폭탄 장애물

- 불러올 파일 : 폭탄.pptx, 폭탄터짐.jpg
- 완성된 파일 : 폭탄(완성).pptx, 장애물1.png, 장애물2.png

학습목표
- 곡선을 삽입한 후, 윤곽선 서식을 변경할 수 있어요.
- 도형 안에 그림을 삽입할 수 있어요.

오늘 배울 내용 알아보기

폭탄에는 여러 종류가 있어요. 그 중에 다이너마이트는 알프레드 노벨이라는 사람이 광산의 바위를 부수기 위해 만들었답니다. 그러나 다이너마이트는 무기로 많이 사용되었고 결국 마음이 좋지 않은 노벨은 자신의 모든 재산으로 우리가 알고 있는 노벨상을 만들었어요. 오늘은 동글 동글 모양의 귀여운 폭탄을 만들어 볼 거예요. 이번 CHAPTER에서 만드는 작품은 엔트리에서 미로 찾기 게임의 장애물로 사용된답니다.

지금부터 파워포인트 2021을 이용하여 폭탄 장애물을 완성해 볼까요?

01 곡선 삽입하기

❶ 파워포인트 2021( )을 실행한 후, [열기]-[찾아보기]-[불러올 파일]-[19장]의 '폭탄.pptx' 파일을 불러옵니다.

❷ [삽입] 탭의 [일러스트레이션] 그룹에서 [도형( )]을 클릭한 후, 선의 '곡선( )'을 선택합니다.

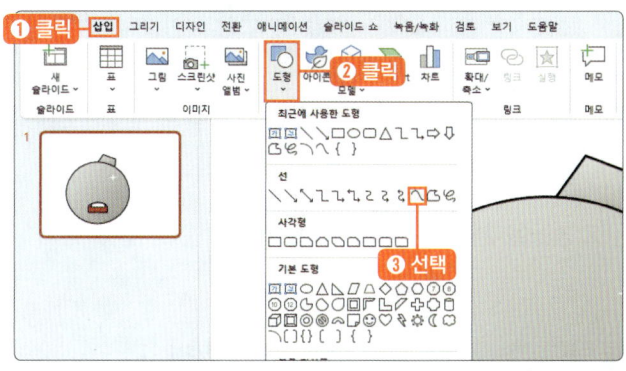
▲ 파워포인트

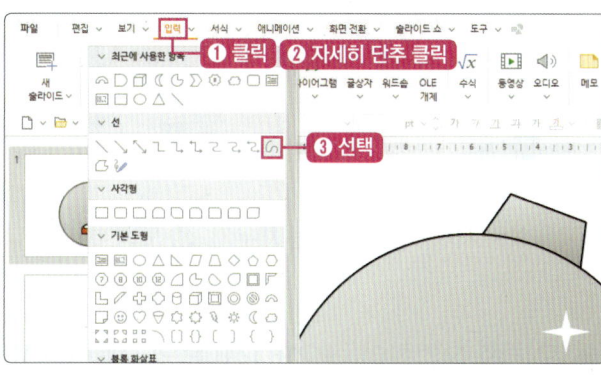
▲ 한쇼

❸ 마우스 커서가 ✛ 모양으로 변경되면 그림과 같이 점을 찍듯이 클릭하여 곡선 모양의 도형을 그린 후, 마지막 점을 더블 클릭하여 도형을 완성합니다.

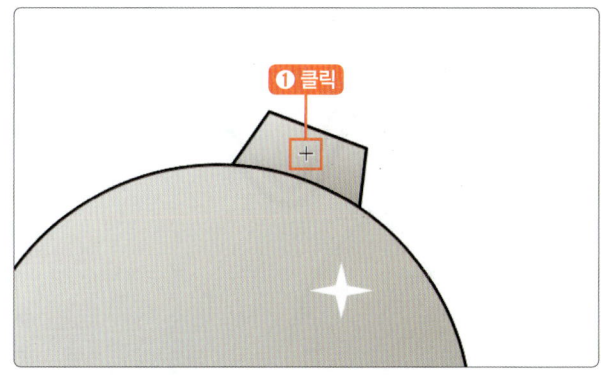
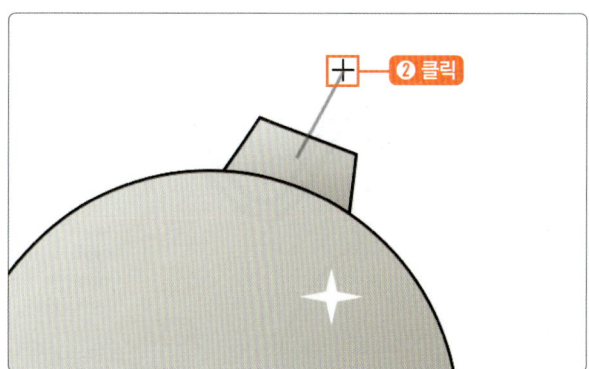
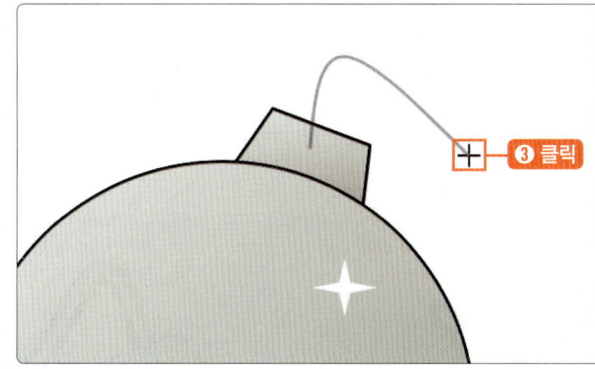
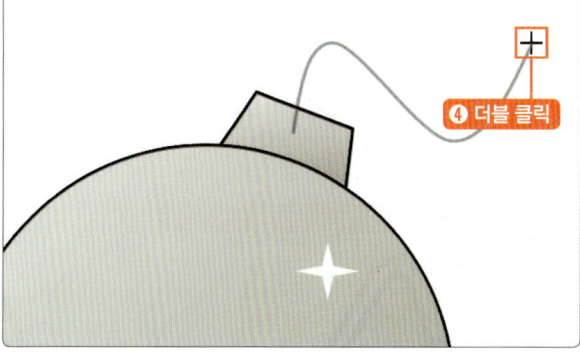

TIP

곡선을 삽입하는 방법

곡선을 그릴 때는 클릭을 하고, 다 그린 후에는 더블 클릭하여 도형을 완성해요.

❹ 삽입된 곡선의 테두리 위에서 마우스 오른쪽 단추를 눌러 바로 가기 메뉴가 나오면 [도형 서식]을 클릭합니다.

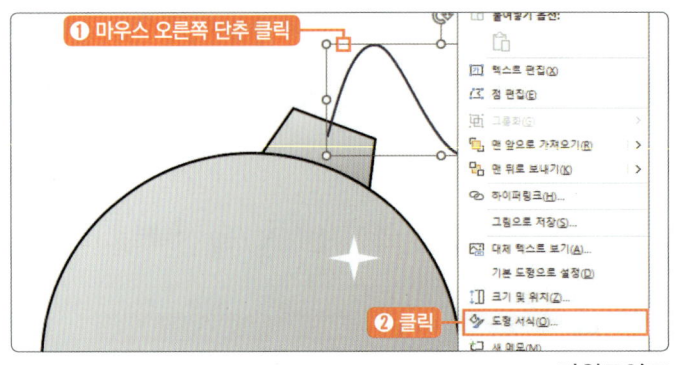
▲ 파워포인트

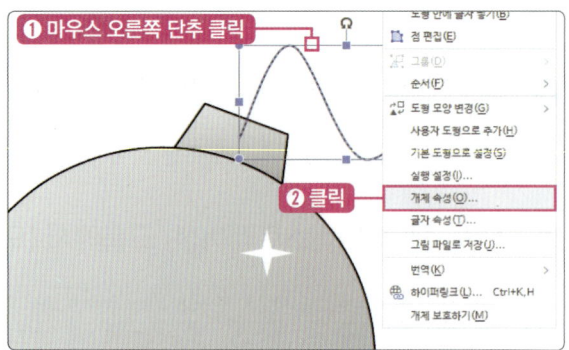
▲ 한쇼

> **TIP**
> 도형 서식 작업창
> 도형 서식 작업창에서는 채우기, 선, 도형 효과 등 다양한 기능들을 한 번에 작업할 수 있어요~

❺ 오른쪽 작업창이 나오면 [선] 탭의 [색( )]을 클릭한 후, '검정, 텍스트 1'을 선택합니다.
(한쇼 : [색]-'어두운 색 1 검정')

❻ 이어서, [너비] 입력 칸에 '20'을 입력하고, [겹선 종류]를 '이중', [끝 모양 종류]를 '원형'으로 각각 선택한 후, 닫기()를 클릭합니다. (한쇼 : [선 굵기]-'20', [끝 모양]-'원형', [겹선 종류]-'이중')

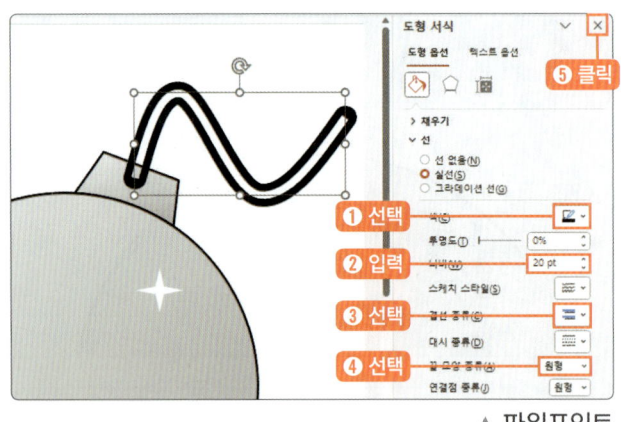
▲ 파워포인트

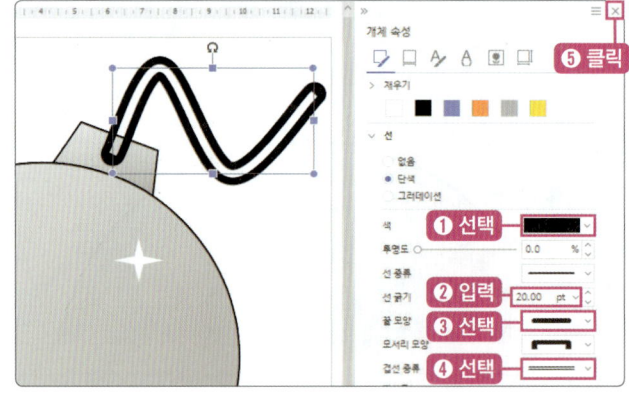
▲ 한쇼

❼ 변경된 곡선의 테두리 위에서 마우스 오른쪽 단추를 눌러 바로 가기 메뉴가 나오면 [맨 뒤로 보내기]를 클릭합니다.

▲ 파워포인트

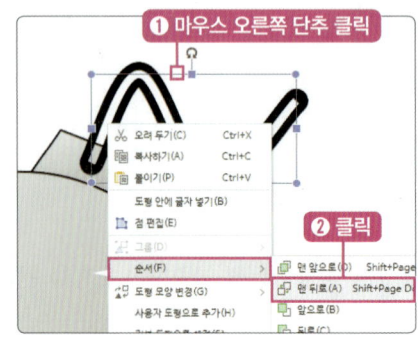
▲ 한쇼

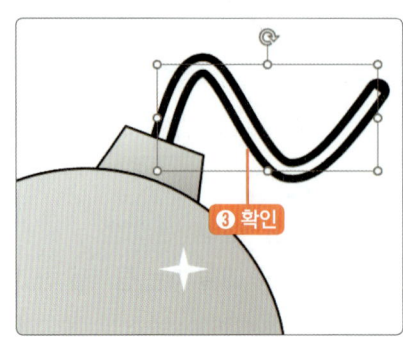

02 도형 효과의 네온 적용하기

❶ [삽입] 탭의 [일러스트레이션] 그룹에서 [도형( )]을 클릭한 후, 기본 도형의 '해( )'를 선택합니다. 이어서, 마우스 커서가 ┼ 모양으로 변경되면 드래그하여 그림과 같이 도형을 삽입합니다.

❷ 도형이 삽입되면 조절점( )을 드래그하여 도형의 크기를 조절합니다. 이어서, 노란색 조절점( )을 오른쪽으로 드래그하여 도형의 두께를 조절한 후, 위치를 변경합니다.

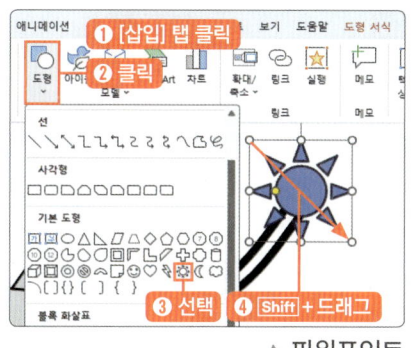
▲ 파워포인트

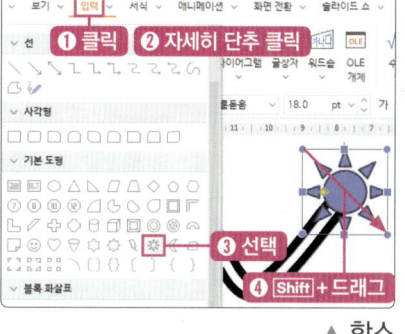
▲ 한쇼

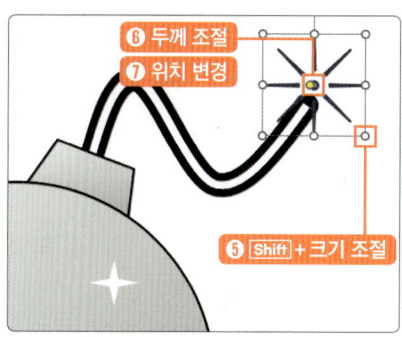

❸ [도형 서식] 탭의 [도형 스타일] 그룹에서 [도형 채우기]를 클릭한 후, '노랑'을 선택합니다. 이어서, [도형 윤곽선]을 클릭한 후, '노랑'을 선택합니다.

❹ [도형 서식] 탭의 [도형 스타일] 그룹에서 [도형 효과]를 클릭합니다. 이어서, [네온( )]을 클릭한 후, '주황, 8pt 네온, 강조색 6'을 선택합니다. (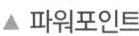 : [도형] 탭-[도형 효과]-[네온]-'강조 색 4, 10 pt')

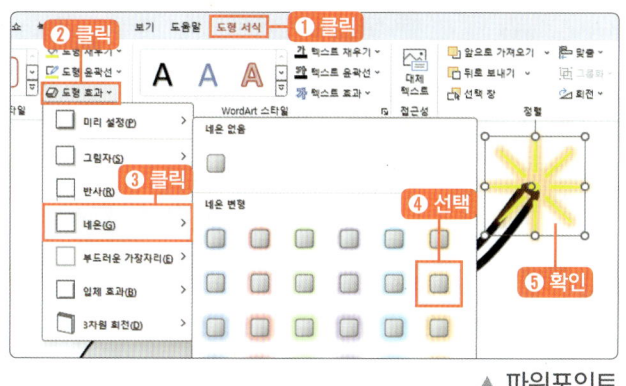
▲ 파워포인트

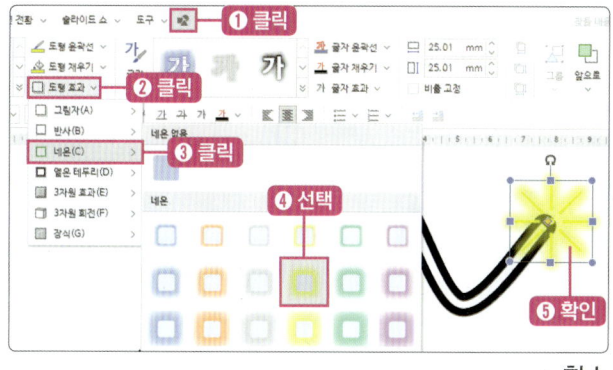
▲ 한쇼

03 슬라이드를 복제한 후, 그림 삽입하기

❶ 왼쪽 슬라이드 미리 보기 창의 [슬라이드 1] 위에서 마우스 오른쪽 단추를 눌러 바로 가기 메뉴가 나오면 [슬라이드 복제]를 클릭한 후, [슬라이드 2]를 클릭합니다. 이어서, 폭탄의 입을 클릭하여 Delete 키를 눌러 삭제합니다.

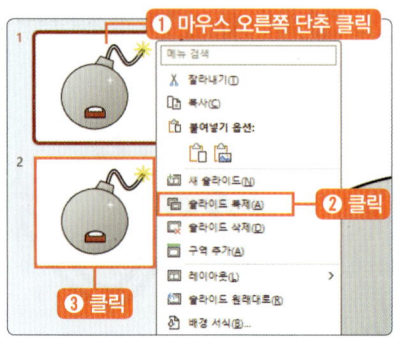
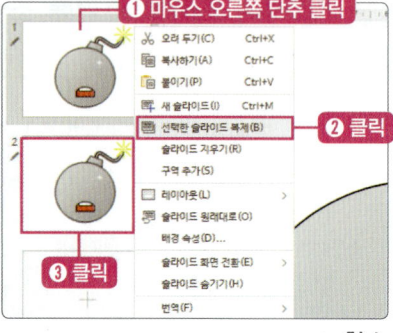

▲ 파워포인트　　▲ 한쇼

❷ 입이 삭제되면 폭탄을 클릭한 후, [도형 서식] 탭의 [도형 스타일] 그룹에서 [도형 채우기]를 클릭합니다. 이어서, [그림()]-[파일에서]를 클릭합니다. (한쇼 : [도형] 탭-[도형 채우기]-'그림()')

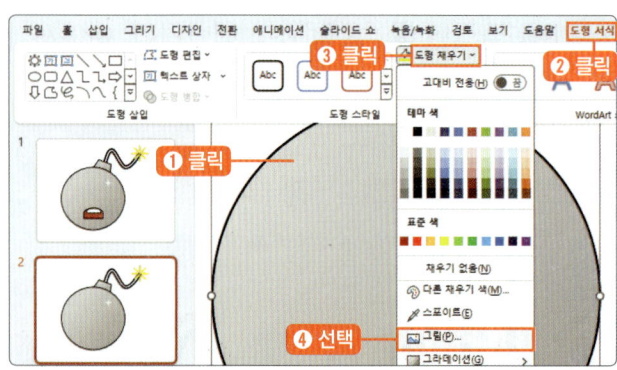
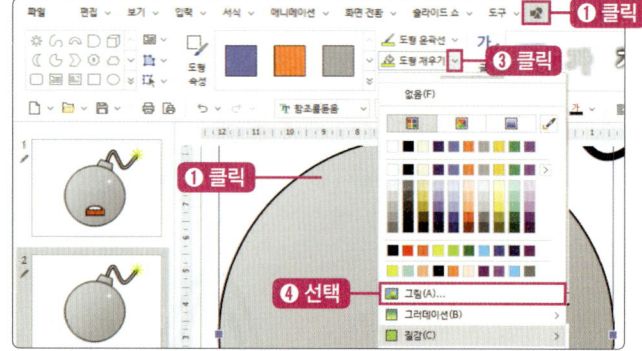

▲ 파워포인트　　▲ 한쇼

❸ [그림 삽입] 대화상자가 나오면 [불러올 파일]-[19장]-'폭탄터짐.jpg' 파일을 선택한 후, <삽입> 단추를 클릭합니다.

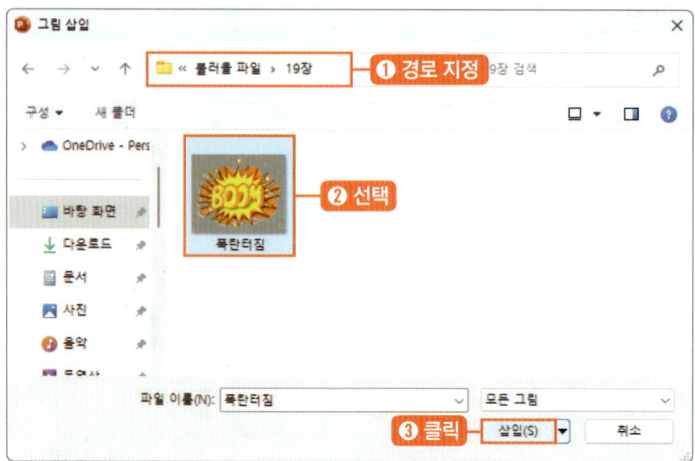

CHAPTER 19 미션 수행하기

01 도형을 이용하여 [슬라이드 1]의 폭탄 얼굴을 완성해 보세요.

- 기본 도형-달(☾) → 드래그 후, 크기 및 위치 조절 → 회전점(⟳)을 드래그하여 도형 회전 → 노란색 조절점(●)을 드래그하여 두께 조절 → 채우기(흰색, 배경 1 ☐) → 윤곽선(검정, 텍스트 1 ■) → 오른쪽으로 복사 → [도형 서식]-[정렬]-[회전(↻)]-'좌우 대칭(▲)'

  ※ 노란색 조절점(●)을 드래그할 때는 위쪽으로 끝까지 드래그하세요.

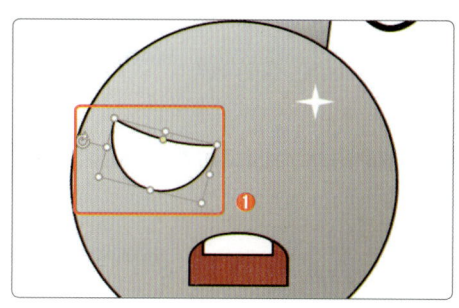 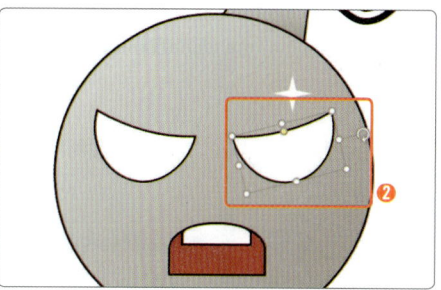

- 왼쪽 눈을 복사 → 드래그 후, 크기 및 위치 조절 → 채우기(검정, 텍스트 1 ■) → 오른쪽으로 복사 → [도형 서식]-[정렬]-[회전(↻)]-'좌우 대칭(▲)'

  ※ Ctrl 키를 누른 채 키보드 방향키(←, →, ↑, ↓)를 누르면 도형의 위치를 세밀하게 조절할 수 있어요.

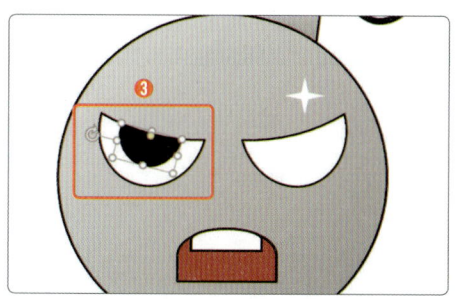 

02 Ctrl+A (모두 선택) → 도형 위에서 마우스 오른쪽 단추 클릭 → [그룹화]-[그룹]

03 완성된 작품을 바탕화면에 자신의 이름으로 된 폴더에 그림으로 저장(장애물1.png, 장애물2.png)한 후, 파일을 저장(폭탄.pptx)해 보세요.

※ [그림으로 저장]할 때는 크기 배율을 '높이 조절 : 50%', '너비 조절 : 50%'로 줄여서 저장하세요.

▲ 장애물1　　▲ 장애물2

그룹 지정 및 저장 방법은 부록의 010~011 페이지를 참고하세요~

CHAPTER 20 움직이는 폭탄을 피해 보물상자 찾기

- 불러올 파일 : 20장 불러올 파일.ent, 장애물1.png, 장애물2.png, 20장 완성파일 미리보기.url
- 완성된 파일 : 20장 완성된 파일.ent

 학습목표
- 변수 값에 따라서 반복을 중단할 수 있어요.
- 이동 방향을 무작위 수로 정해서 회전할 수 있어요.
- 반복이 끝나면 폭탄이 터지는 모습으로 바꾸고 모든 코드를 종료할 수 있어요.

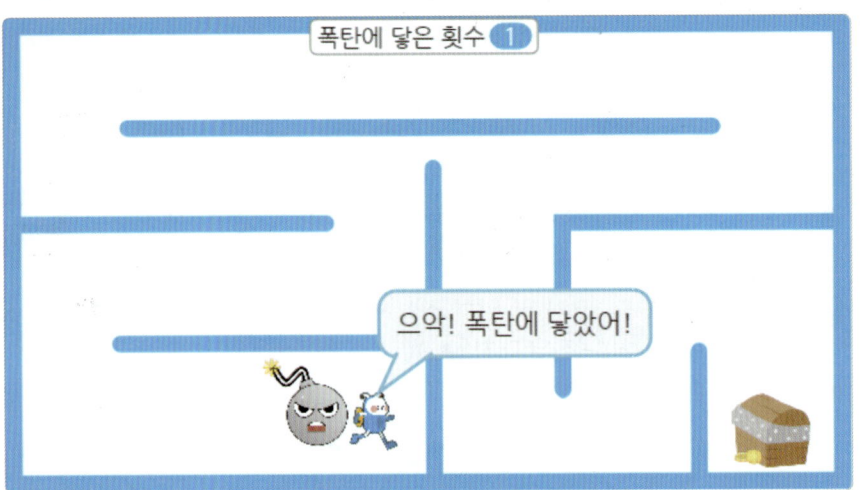

오늘 사용할 명령 블록

명령 블록	블록 꾸러미	설명
`10 = 10`	판단(✓)	왼쪽 값과 오른쪽 값이 같으면 '참'이 돼요.
`폭탄에 닿은 횟수▼ 값`	자료(?)	선택된 변수에 저장된 값이에요.
`0 부터 10 사이의 무작위 수`	계산(🔢)	입력한 두 숫자의 사이에서 선택된 무작위 숫자예요.
`장애물1▼ 모양으로 바꾸기`	생김새(♣)	오브젝트를 선택한 모양으로 바꿔요.

오늘 코딩할 내용 알아보기

[폭탄] 오브젝트가 화면을 이동하다가 벽에 닿으면 무작위 방향으로 이동 방향을 바꾸고, [엔트리봇] 오브젝트에 '3'번 닿으면 터지는 모양으로 바꾸고 크기가 커지도록 코딩해요

 [폭탄] 오브젝트 : 실행 화면을 이동하다가 [엔트리봇]에 '3'번 닿으면 크기가 커지고 터지는 모양으로 바뀌어요.
[엔트리봇] 오브젝트 : 키보드의 화살표 키를 이용하여 이동해요. [미로] 오브젝트나 [폭탄]에 닿으면 처음 시작 위치로 돌아가요.
[보물상자] 오브젝트 : [엔트리봇] 오브젝트가 닿으면 열리는 모양으로 바뀌어요.
[미로] 오브젝트 : 미로의 벽들을 보여주는 배경이에요.

01 기본 작업하기

❶ 엔트리(Entry)를 실행한 후, [불러올 파일]-[20장]-'20장 불러올 파일.ent'를 불러옵니다. 이어서, 19장에서 만들었던 '장애물1.png'를 오브젝트로 추가합니다. 만일 이미지 파일이 없다면 [불러올 파일]-[20장]-'장애물1.png'를 추가합니다.

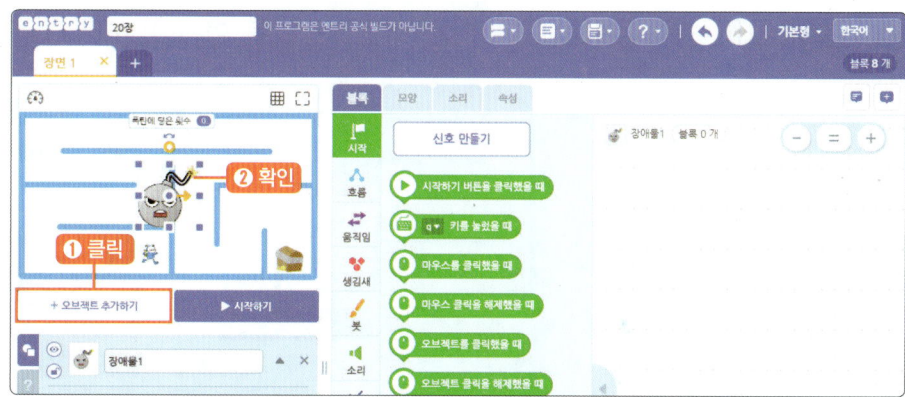

❷ 19장에서 만들었던 '장애물2.png'를 모양으로 추가합니다. 만일 이미지 파일이 없다면 [불러올 파일]-[20장]-'장애물2.png'를 추가합니다. 모양이 추가되면 다시 '장애물1' 모양을 선택한 후, [장애물1] 오브젝트의 이름을 '폭탄', 크기는 '50'으로 각각 변경하고 회전방식에서 ↔ 을 클릭합니다.

※ 회전방식에서 ↔ 을 클릭하면 오브젝트의 방향과 모양이 좌우로만 바뀌어요.

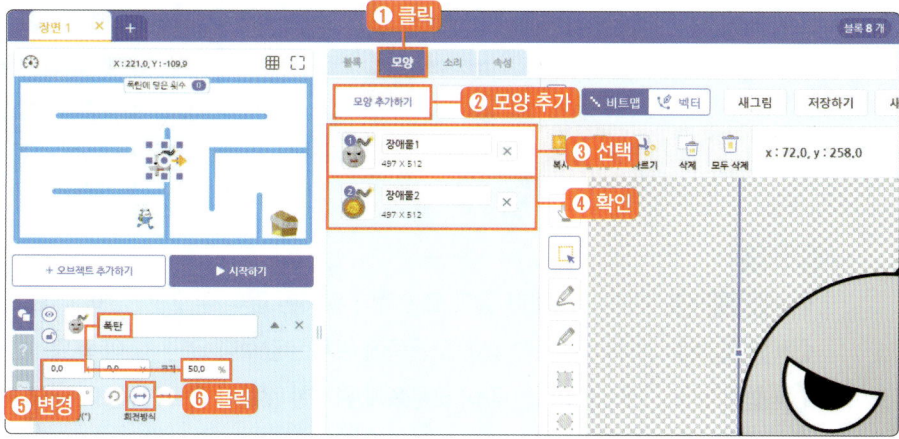

02 변수 값이 '3'과 같으면 폭탄이 터지도록 코딩하기

❶ 기본 작업이 끝나면 [블록] 탭을 클릭한 후, [시작(🏁)] 블록 꾸러미에서 ▶시작하기 버튼을 클릭했을 때 를 [블록 조립소]로 가져다 놓습니다.

※ 코딩하는 도중에 작품을 실행하려면 오브젝트를 추가한 후, 148 페이지의 7번을 먼저 작업해주세요.

❷ [흐름(△)] 블록 꾸러미에서 [참 이 될 때까지▼ 반복하기] 를 연결합니다.

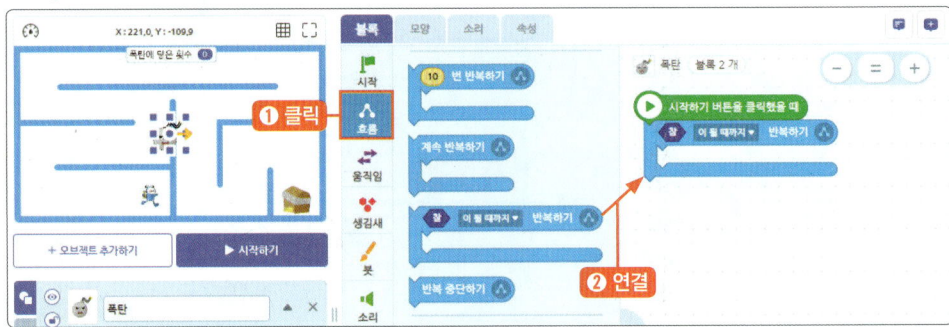

❸ [판단(✓)] 블록 꾸러미에서 [10 = 10] 을 '참'의 위치에 끼워 넣은 후, 두 번째 '10'을 '3'으로 변경합니다.

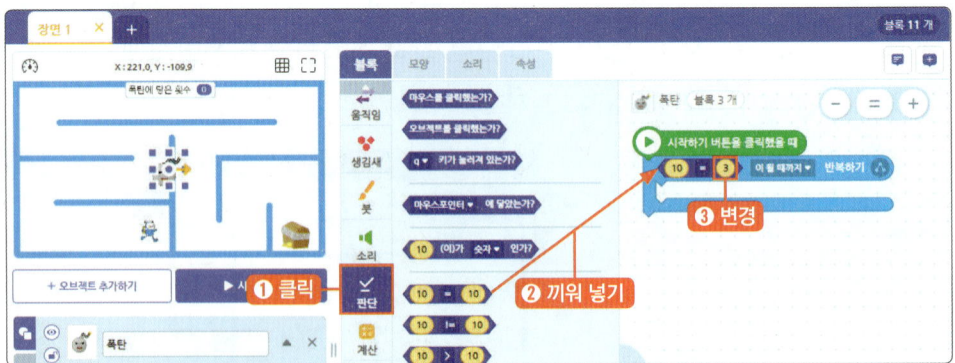

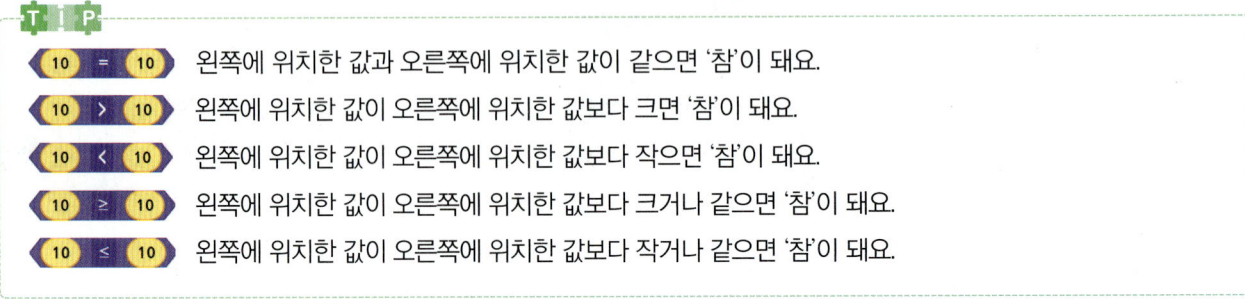

❹ [자료(?)] 블록 꾸러미에서 `폭탄에 닿은 횟수▼ 값` 을 첫 번째 '10'의 위치에 끼워 넣습니다.

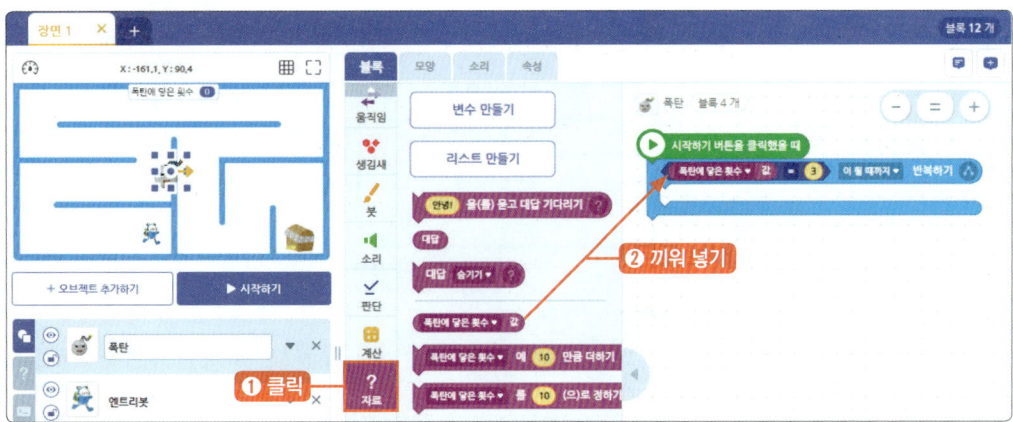

코 딩 풀 이

`폭탄에 닿은 횟수▼ = 3 이 될 때까지▼ 반복하기` 이 블록은 '폭탄에 닿은 횟수' 변수의 값이 '3'이면 반복을 종료해요. 하지만 감싸인 블록이 아직 없어서 아무것도 실행하지 않아요.

❺ [생김새( )] 블록 꾸러미에서 `장애물1▼ 모양으로 바꾸기` 를 연결한 후, `장애물1▼` 을 클릭하여 선택 메뉴가 나오면 '장애물2'를 선택합니다.

TIP
코딩할 때 한 가지 기능을 완성하고 다른 기능을 코딩하는 것이 좋아요. 그렇지 않으면 내가 어떤 기능을 코딩하려 했는지 헷갈릴 수가 있어요. 이번 CHAPTER에서는 다음 페이지의 ❸번을 먼저 코딩해도 상관없습니다.

❻ [생김새( )] 블록 꾸러미에서 `크기를 10 만큼 바꾸기` 를 연결한 후, '10'을 '100'으로 변경합니다.

❼ [흐름( )] 블록 꾸러미에서 모든 코드 멈추기 를 연결합니다.

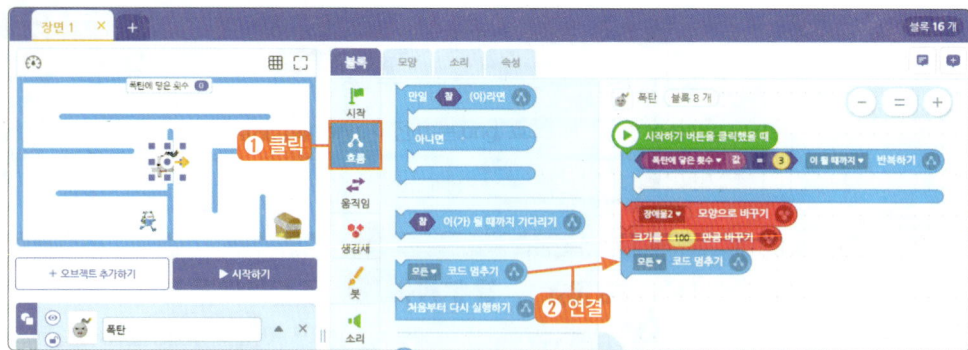

> **코딩풀이**
> '폭탄에 닿은 횟수'가 '3'이면 [폭탄] 오브젝트를 터지는 모양으로 바꾸고 크기를 '100' 만큼 크게 바꿔요. 그리고 마지막으로 모든 코드를 종료해요.

03 [폭탄] 오브젝트가 화면을 무작위 방향으로 튕기면서 이동하도록 코딩하기

❶ [움직임( )] 블록 꾸러미에서 화면 끝에 닿으면 튕기기 를 연결합니다.

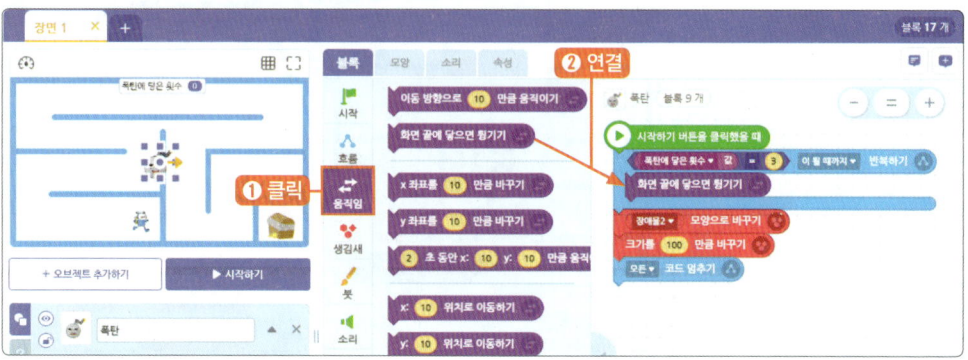

❷ [움직임( )] 블록 꾸러미에서 이동 방향으로 10 만큼 움직이기 를 연결한 후, '10'을 '3'으로 변경합니다.

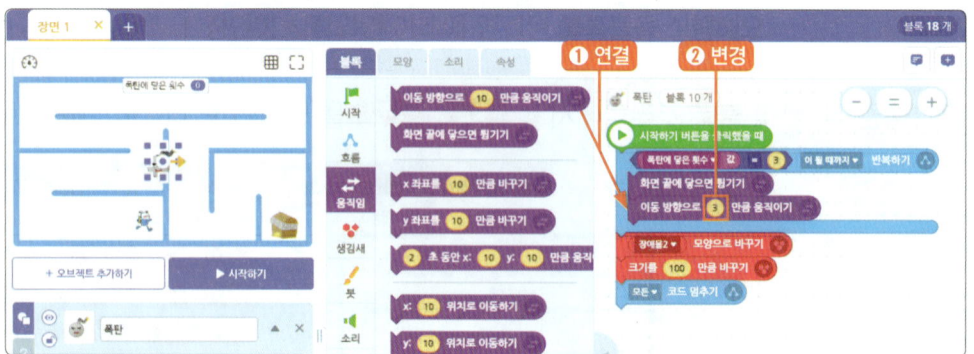

> **코딩풀이**
> '폭탄에 닿은 횟수' 변수의 값이 '3'이 되기 전까지 화면을 이동 방향으로 '3' 만큼 이동해요. 이동하는 도중에 화면 끝에 닿으면 튕겨요.

❸ [흐름( )] 블록 꾸러미에서 `만일 참 (이)라면`을 연결합니다.

❹ [판단( )] 블록 꾸러미에서 `마우스포인터▼ 에 닿았는가?`를 '참'의 위치에 끼워 넣은 후, `마우스포인터▼`를 클릭하여 선택 메뉴가 나오면 '벽'을 선택합니다.

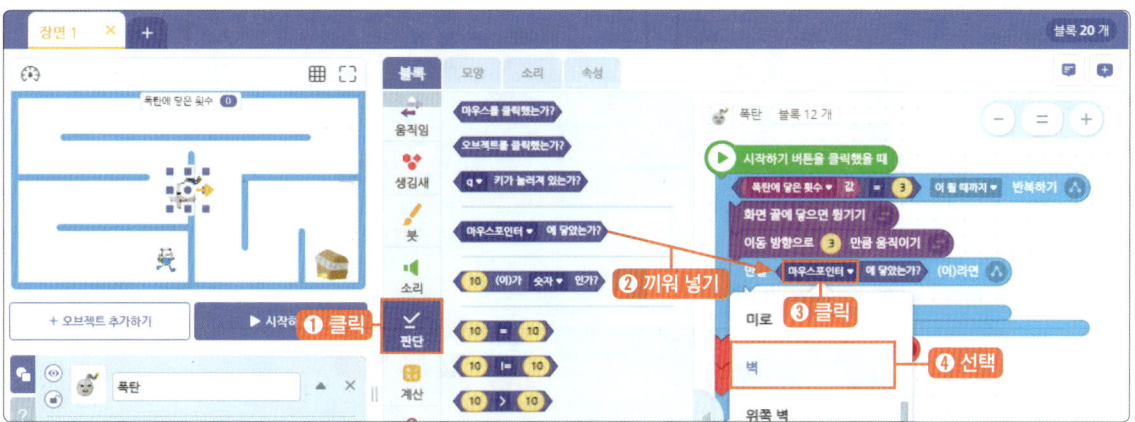

❺ [움직임( )] 블록 꾸러미에서 `이동 방향을 90° 만큼 회전하기`를 연결합니다.

코딩풀이

화면을 이동하다가 벽에 닿으면 튕기고 그 다음 이동 방향을 바꿔요. 여기서 `화면 끝에 닿으면 튕기기` 블록은 오브젝트가 벽에 닿으면 반대로 튕기도록 해줘요. 이 블록을 사용하지 않으면 [폭탄] 오브젝트가 벽에 닿았을 때 실행 화면 밖으로 나가버릴 수가 있어요.

❻ [계산( )] 블록 꾸러미에서 를 '90°'의 위치에 끼워 넣은 후, 두 번째 '10'을 '60'으로 변경합니다.

❼ [오브젝트 목록]에서 [엔트리봇] 오브젝트를 선택한 후, 을 클릭하여 선택 메뉴가 나오면 '폭탄'을 선택합니다.

❽ 코딩이 완료되면 를 클릭하여 [폭탄] 오브젝트가 화면을 이동하다가 벽에 닿으면 무작위 방향으로 튕기고, [엔트리봇] 오브젝트에 '3'번 닿으면 터지는지 확인합니다. 이어서, 바탕화면에 자신의 이름으로 된 폴더에 '20장-홍길동.ent'로 저장합니다.

CHAPTER 20 문제해결능력 미션 수행하기

■ 불러올 파일 : 20장-1 불러올 파일.ent   ■ 완성된 파일 : 20장-1 완성된 파일.ent

01 동전을 추가해서, 동전을 먹으면, 폭탄이 잠시 안 보여요.

- 동전 오브젝트 추가하기
- 동전이 엔트리봇과 만나면 사라진 후, 신호보내기
- 폭탄 보이지 않게 코딩하기

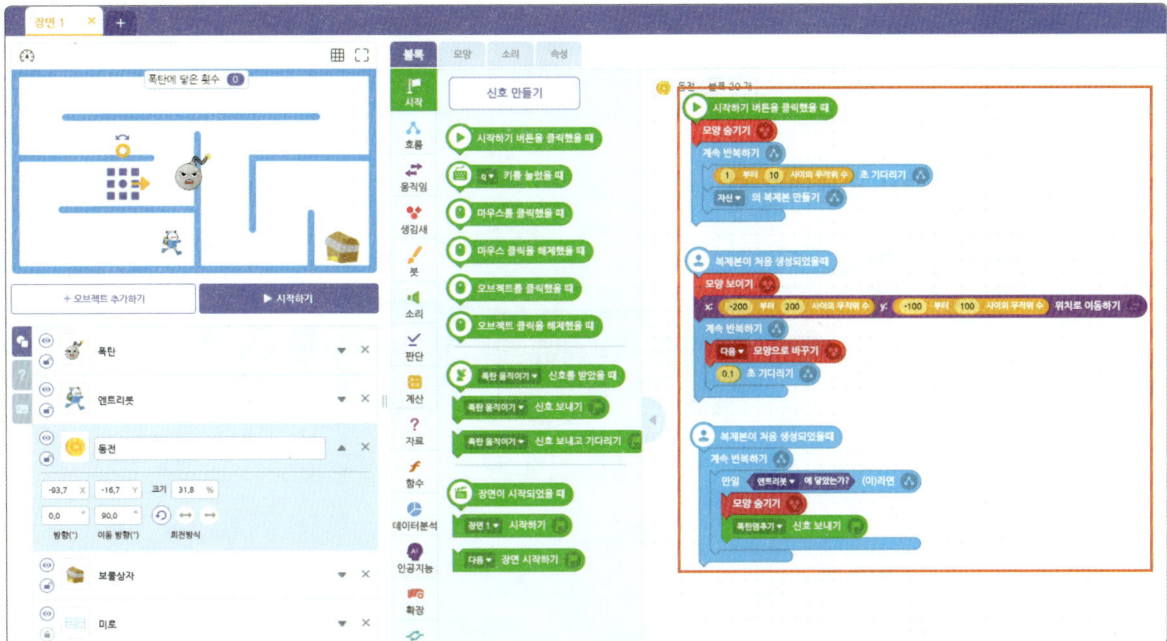

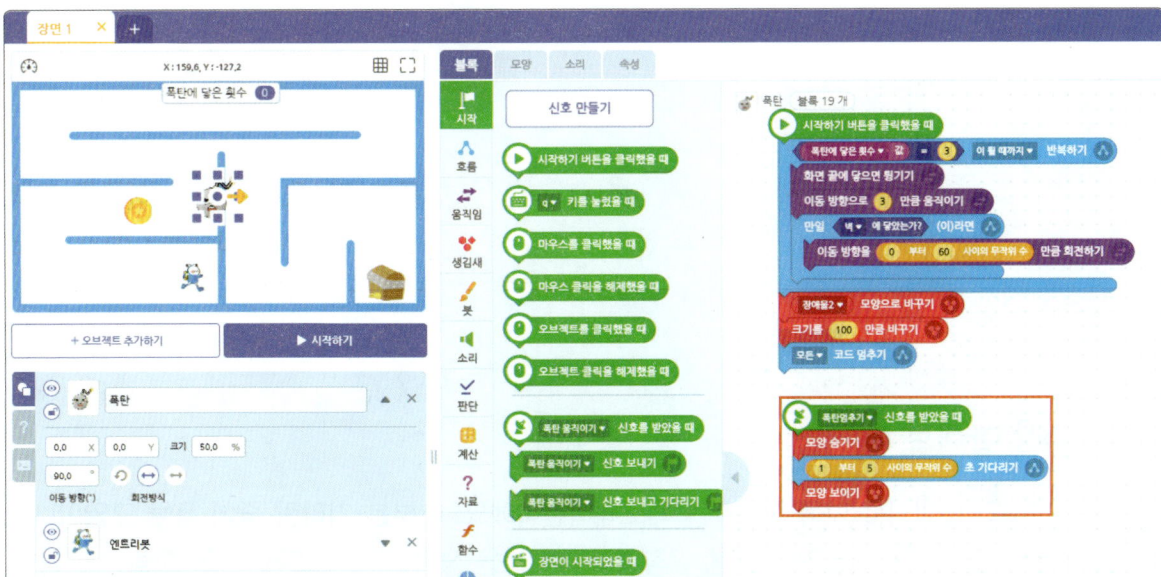

CHAPTER 20 움직이는 폭탄을 피해 보물상자 찾기 **149**

CHAPTER 21 — HAPPY 가랜드

■ 불러올 파일 : 해피가랜드.pptx   ■ 완성된 파일 : 해피가랜드(완성).pptx, 생일축하.png

학습목표
- 워드아트의 스타일을 지정할 수 있어요.
- 도형에 패턴을 채울 수 있어요.

오늘 배울 내용 알아보기

가랜드는 파티의 분위기를 더욱 살려주는 데코레이션이에요. 대부분 기다란 줄에 동물 모양이나 꽃 모양, 깃발 모양 등의 플래그가 매달려 있으며, 천장이나 테이블을 장식해주는 소품이에요. 오늘은 다양한 채우기 기능을 이용하여 예쁜 가랜드를 완성해 볼 거예요. 이번 CHAPTER에서 만드는 작품은 엔트리에서 생일 축하 파티 소품으로 이용될 거예요. 지금부터 파워포인트 2021을 이용하여 HAPPY 가랜드를 완성해 볼까요?

01 워드아트 스타일 적용 후, 글꼴 서식 변경하기

❶ 파워포인트 2021()을 실행한 후, [열기]-[찾아보기]-[불러올 파일]-[19장]의 '폭탄.pptx' 파일을 불러옵니다.

❷ 슬라이드 아래쪽의 도형(5개)을 그림과 같이 드래그하여 모두 선택합니다.

❸ [도형 서식] 탭의 [WordArt 스타일] 그룹의 자세히 단추(▼)를 클릭한 후, '채우기 – 검정, 텍스트 1, 윤곽선 – 배경 1, 진한 그림자 – 배경 1(A)'를 선택합니다.

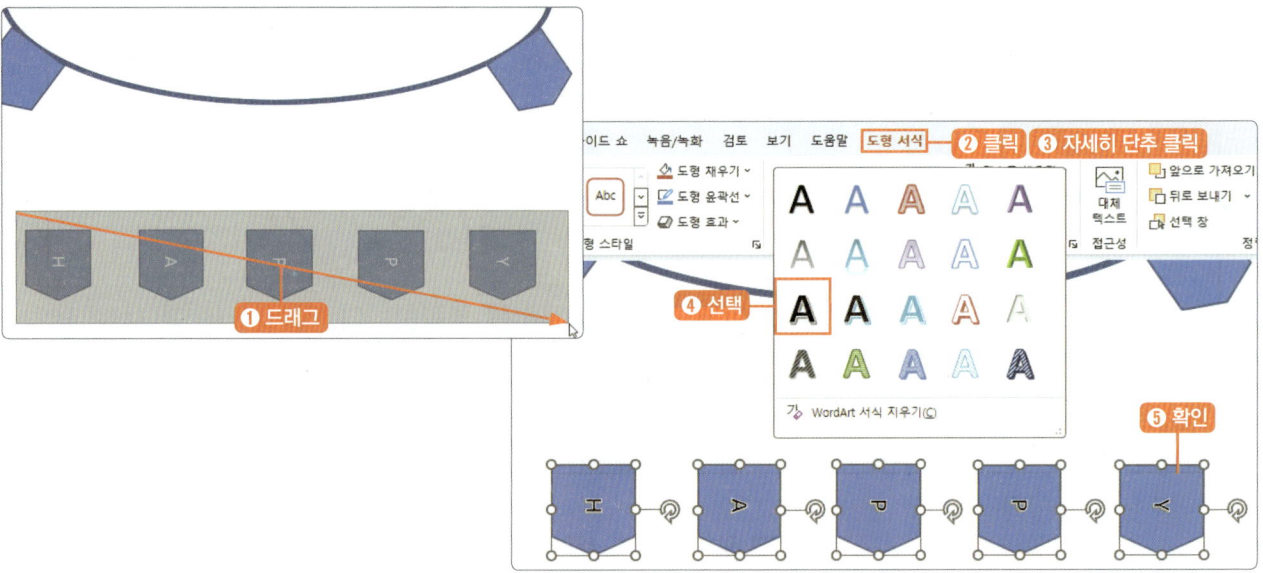

> **TIP**
> **워드아트**
> [삽입] 탭의 [텍스트] 그룹에서 'WordArt( )'를 클릭하면 워드아트를 새롭게 작성할 수 있답니다~!

❹ [홈] 탭의 [글꼴] 그룹에서 '글꼴'의 목록 단추(▼)를 클릭한 후, 'HY견고딕'을 선택합니다. 이어서, '글꼴 크기'를 클릭한 후, '54'를 입력합니다. (한쇼 : 서식 도구상자-'글꼴(HY견고딕)', '글자 크기(54)')

※ 아래 다섯 개의 도형이 모두 선택된 상태에서 작업해요.

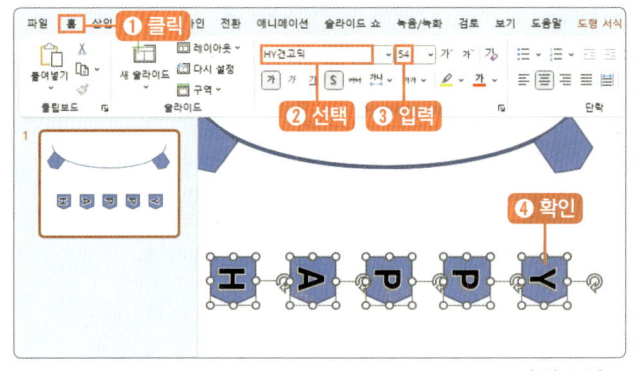

▲ 파워포인트

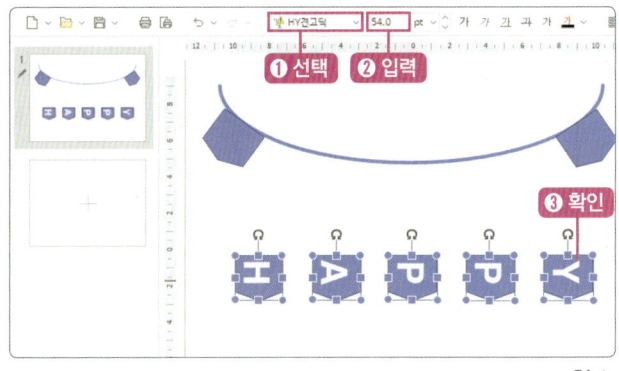

▲ 한쇼

CHAPTER 21 HAPPY 가랜드 **151**

❺ 도형 안의 텍스트를 회전하기 위해 [홈] 탭의 [단락] 그룹에서 [텍스트 방향(갸)]을 클릭한 후, '모든 텍스트 270도 회전( )'을 선택합니다. 이어서, Esc 키를 눌러 모든 선택을 해제합니다.

(한쇼 : [도형] 탭-[도형 속성]-[글상자]-'글자 방향(세로형)')

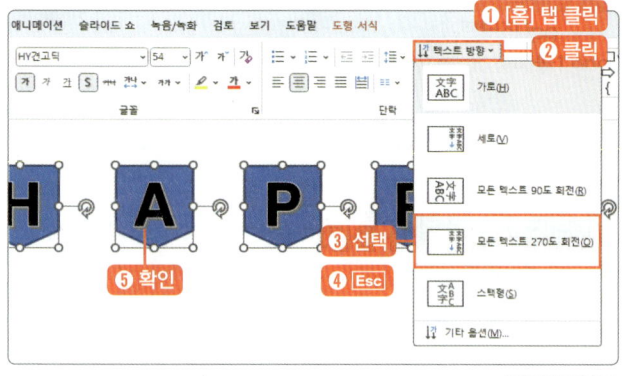
▲ 파워포인트

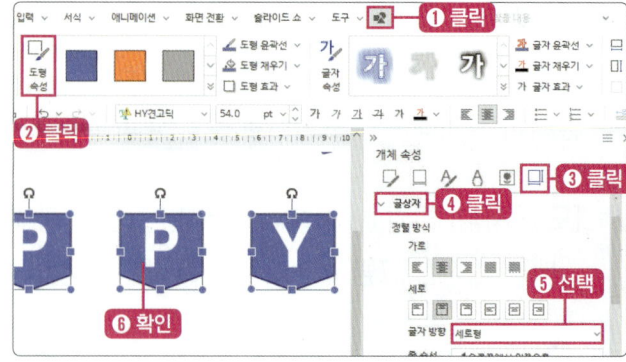
▲ 한쇼

02 도형 채우기와 텍스트 채우기

❶ 도형의 채우기 색을 변경하기 위해 첫 번째 도형의 테두리를 클릭합니다. 이어서, [도형 서식] 탭의 [도형 스타일] 그룹에서 [도형 채우기]를 클릭한 후, '주황'을 선택합니다. (한쇼 : [도형 채우기]-노랑)

❷ 텍스트 색상을 변경하기 위해 [도형 서식] 탭의 [WordArt 스타일] 그룹에서 [텍스트 채우기]를 클릭한 후, '빨강'을 선택합니다. (한쇼 : [글자 채우기]-빨강)

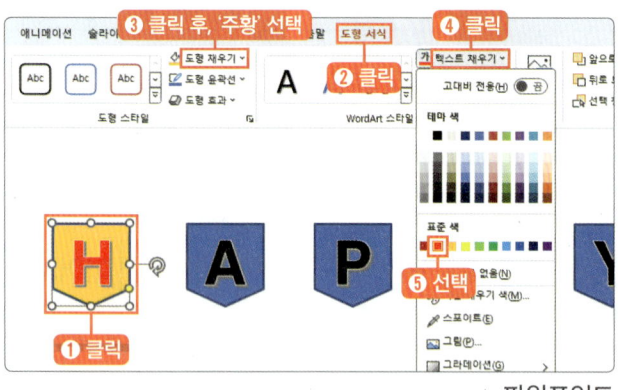
▲ 파워포인트

▲ 한쇼

❸ 두 번째 도형의 테두리를 클릭합니다. 이어서, [도형 서식] 탭의 [도형 스타일] 그룹에서 [도형 채우기]를 클릭한 후, '다른 채우기 색( )'을 선택합니다.

④ [색] 대화상자가 나오면 [표준] 탭을 클릭하여 '보라색' 계열의 색상을 선택한 후, <확인> 단추를 클릭합니다.

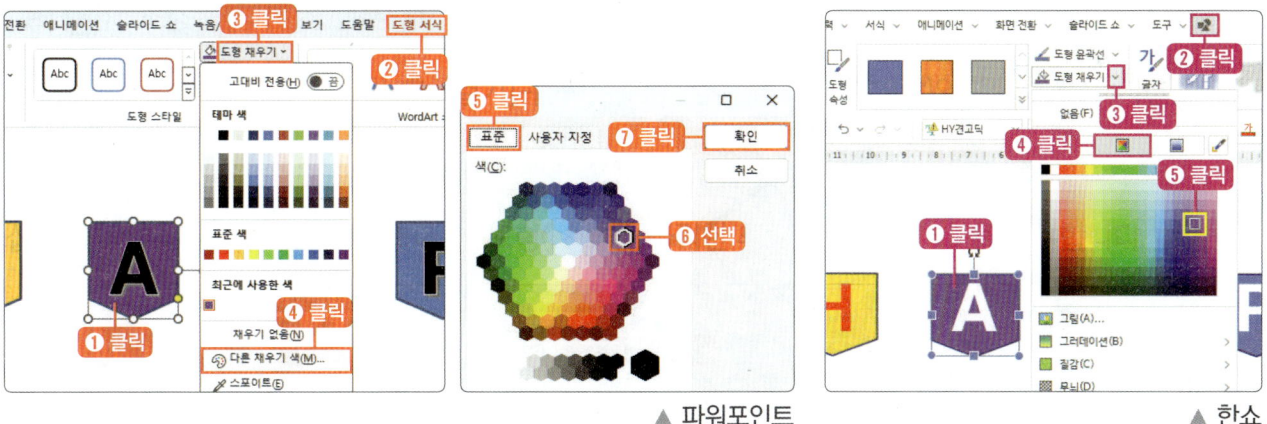
▲ 파워포인트　　　▲ 한쇼

⑤ 두 번째 도형의 텍스트 색상을 변경하기 위해 [도형 서식] 탭의 [WordArt 스타일] 그룹에서 [텍스트 채우기]를 클릭한 후, '다른 채우기 색( )'을 선택합니다.

⑥ [색] 대화상자가 나오면 [사용자 지정] 탭을 클릭하여 그림과 같이 녹색 계열의 색상을 선택합니다. 이어서, 오른쪽 색의 농도를 가운데로 지정한 후, <확인> 단추를 클릭합니다. (한쇼 : [도형] 탭-[글자 채우기]-[팔레트])

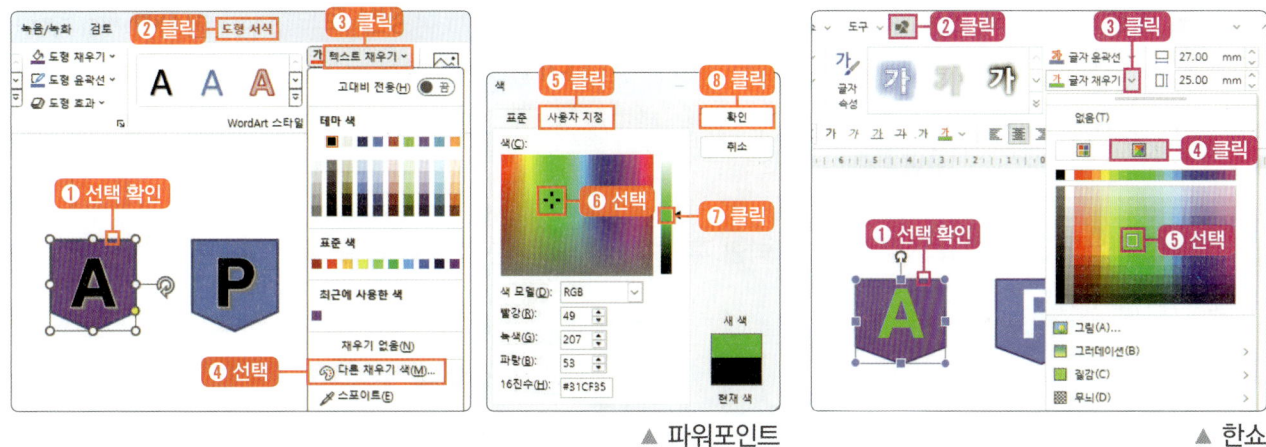
▲ 파워포인트　　　▲ 한쇼

TIP

다른 채우기 색( )
① 채우기 색 목록에서 '다른 채우기 색( )'을 선택하면 '테마 색'이나 '표준 색' 외에 [표준] 탭과 [사용자 지정] 탭에서 더 다양한 색상을 선택할 수 있어요.
② [사용자 지정]에서 색을 선택할 경우 오른쪽 색 농도(기본값 흰색)를 조절하여 색을 지정할 수 있어요.

03 패턴 채우기

① 그림과 같이 슬라이드 위쪽의 도형 위에서 마우스 오른쪽 단추를 눌러 바로 가기 메뉴가 나오면 [도형 서식]을 클릭합니다. (한쇼 : [개체 속성])

❷ 오른쪽 작업창이 나오면 [채우기]에서 [패턴 채우기]를 클릭한 후, 패턴을 '큰 다이아몬드 눈금(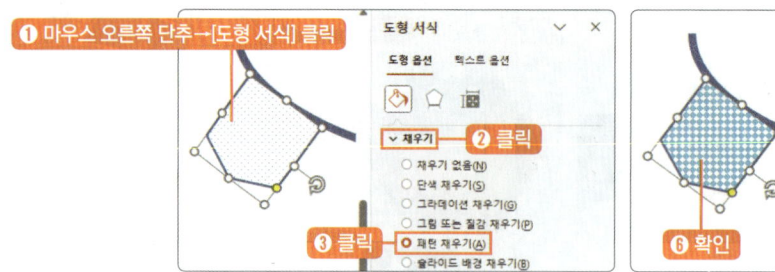)'으로 선택합니다. 이어서, [전경색]을 '흰색, 배경 1( )'로 선택하고, [배경색]을 '바다색, 강조 5( )'로 선택한 후, 닫기(✕)를 클릭합니다. (한쇼 : [채우기] 탭-'무늬(무늬48)', '전경색(밝은 색 1 하양)', '배경색(초록)'

▲ 파워포인트

▲ 한쇼

04 도형 위치 변경하기

❶ 아래쪽 가운데 도형('P')의 테두리를 클릭한 후, Shift 키를 누른 채 위쪽으로 드래그하여 그림과 같이 위치를 변경합니다.

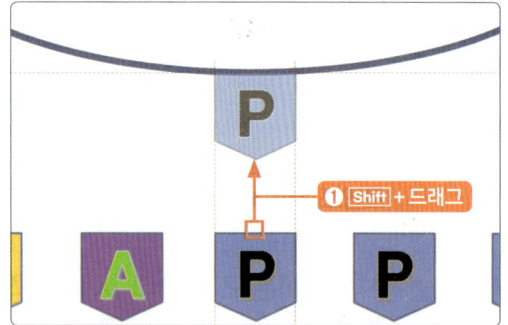 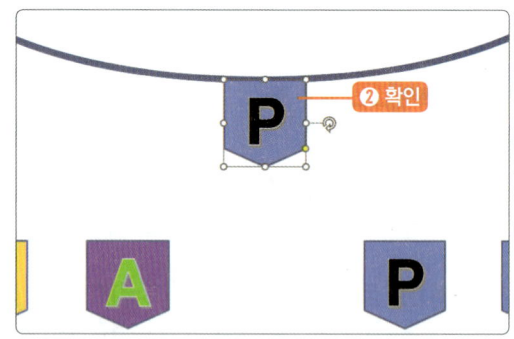

❷ 이어서, 나머지 도형의 위치를 그림과 같이 변경합니다.

※ 회전점(⟲)을 드래그하여 도형을 회전하며, Ctrl 키를 누른 채 키보드 방향키(←, →, ↑, ↓)를 눌러 도형의 위치를 세밀하게 조절해요.

CHAPTER 21 문제해결능력 미션 수행하기

01 이번 CHAPTER에서 배운 [도형 채우기], [텍스트 채우기], [패턴 채우기] 기능 등을 이용하여 HAPPY 가랜드를 예쁘게 완성해 보세요.

02 `Ctrl`+`A` (모두 선택) → 도형 위에서 마우스 오른쪽 단추 클릭 → [그룹화]-[그룹]

※ 글자 위에서 마우스 오른쪽 단추를 누르면 안돼요. 꼭 도형의 테두리 위에서 마우스 오른쪽 단추를 눌러요.

03 완성된 작품을 바탕화면에 자신의 이름으로 된 폴더에 그림으로 저장(생일축하.png)한 후, 파일을 저장(해피가랜드.pptx)해 보세요.

※ 이번 CHAPTER는 크기 배율을 조절하지 않은 채 [그림으로 저장]을 작업해요~

▲ 파워포인트

▲ 한쇼

그룹 지정 및 저장 방법은 부록의 010~011 페이지를 참고하세요~

누가 생일케이크를 먹었는지 맞추기

■ 불러올 파일 : 22장 불러올 파일.ent, 생일축하.png, 22장 완성파일 미리보기.url
■ 완성된 파일 : 22장 완성된 파일.ent

학습목표
- 오브젝트에 다양한 효과들을 적용할 수 있어요.
- y 좌표의 일정 범위 내에서만 움직이도록 조건을 만들 수 있어요.
- 코드를 복사하여 다른 곳에 붙여넣기한 후, 수정할 수 있어요.

오늘 사용한 명령 블록

명령 블록	블록 꾸러미	설 명
생일축하▼ 의 y좌푯값▼	계산( )	선택한 오브젝트 또는 자신의 각종 정보(x 좌표, y 좌표, 방향, 이동 방향, 크기, 모양 번호, 모양 이름)예요.
밝기▼ 효과를 10 만큼 주기	생김새( )	오브젝트에 밝기 효과를 입력한 값만큼 줘요.
투명도▼ 효과를 10 만큼 주기	생김새( )	오브젝트에 투명도 효과를 입력한 값만큼 줘요.

오늘 코딩한 내용 알아보기

[생일축하] 오브젝트가 실행 화면 위쪽에서 좌우로 움직이고, 밝기 효과와 투명도 효과를 주었다가 원래대로 돌아오는 것을 반복하도록 코딩해요.

- **[생일축하] 오브젝트** : 실행 화면 위쪽에서 좌·우로 움직이며 밝고 투명해졌다가 다시 원래대로 돌아오는 것을 반복해요.
- **[생일케이크] 오브젝트** : 실행 화면이 어두워지면 누군가 먹은 모양으로 바뀌어요.
- **[깜깜함] 오브젝트** : [확인 버튼]을 누르면 실행 화면이 어두워지도록 모습을 나타내요.
- **[여자아이] 오브젝트** : 생일파티에 놀러온 여자아이를 보여줘요.
- **[남자아이] 오브젝트** : 어두워지면 누군가 케이크를 먹었다고 말해요.
- **[확인 버튼] 오브젝트** : 클릭하면 화면이 어두워져요.
- **[보조테이블] 오브젝트** : 케이크가 올라와 있는 테이블이에요.
- **[생일인 아이] 오브젝트** : 생일파티의 주인공이에요.
- **[생일파티 배경] 오브젝트** : 생일파티 배경을 보여줘요.

01 기본 작업하기

❶ 엔트리(Entry)를 실행한 후, [불러올 파일]-[22장]-'22장 불러올 파일.ent'를 불러옵니다. 이어서, 21장에서 만들었던 '생일축하.png'를 오브젝트로 추가합니다. 만일 이미지 파일이 없다면 [불러올 파일]-[22장]-'생일축하.png'를 추가합니다.

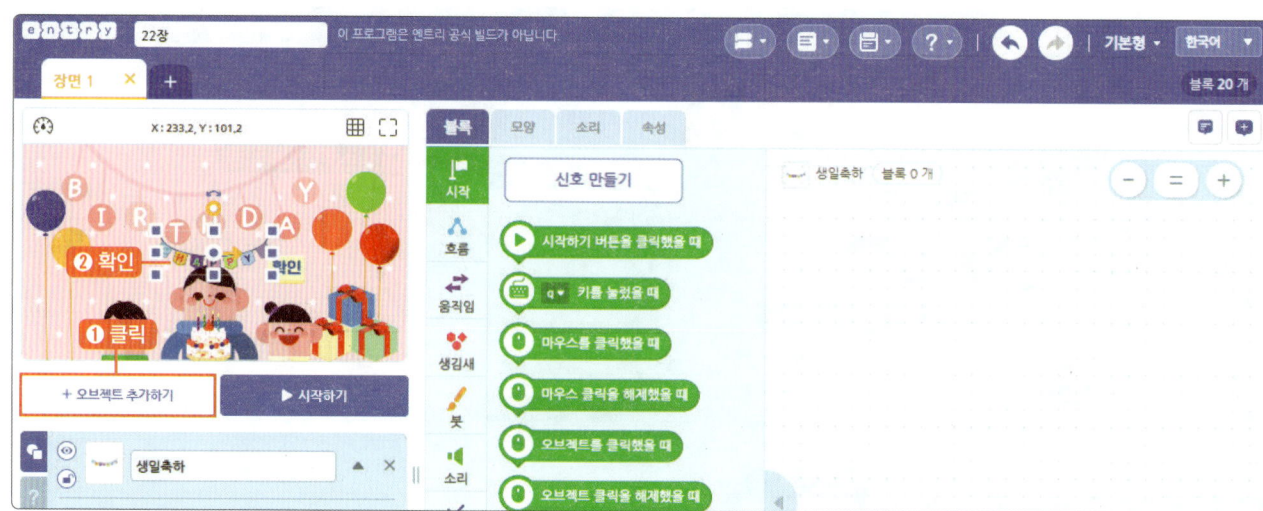

❷ 오브젝트가 추가되면 크기는 '220', Y를 '110'으로 각각 변경하고 회전방식에서 ↔을 클릭합니다.

※ 회전방식에서 ↔을 클릭하면 오브젝트의 방향이 바뀌지 않아요.

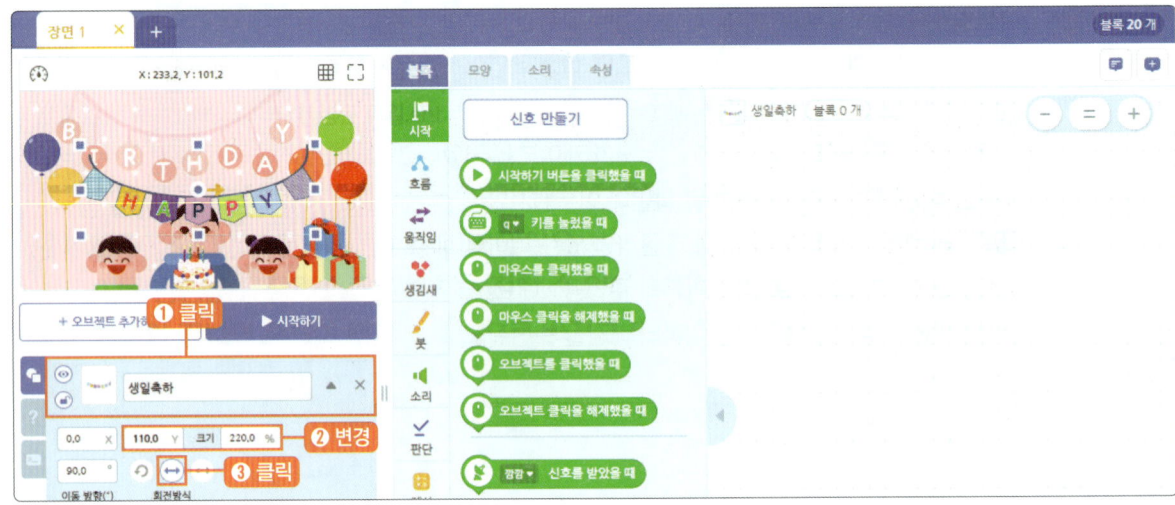

02 [생일축하] 오브젝트가 아래로 내려가면서 밝고 투명해지도록 코딩하기

❶ 기본 작업이 끝나면 [시작(🚩)] 블록 꾸러미에서 [시작하기 버튼을 클릭했을 때]를 [블록 조립소]로 가져다 놓습니다.

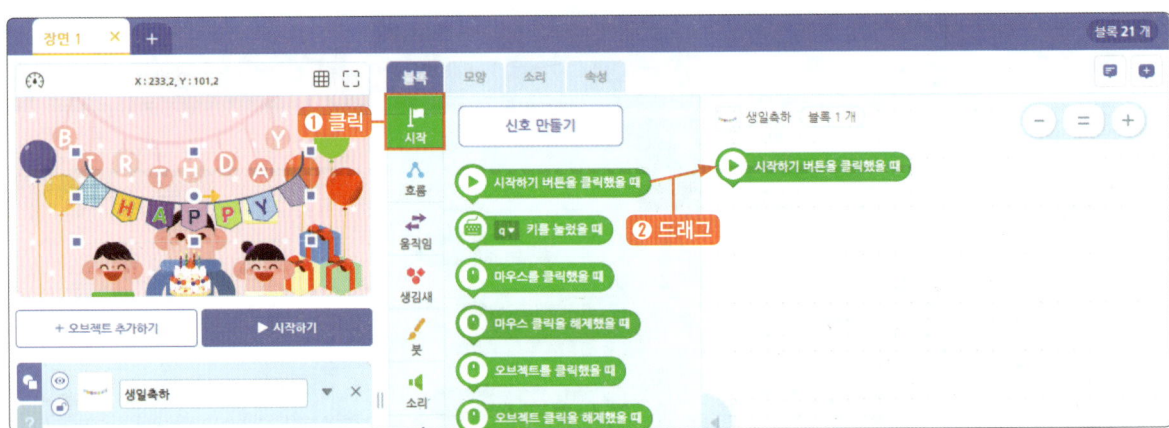

❷ [흐름(⋏)] 블록 꾸러미에서 [계속 반복하기]를 연결합니다.

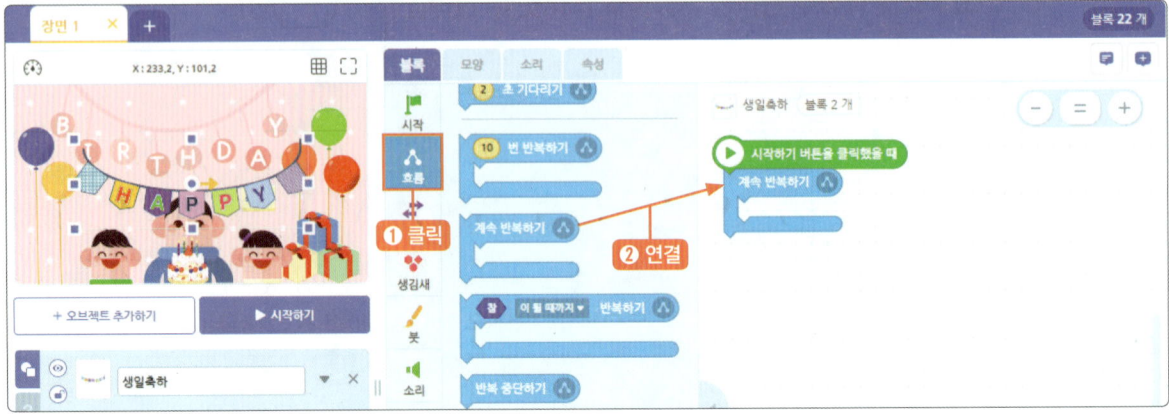

❸ [흐름( )] 블록 꾸러미에서 를 연결합니다.

❹ [판단( )] 블록 꾸러미에서 을 '참'의 위치에 끼워 넣은 후, 두 번째 '10'을 '80'으로 변경합니다.

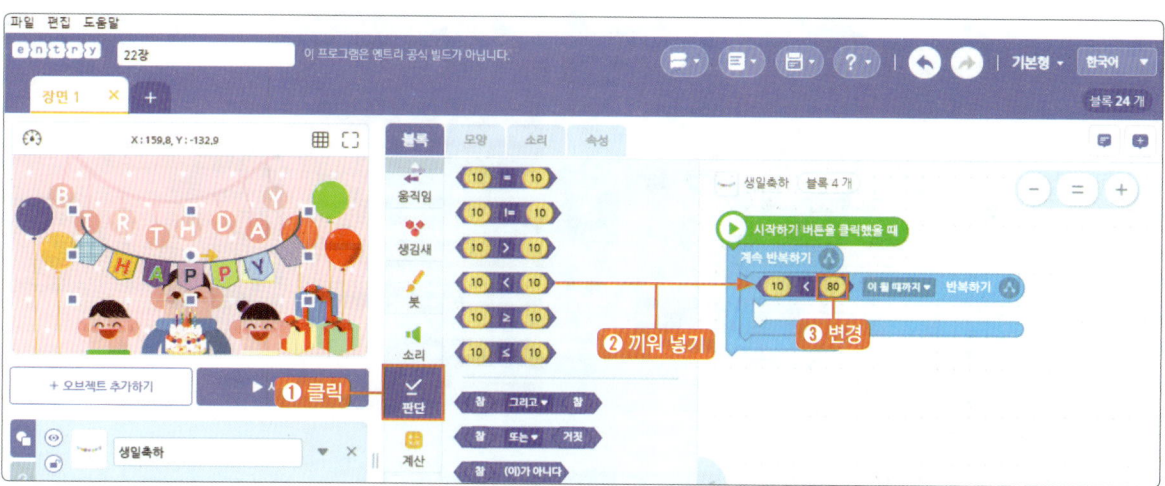

❺ [계산( )] 블록 꾸러미에서 을 첫 번째 '10'의 위치에 끼워 넣은 후, 을 클릭하여 선택 메뉴가 나오면 'y 좌푯값'을 선택합니다.

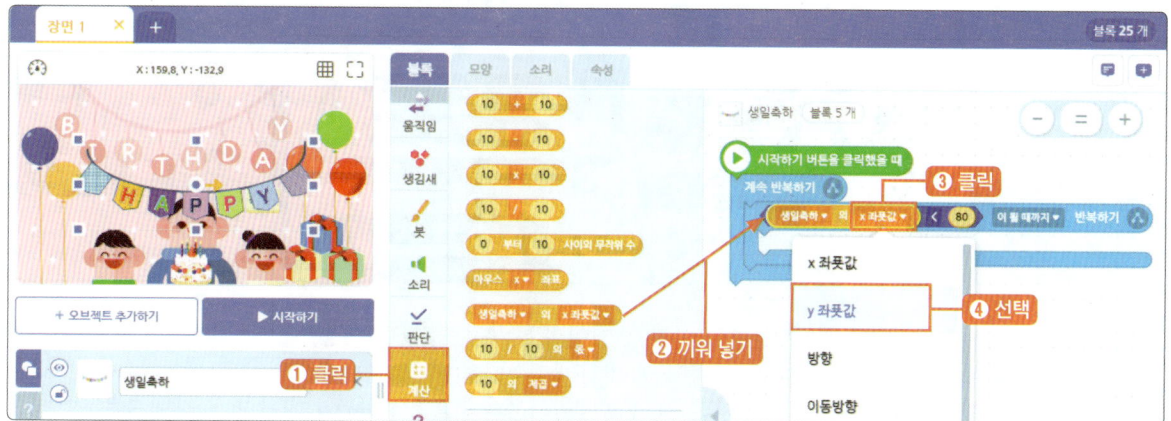

> **코딩풀이**
>
> [생일축하] 오브젝트의 y 좌푯값이 '80'보다 작아질 때까지 감싸인 블록들을 반복해요.

❻ [움직임( )] 블록 꾸러미에서 `y좌표를 10 만큼 바꾸기` 를 연결한 후, '10'을 '-1'로 변경합니다.

❼ [움직임( )] 블록 꾸러미에서 `이동 방향으로 10 만큼 움직이기` 를 연결한 후, '10'을 '1'로 변경합니다.

※ [생일축하] 오브젝트의 이동 방향은 '90°(오른쪽)'예요.

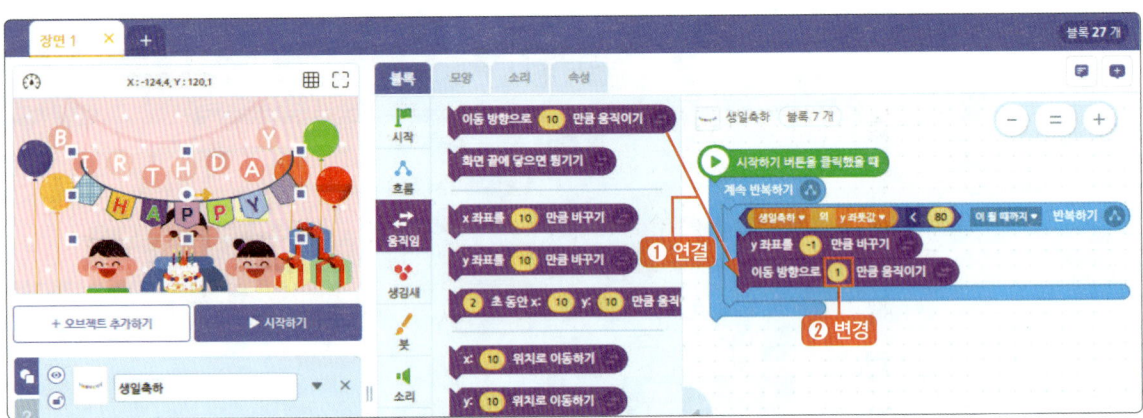

❽ [움직임( )] 블록 꾸러미에서 `화면 끝에 닿으면 튕기기` 를 연결합니다.

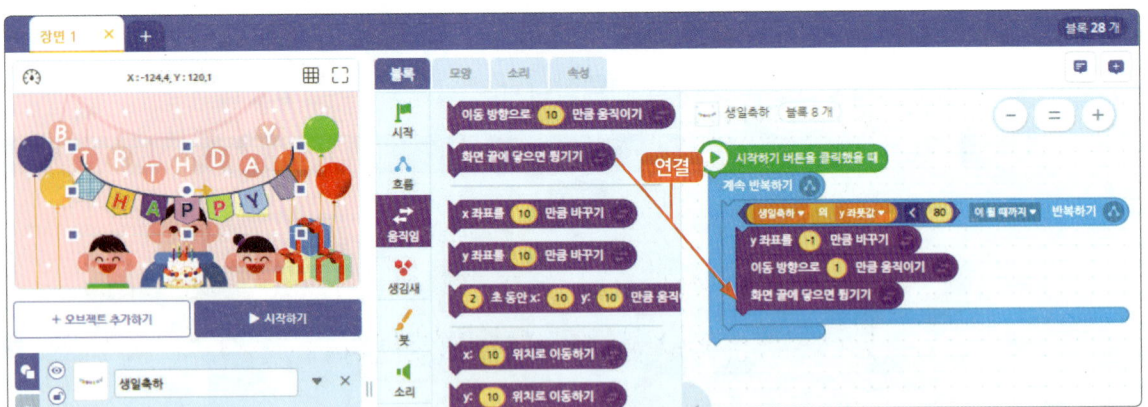

코딩풀이

[생일축하] 오브젝트의 y 좌푯값이 '80'보다 작아질 때까지 y 좌표를 '-1(아래쪽)' 만큼 바꾸고, 이동 방향으로 '1' 만큼 움직이다가 화면 끝에 닿으면 튕겨요. 오브젝트를 대각선 방향으로 움직이도록 하기 위해서 이동 방향으로 움직이기와 y 좌표 바꾸기 블록을 같이 사용했어요.

❾ [생김새( )] 블록 꾸러미에서 `색깔▼ 효과를 10 만큼 주기` 를 연결합니다. 이어서, `색깔▼` 을 클릭하여 선택 메뉴가 나오면 '밝기'를 선택한 후, '10'을 '2'로 변경합니다.

❿ [생김새( )] 블록 꾸러미에서 `색깔▼ 효과를 10 만큼 주기` 를 연결합니다. 이어서, `색깔▼` 을 클릭하여 선택 메뉴가 나오면 '투명도'를 선택한 후, '10'을 '2'로 변경합니다.

03 [생일축하] 오브젝트가 위로 올라가면서 처음 상태가 되도록 코딩하기

❶ `생일축하▼ 의 y좌푯값▼ < 80 이 될 때까지▼ 반복하기` 위에서 마우스 오른쪽 단추를 눌러 [코드 복사 & 붙여넣기]를 선택합니다. 이어서, 코드가 복사되면 아래 그림을 참고해서 연결합니다.

※ 복사한 코드는 지금까지 만든 코드 아래, 계속 반복하기 블록 안쪽에 연결해야 해요.

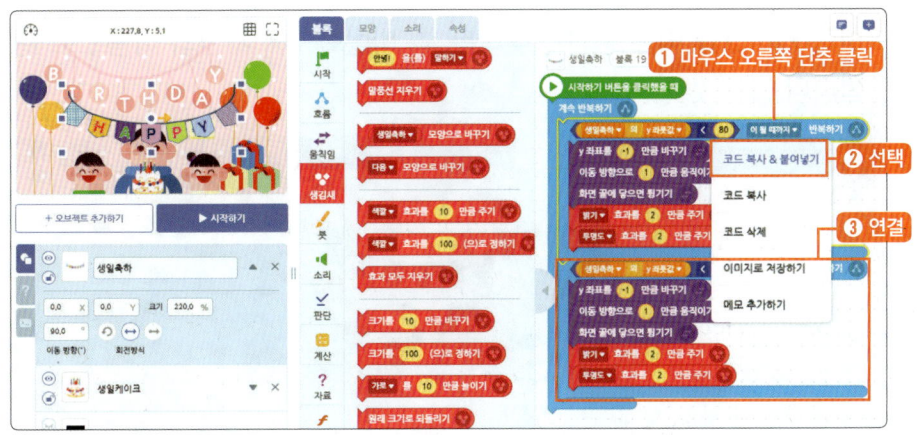

CHAPTER 22 누가 생일케이크를 먹었는지 맞추기 **161**

❷ 복사해서 연결한 블록의 ◁를 클릭하여 선택 메뉴가 나오면 '>'을 선택한 후, '80'을 '100'으로 변경합니다.

※ 복사한 코드의 값을 수정할 때는 조심해야 해요. 블록이 많아지면 실수하기 쉬워져요.

❸ 복사해서 연결한 블록의 [y좌표를 -1 만큼 바꾸기]의 '-1'을 '1'로 변경한 후, 복사한 블록의 [밝기▼ 효과를 2 만큼 주기]와 [투명도▼ 효과를 2 만큼 주기]의 '2'를 '-2'로 각각 변경합니다.

코딩풀이

첫 번째 반복하기는 [생일축하] 오브젝트의 y 좌표가 '80'보다 작아지기 전까지 아래로 이동하며 '밝기' 효과와 '투명도' 효과를 주는 것을 반복해요. 그리고 두 번째 반복하기는 [생일축하] 오브젝트의 y 좌표가 '100' 보다 커지기 전까지 위로 이동하며 '밝기' 효과와 '투명도' 효과를 점점 없애는 것을 반복해요.

❹ 복사한 코드의 수정이 끝나면 [▶시작하기]를 클릭하여 [생일축하] 오브젝트가 화면을 돌아다니며 밝고 투명해지다가 처음 상태가 되는 것을 반복하는지 확인합니다. 이어서, [확인 버튼] 오브젝트를 클릭하여 케이크를 먹은 범인을 찾아본 후, 바탕화면에 자신의 이름으로 된 폴더에 '22장-홍길동.ent'로 저장합니다.

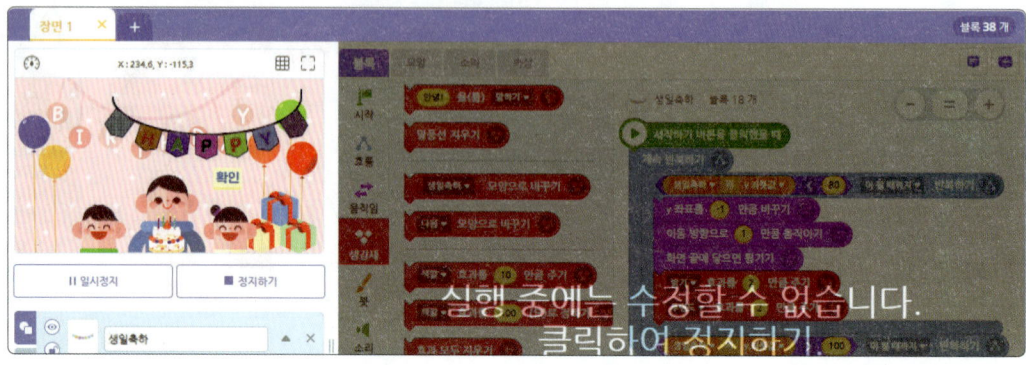

CHAPTER 22 미션 수행하기

■ 불러올 파일 : 22장-1 불러올 파일.ent   ■ 완성된 파일 : 22장-1 완성된 파일.ent

01 풍선 오브젝트를 추가하고, 색깔과 투명도가 바뀌고 움직이게 해봐요.

- 풍선 오브젝트 추가해요
- 풍선의 위치를 정하고, 색깔, 투명도 효과를 적용해요.

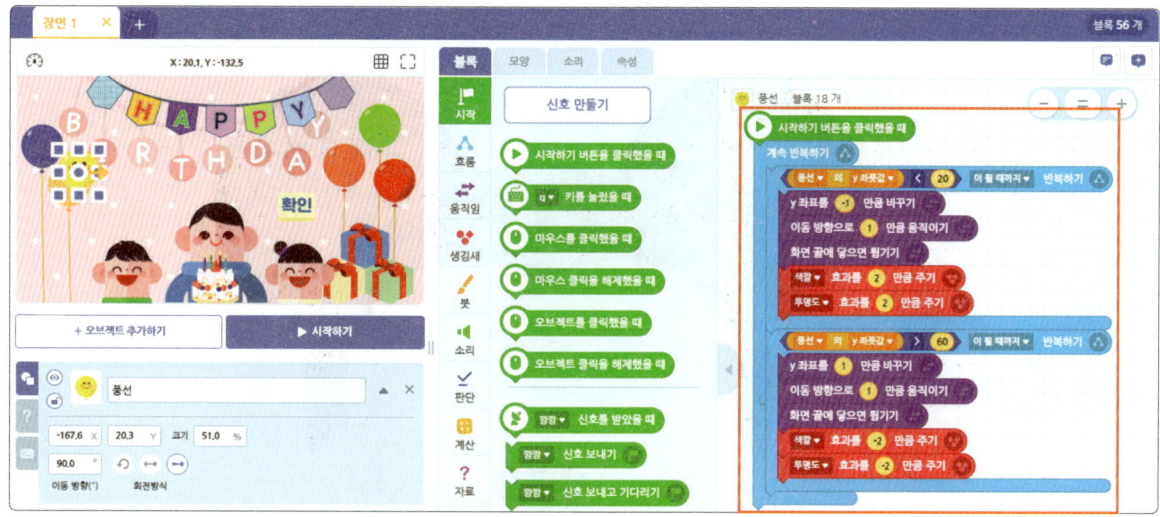

■ 불러올 파일 : 22장-2 불러올 파일.ent   ■ 완성된 파일 : 22장-2 완성된 파일.ent

02 친구들이 축하해 주도록 코딩해요.

- 말하기 블록을 추가해서, 이야기를 해요.

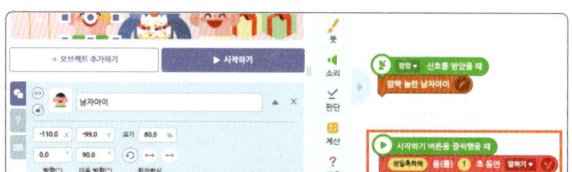
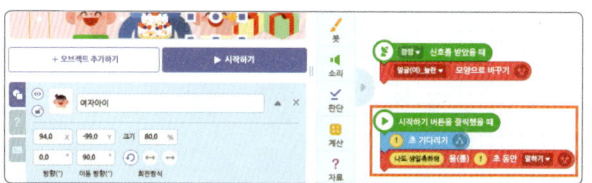

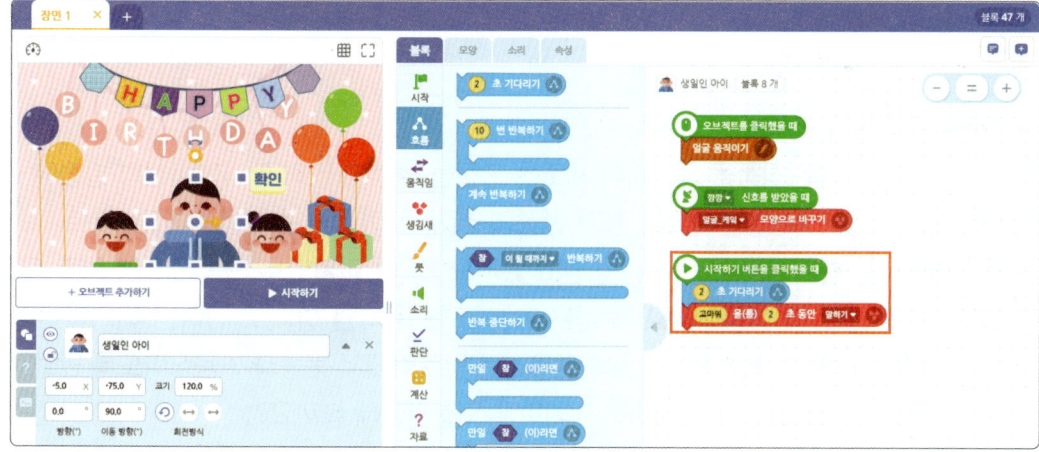

CHAPTER 22 누가 생일케이크를 먹었는지 맞추기

CHAPTER 23 미키마우스 가면

- 불러올 파일 : 미키마우스가면.pptx, 리본.png
- 완성된 파일 : 미키마우스가면(완성).pptx, 미키얼굴.png

학습목표
- 도형을 다양한 방법으로 복사하여 캐릭터를 완성할 수 있어요.
- 도형에 그라데이션을 적용할 수 있어요.

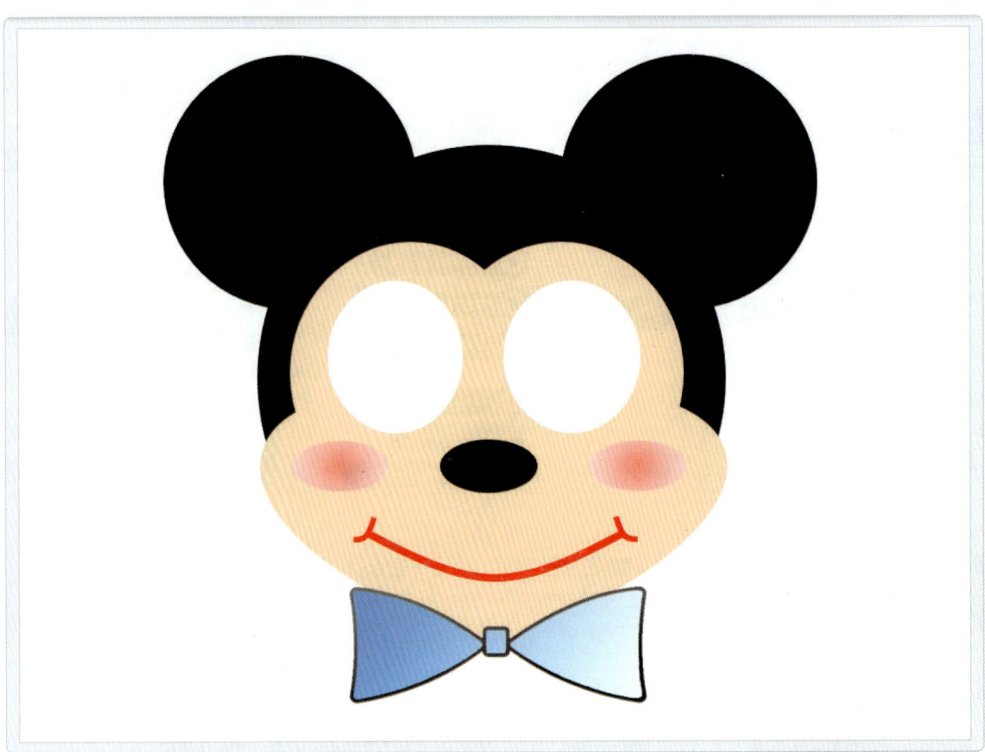

오늘 배울 내용 앞아보기

여러분들은 디즈니 만화를 알고 있나요?
월트 디즈니는 수많은 작품을 제작하며 새로운 도전을 멈추지 않아 애니메이션의 발전에 큰 영향을 주었으며, 유쾌한 동심 작품으로 어린이들을 꿈과 환상의 세계로 이끌었던 인물이에요. 월트 디즈니가 만든 수많은 작품과 캐릭터는 현재까지도 큰 사랑을 받고 있지요. 그 중 미키마우스는 1928년 월트 디즈니가 제작한 만화 영화의 주인공인 쥐의 이름이에요. 오늘은 기본 도형의 타원 하나로 귀여운 미키마우스 가면을 완성해 볼 거예요. 이번 CHAPTER에서 만드는 미키마우스는 엔트리에서 눈동자가 움직이도록 만들 거예요.
지금부터 파워포인트 2021을 이용하여 미키마우스를 완성해 볼까요?

01 타원을 삽입하여 얼굴 만들기

❶ 파워포인트 2021( )을 실행한 후, [열기]-[찾아보기]-[불러올 파일]-[23장]의 '미키마우스가면.pptx' 파일을 불러옵니다.

❷ [삽입] 탭의 [일러스트레이션] 그룹에서 [도형( )]을 클릭한 후, 기본 도형의 '타원( )'을 선택합니다. 이어서, 마우스 커서가 ┼ 모양으로 변경되면 드래그하여 도형을 삽입합니다.

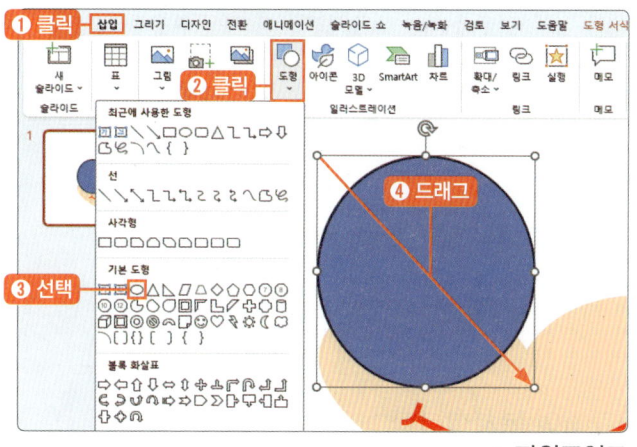
▲ 파워포인트

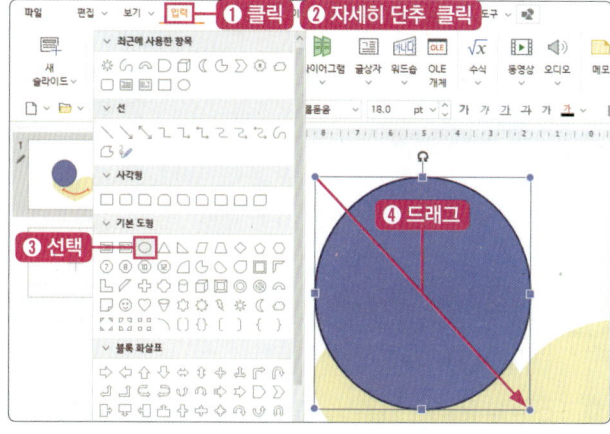
▲ 한쇼

❸ 도형의 크기를 지정하기 위해 [도형 서식] 탭의 [크기] 그룹에서 [도형 높이] 입력 칸에 '7'을 입력한 후, Enter 키를 누릅니다. 똑같은 방법으로 [도형 너비]를 '6.5'로 입력한 후, 도형을 드래그하여 위치를 그림과 같이 변경합니다. (한쇼 : [도형] 탭-'너비(65)', '높이(70)')

※ 도형 크기 지정 방법은 32페이지를 참고하세요~

❹ [도형 서식] 탭의 [도형 스타일] 그룹에서 [도형 윤곽선]을 클릭한 후, '윤곽선 없음'을 선택합니다. 이어서, 도형 위에서 마우스 오른쪽 단추를 눌러 바로 가기 메뉴가 나오면 [기본 도형으로 설정]을 클릭합니다.

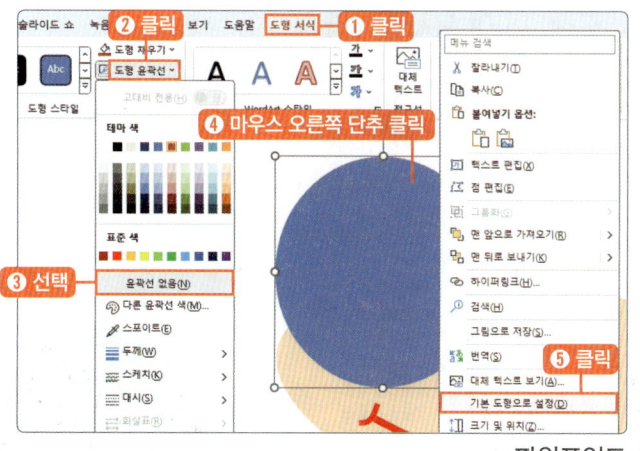
▲ 파워포인트

▲ 한쇼

❺ 도형의 색상을 변경하기 위해 [도형 서식] 탭의 [도형 스타일] 그룹에서 [도형 채우기]를 클릭한 후, '주황, 강조 6, 60% 더 밝게'를 선택합니다. (한쇼 : [도형] 탭-[도형 채우기]-'연한 노랑 10% 어둡게')

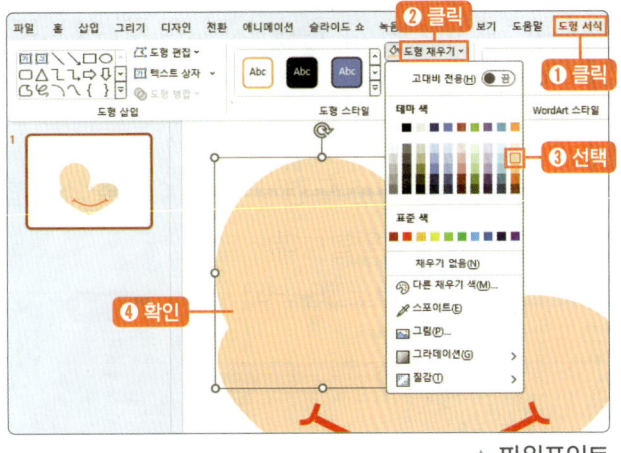
▲ 파워포인트

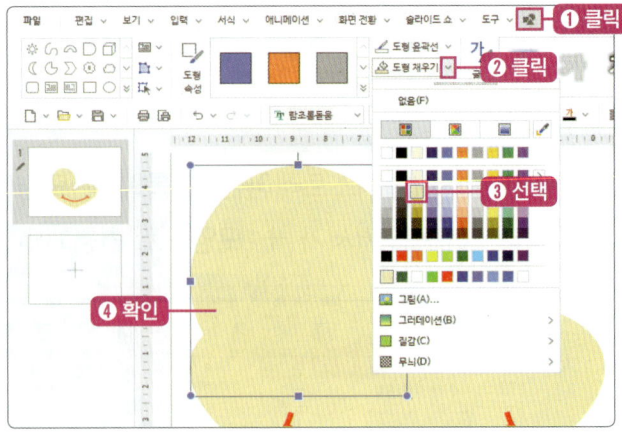
▲ 한쇼

02 도형 복사하기

❶ Ctrl + Shift 키를 누른 채 도형을 오른쪽으로 드래그하여 복사합니다.

※ 크기를 조절하지 않으며 위치는 Shift 키를 누른 채 드래그하여 좌우로만 변경해요.

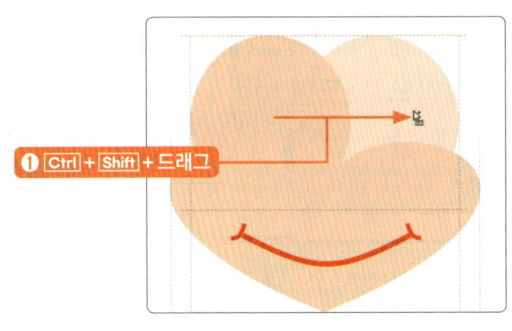
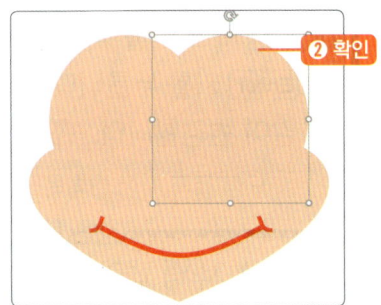

❷ Ctrl 키를 누른 채 복사된 타원을 다시 그림과 같이 드래그하여 복사합니다.

❸ [도형 서식] 탭의 [도형 스타일] 그룹에서 [도형 채우기]를 클릭한 후, '검정, 텍스트 1'을 선택합니다.

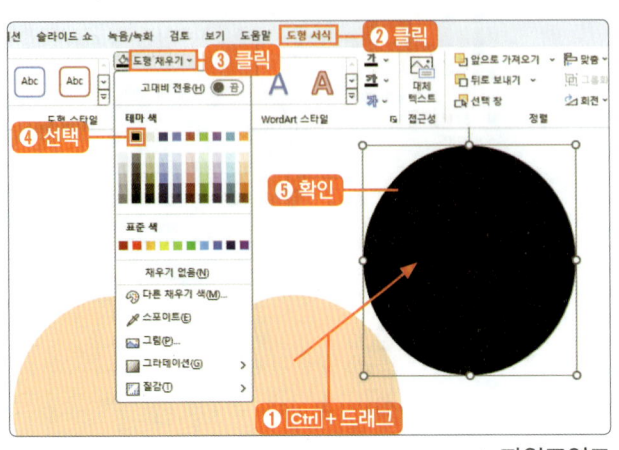
▲ 파워포인트

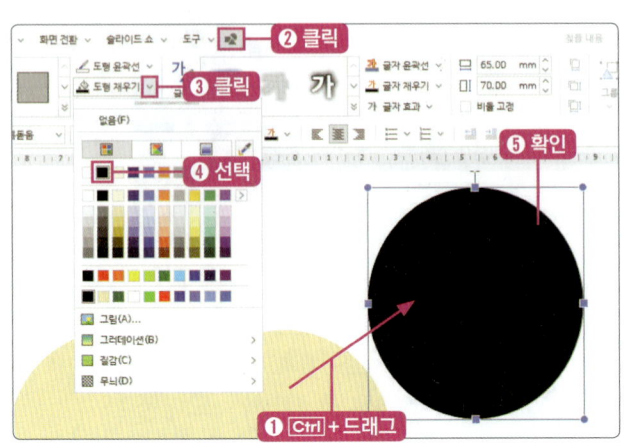
▲ 한쇼

④ 그림과 같이 복사된 도형의 크기 및 위치를 조절합니다. 이어서, 도형 위에서 마우스 오른쪽 단추를 눌러 바로 가기 메뉴가 나오면 [맨 뒤로 보내기]를 클릭합니다.

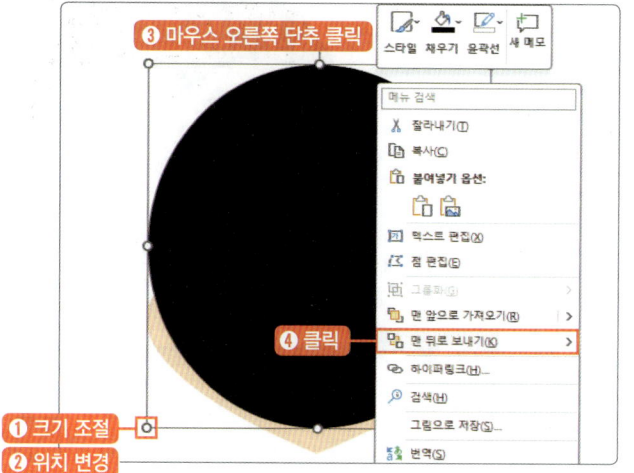
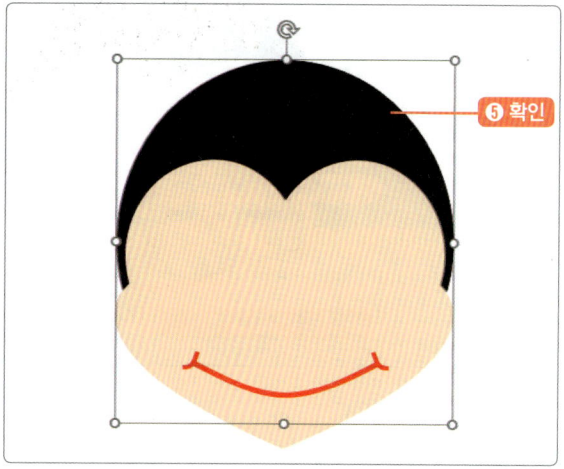

⑤ Ctrl 키를 누른 채 검정색 타원을 드래그하여 그림과 같이 복사합니다. 이어서, [도형 서식] 탭의 [도형 스타일] 그룹에서 [도형 채우기]를 클릭한 후, '빨강'을 선택합니다.

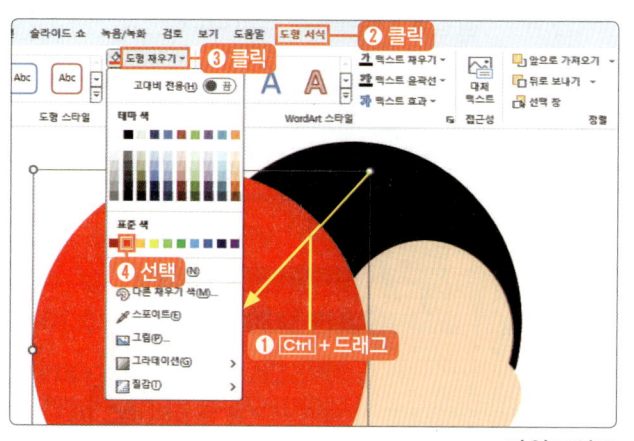
▲ 파워포인트

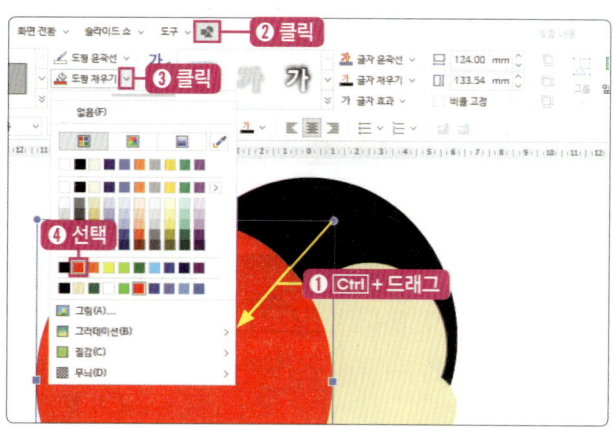
▲ 한쇼

⑥ 그림과 같이 복사된 도형의 크기 및 위치를 조절한 후, 다시 [도형 채우기]를 클릭합니다. 이어서, [그라데이션]을 클릭한 후, [밝은 그라데이션]의 '가운데에서'를 선택합니다. (한쇼 : [그러데이션]-'반사형'-'가운데에서')

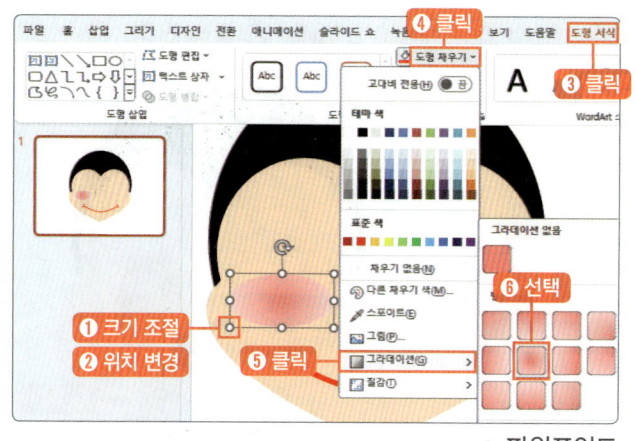
▲ 파워포인트

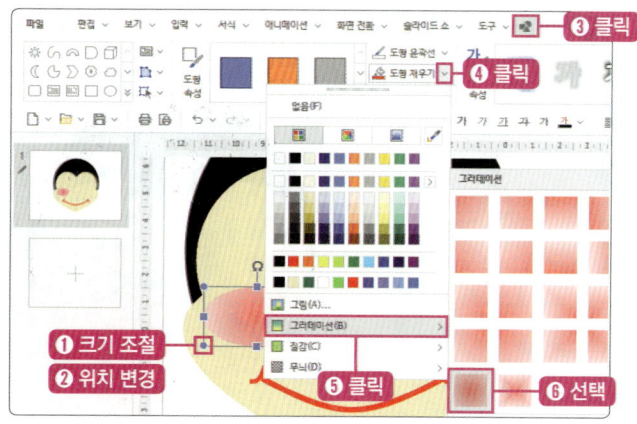
▲ 한쇼

CHAPTER 23 미키마우스 가면

❼ Ctrl + Shift 키를 누른 채 도형을 오른쪽으로 드래그하여 복사합니다.

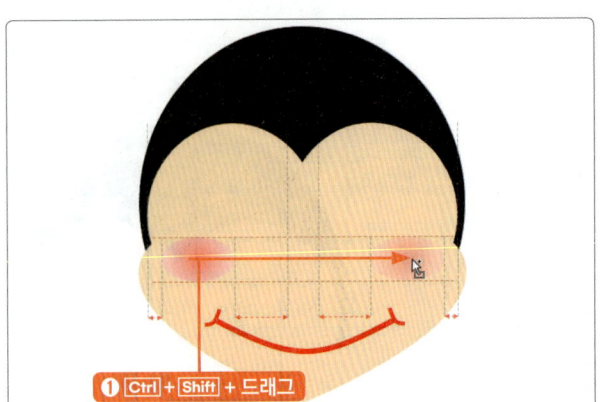
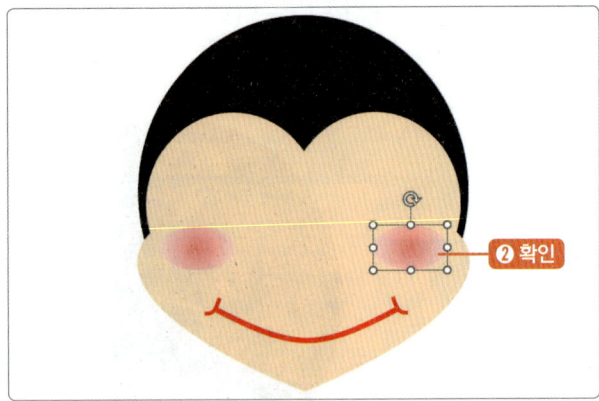

03 그림 삽입하기

❶ [삽입] 탭의 [이미지] 그룹에서 [그림(🖼)]-[이 디바이스...]를 클릭합니다. 이어서, [그림 삽입] 대화상자가 나오면 [불러올 파일]-[23장]-'리본.png' 파일을 선택한 후, <삽입> 단추를 클릭합니다.
(한쇼 : [입력] 탭-'그림(🖼)')

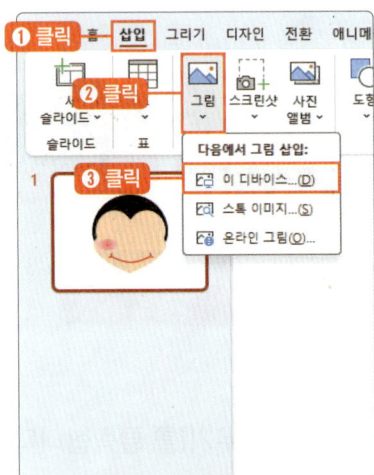
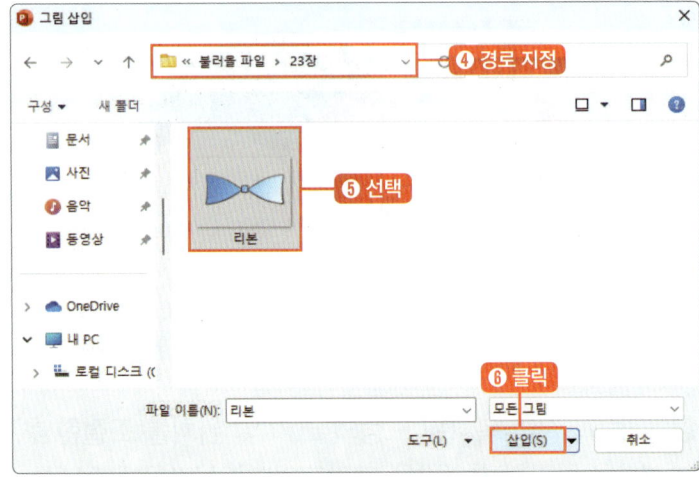

❷ 그림이 삽입되면 조절점(○)을 드래그하여 크기를 조절한 후, 그림과 같이 위치를 변경합니다.

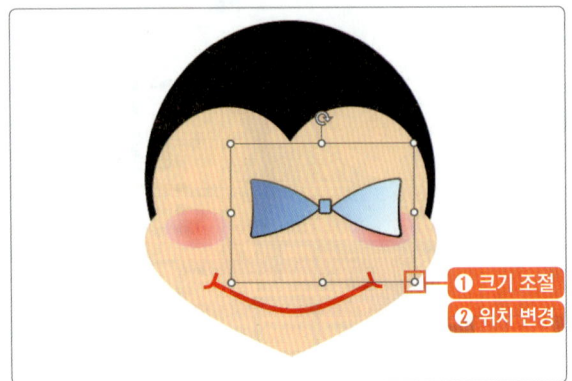
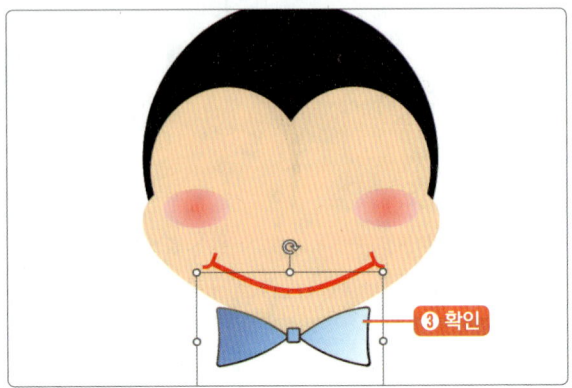

CHAPTER 23

 미션 수행하기

01 도형을 복사하여 미키마우스의 귀와 코를 완성해 보세요.

- Ctrl 키를 누른 채 검정 머리를 드래그 → 크기 및 위치 조절 → Ctrl + Shift 키를 누른 채 오른쪽으로 드래그 → Shift 키를 누른 채 귀 2개를 모두 선택 → 선택된 도형 위에서 마우스 오른쪽 단추 클릭 → [맨 뒤로 보내기] → Esc
- Ctrl 키를 누른 채 귀를 아래쪽으로 드래그 → 크기 및 위치 조절 → Esc

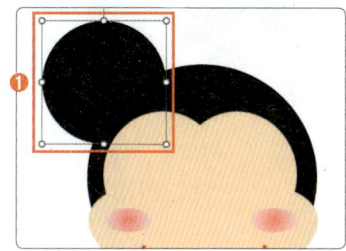 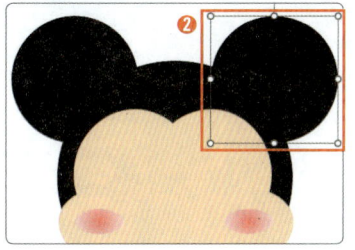 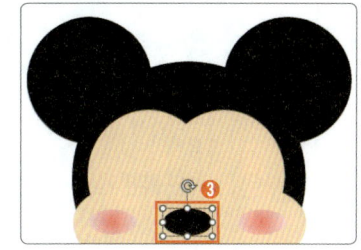

02 도형을 복사하여 미키마우스의 눈을 완성해 보세요.

- Ctrl 키를 누른 채 귀를 드래그 → 크기 및 위치 조절 → 채우기(흰색, 배경 1 ☐) → Ctrl + Shift 키를 누른 채 오른쪽으로 드래그 → Ctrl + A (모두 선택) → 도형 위에서 마우스 오른쪽 단추 클릭 → [그룹화]-[그룹]

  ※ 미키마우스의 눈동자는 엔트리에서 작업할 거예요.

03 완성된 작품을 바탕화면에 자신의 이름으로 된 폴더에 그림으로 저장(미키얼굴.png)한 후, 파일을 저장 (미키마우스가면.pptx)해 보세요.

※ 이번 CHAPTER는 크기 배율을 조절하지 않은 채 [그림으로 저장]을 작업해요~

▲ 파워포인트   ▲ 한쇼

그룹 지정 및 저장 방법은 부록의 010~011 페이지를 참고하세요~

미키마우스로 궁전의 불끄기

■ 불러올 파일 : 24장 불러올 파일.ent, 미키얼굴.png, 24장 완성파일 미리보기.url
■ 완성된 파일 : 24장 완성된 파일.ent

학습목표
- 미키마우스의 눈을 무작위 방향으로 회전시킬 수 있어요.
- '1' 키를 누르면 눈을 원래 위치로 이동시킬 수 있어요.

오늘 사용할 명령 블록

명령 블록	블록 꾸러미	설 명
0 부터 10 사이의 무작위 수	계산( )	입력한 두 숫자의 사이에서 선택된 무작위 숫자예요.
q▼ 키가 눌러져 있는가?	판단( )	선택한 키가 눌러져 있는 경우 '참'이 돼요.
x: 0 y: 0 위치로 이동하기	움직임( )	오브젝트가 입력한 x와 y좌표로 이동해요.

오늘 코딩할 내용 알아보기

[왼쪽 눈] 오브젝트가 [미키얼굴] 오브젝트의 눈 안쪽에서 무작위 방향으로 이동하고 '1' 키를 누를 때만 원래 있던 위치로 돌아왔다가 '1' 키를 누르고 있지 않으면 다시 이동하도록 코딩해요.

- **[왼쪽 눈], [오른쪽 눈] 오브젝트** : [미키얼굴] 오브젝트의 눈 안쪽을 무작위 방향으로 돌고 '1' 키를 누르면 원래 위치로 돌아와요. 그리고 Space Bar 키를 누르면 눈물을 발사해 불을 꺼요.
- **[미키얼굴] 오브젝트** : 미키의 얼굴을 보여줘요.
- **[공주] 오브젝트** : [궁전] 오브젝트에 사는 공주예요. 불이 꺼지면 궁전 밖으로 나와서 감사 인사를 하고 오른쪽으로 이동해요.
- **[불] 오브젝트** : [궁전] 오브젝트에 붙은 불이에요. [눈물1], [눈물2] 오브젝트에 닿으면 점점 작아지다가 꺼져요.
- **[눈물1], [눈물2] 오브젝트** : Space Bar 키를 누르면 [왼쪽 눈] 오브젝트에서는 [눈물2] 오브젝트가, [오른쪽 눈] 오브젝트에서는 [눈물1] 오브젝트가 발사되어 [불] 오브젝트를 향해 날아가요.
- **[궁전] 오브젝트** : 불이 붙은 궁전이에요.
- **[왼쪽 눈 경계], [오른쪽 눈 경계] 오브젝트** : 눈 오브젝트들이 눈 밖으로 나가지 못하도록 막아줘요.
- **[들판] 오브젝트** : 들판 배경을 보여줘요.

01 기본 작업하기

❶ 엔트리(Entry)를 실행한 후, [불러올 파일]-[24장]-'24장 불러올 파일.ent'를 불러옵니다. 이어서, 23장에서 만들었던 '미키얼굴.png'를 오브젝트로 추가합니다. 만일 이미지 파일이 없다면 [불러올 파일]-[24장]-'미키 얼굴.png'를 추가합니다.

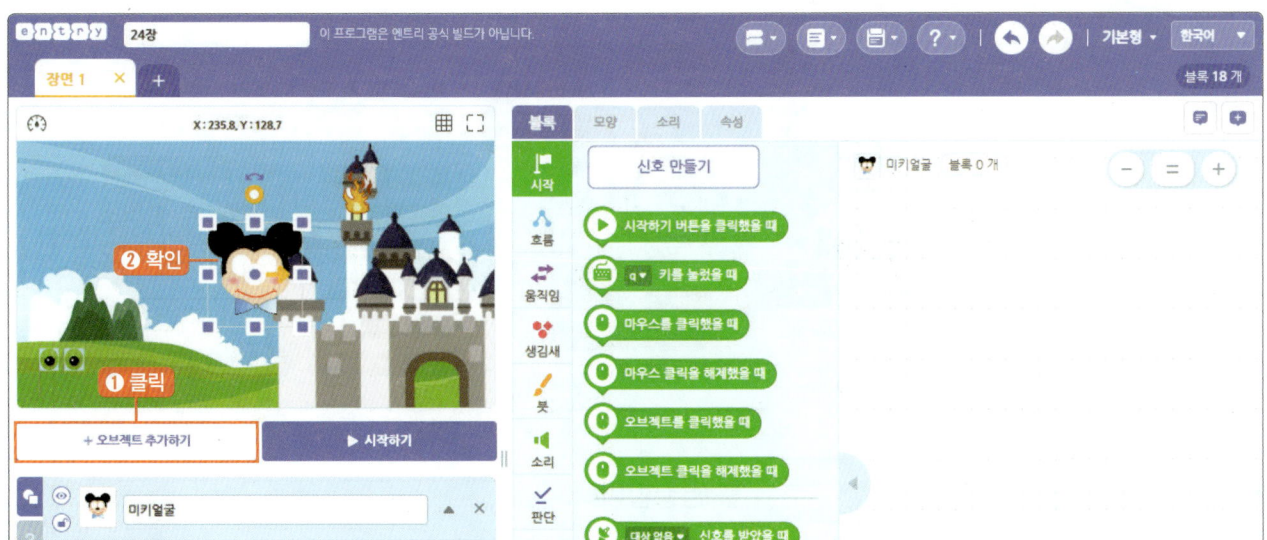

> **코딩풀이**
>
> [왼쪽 눈 경계] 오브젝트와 [오른쪽 눈 경계] 오브젝트는 [왼쪽 눈] 오브젝트와 [오른쪽 눈] 오브젝트가 [미키얼굴] 오브젝트의 눈 위치를 벗어나지 않도록 막아줘요.

❷ 오브젝트가 추가되면 x는 '-194'로, y는 '-95'로 각각 변경한 후, [오브젝트 목록]에서 [미키얼굴] 오브젝트를 드래그해서 [오른쪽 눈] 아래로 이동시킵니다.

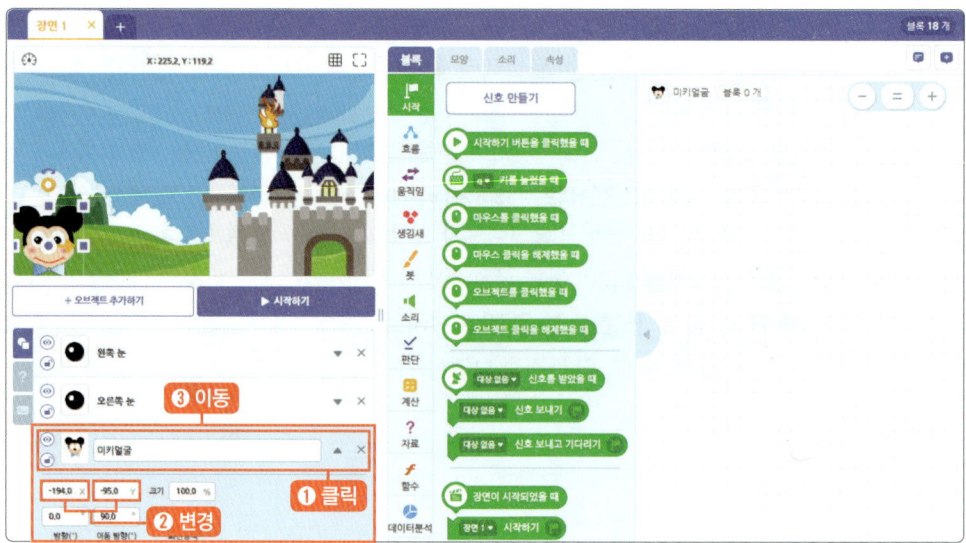

02 [왼쪽 눈] 오브젝트에 눈이 무작위로 돌아가도록 코딩하기

❶ 기본 작업이 끝나면 [오브젝트 목록]에서 [왼쪽 눈] 오브젝트를 선택한 후, [시작(🏁)] 블록 꾸러미에서 `시작하기 버튼을 클릭했을 때`를 [블록 조립소]로 가져다 놓습니다.

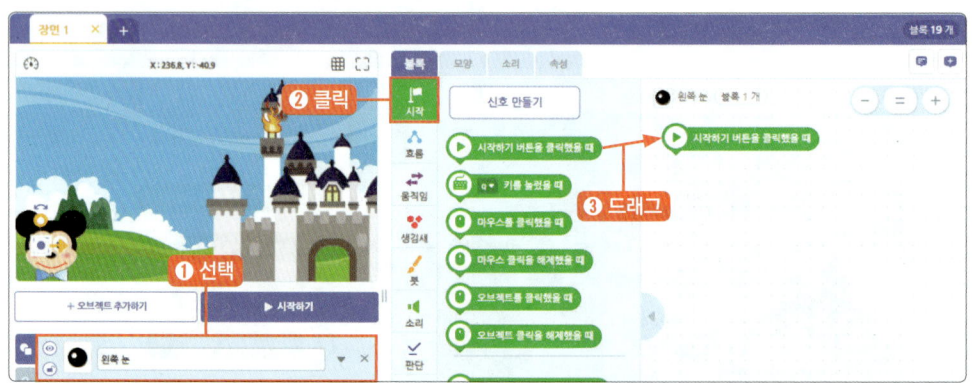

❷ [흐름(⋀)] 블록 꾸러미에서 `계속 반복하기`를 연결합니다.

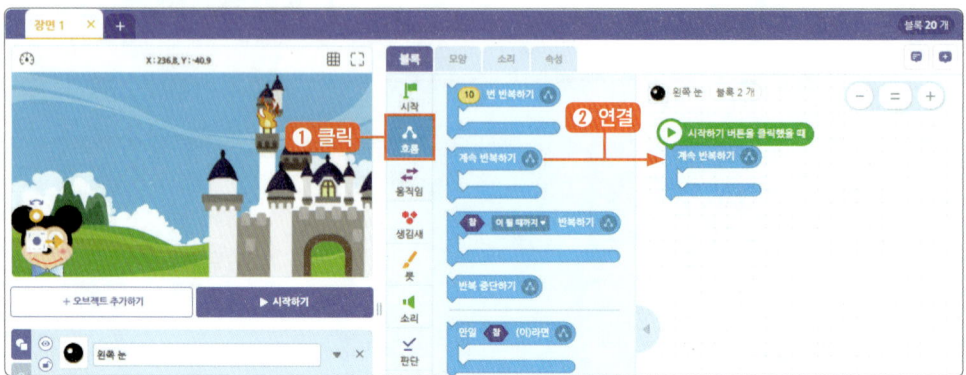

❸ [흐름(△)] 블록 꾸러미에서 `만일 참 (이)라면` 를 연결합니다.

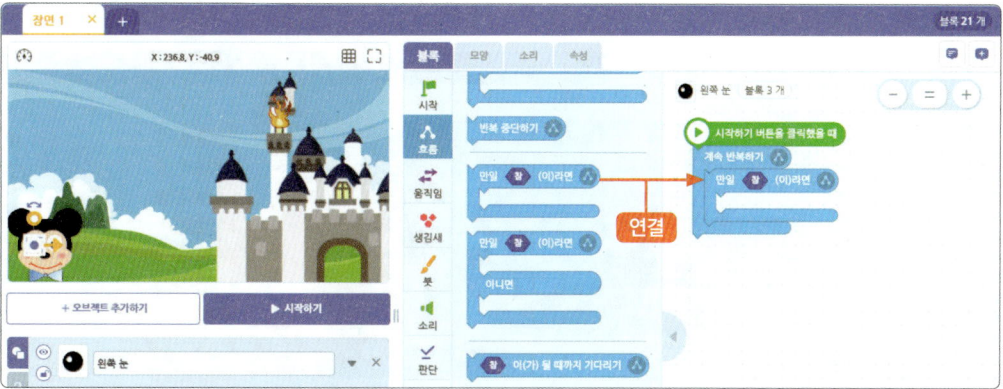

❹ [판단(✓)] 블록 꾸러미에서 `마우스포인터▼ 에 닿았는가?` 를 '참'의 위치에 끼워 넣은 후, `마우스포인터▼` 를 클릭하여 선택 메뉴가 나오면 '왼쪽 눈 경계'를 선택합니다.

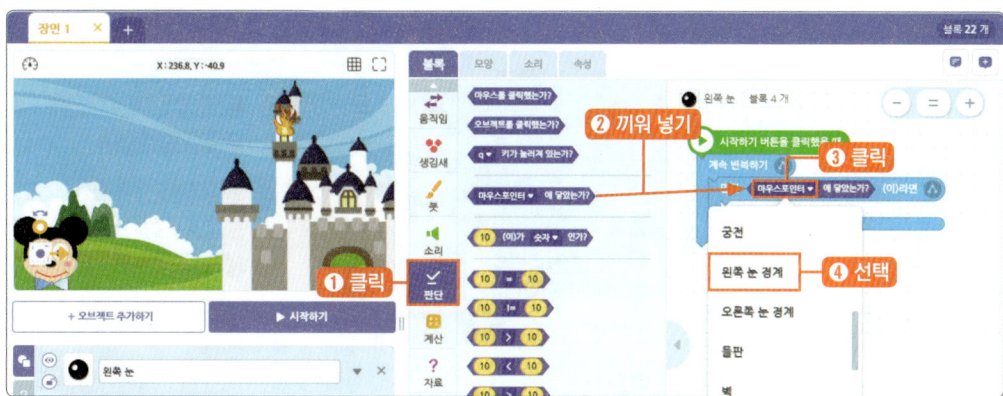

코팅풀이

[오른쪽 눈 경계] 오브젝트는 [미키얼굴], [오브젝트 목록]에서 오브젝트보다 아래쪽에 있어서 보이지 않아요.

❺ [움직임(↔)] 블록 꾸러미에서 `방향을 90° 만큼 회전하기` 를 연결합니다.

코팅풀이

[왼쪽 눈] 오브젝트가 [미키얼굴] 오브젝트의 뒤쪽에 있는 [왼쪽 눈 경계] 오브젝트에 닿으면 방향을 바꿔 눈 밖으로 벗어나지 않도록 해줘요.

❻ [계산(	)] 블록 꾸러미에서 `0 부터 10 사이의 무작위 수` 를 '90°'의 위치에 끼워 넣은 후, '0'을 '30'으로, '10'을 '40'으로 변경합니다.

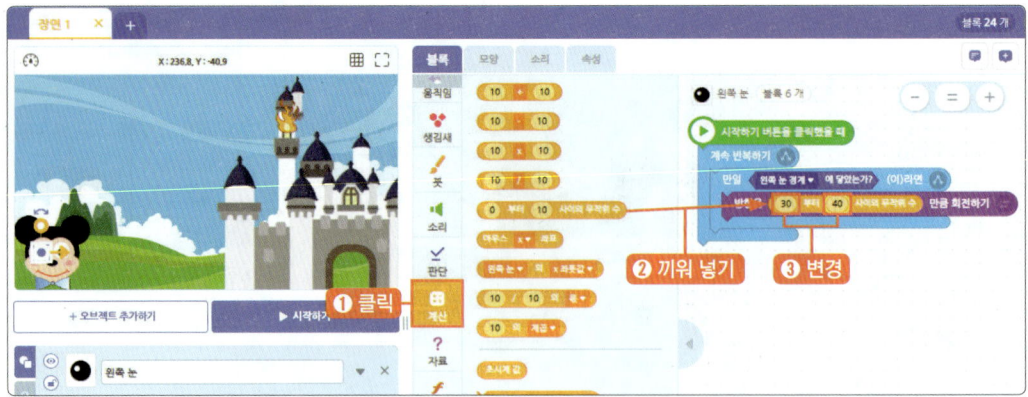

❼ [움직임(	)] 블록 꾸러미에서 `이동 방향으로 10 만큼 움직이기` 를 연결한 후, '10'을 '1'로 변경합니다.

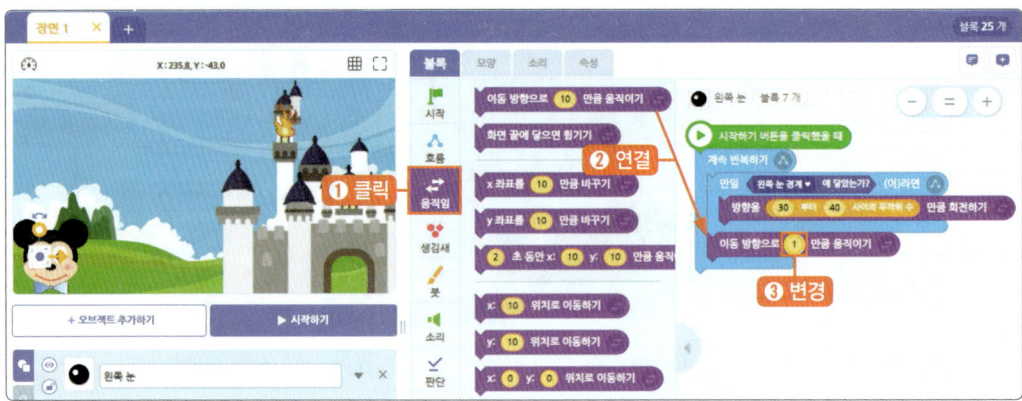

> **코딩풀이**
> [왼쪽 눈] 오브젝트가 이동 방향으로 '1' 만큼 움직이다가 [왼쪽 눈 경계] 오브젝트에 닿으면 방향을 '30'부터 '40' 사이의 무작위 수만큼 회전해요.

03 ① 키를 누르면 처음 위치로 이동하도록 코딩하기

❶ [흐름(	)] 꾸러미에서 `만일 참 (이)라면` 를 연결합니다.

❷ [판단(✓)] 블록 꾸러미에서 `q ▼ 키가 눌러져 있는가?` 를 '참'의 위치에 끼워 넣은 후, `q` 를 클릭하여 선택 메뉴가 나오면 '1'을 선택합니다.

❸ [움직임(⇄)] 블록 꾸러미에서 `x: 0 y: 0 위치로 이동하기` 를 연결한 후, 첫 번째 '0'을 '-207'로, 두 번째 '0'을 '-88'로 변경합니다.

※ X : '-207', Y : '-88'은 [왼쪽 눈] 오브젝트의 처음 위치예요.

❹ 코딩이 완료되면 `▶ 시작하기` 를 클릭하여 [왼쪽 눈] 오브젝트가 눈 안쪽에서 무작위 방향으로 이동하는지 확인한 후, `Space Bar` 키를 눌러 [궁전] 오브젝트에 붙은 불을 끕니다. 이어서, 바탕화면에 자신의 이름으로 된 폴더에 '24장-홍길동.ent'로 저장합니다.

※ '1' 키를 누르고 있으면 [왼쪽 눈] 오브젝트와 [오른쪽 눈] 오브젝트가 움직이지 않도록 할 수 있어요.

CHAPTER 24 · 문제해결능력 · 미션 수행하기

■ 불러올 파일 : 24장-1 불러올 파일.ent　　■ 완성된 파일 : 24장-1 완성된 파일.ent

01 공주가 구해달라고 얘기하도록 코딩해요.

- 모양 보이기 블록을 추가한 후, 이야기하고, 다시 모양을 숨겨요.

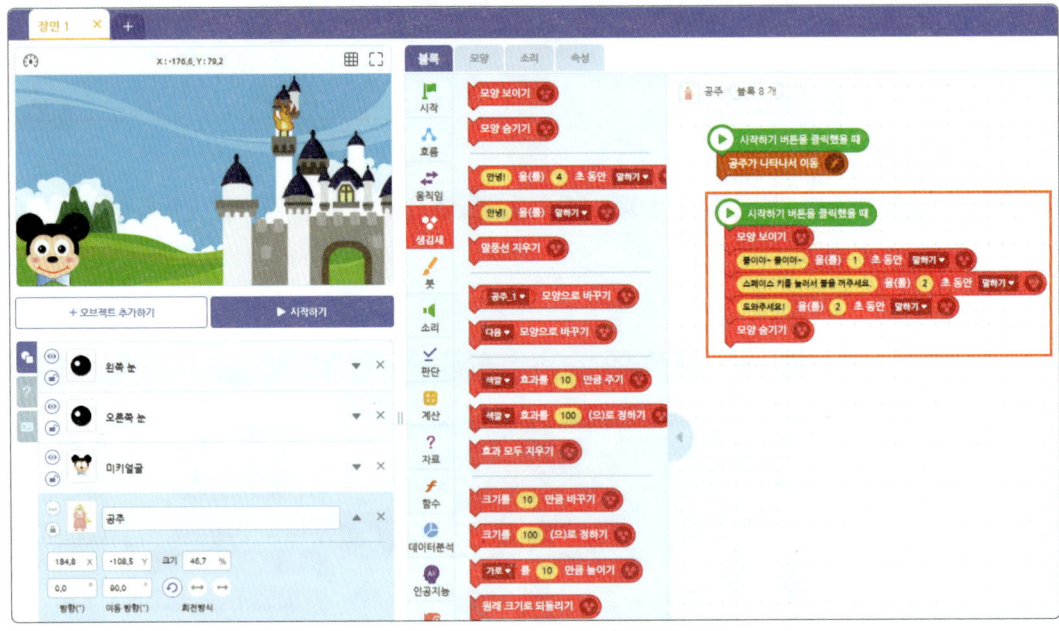

■ 불러올 파일 : 24장-2 불러올 파일.ent　　■ 완성된 파일 : 24장-2 완성된 파일.ent

02 [Space Bar] 키를 누를 때마다 미키가 말하도록 코딩해요.

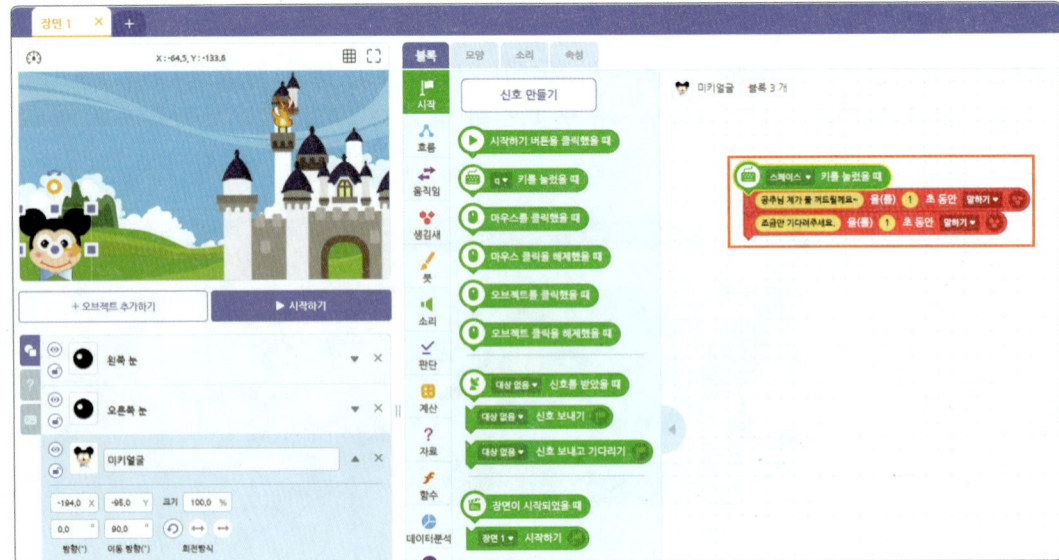

MEMO

K마블 소개

아카데미소프트와 코딩아지트의 컴교실 **타자 프로그램**

[K마블이란?]

[K마블 인트로]

▶ 아직도 막 쳐! **'K마블'** 이라고 들어봤니?
▶ 키보드타자 + 마우스 + 문제해결능력은 물론 **블록코딩**과 **학습게임**까지
▶ 타자치는 인공지능 로봇 **키우스봇**과 함께하는 학습게임 타자 프로그램
▶ 모든 연습 내용은 **문해력**에 필요한 단어, 문장으로 구성
▶ 대전게임, 단어 연상 게임, 그래픽 고도화가 **업데이트** 되었습니다. 앞으로도 사용자 환경등 **지속적인 업데이트** 예정입니다.

K마블이 V 1.1로 업데이트 되었어요! 영어 버전도 준비하고 있어요^^

전체 메뉴

K마블 튜토리얼

커스텀 프로필

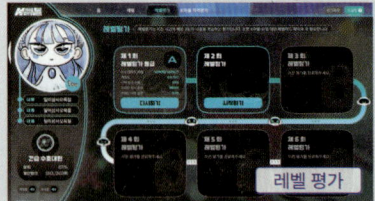
레벨 평가

마우스 게임

온라인 대전

▶ **커스텀 프로필**
자신의 케릭터를 꾸밀 수 있는 기능이 추가되었습니다. 케릭터의 머리, 얼굴, 옷, 장신구를 변경하여 자신만의 개성있는 케릭터를 만들어 봅니다.

▶ **레벨평가 시안성**
레벨평가 화면이 이전 화면 보다 보기 좋게 변경되었습니다. 배운 내용을 복습하여 높은 점수에 도전해 봅니다.

▶ **마우스 학습 게임 - 사칙연산 게임**
사칙연산을 이용해 제시된 숫자를 만드는 게임입니다. 난이도에 따라 더하기, 빼기, 곱하기, 나누기를 이용하여 제시된 숫자를 만들어 봅니다. 쉬움 난이도부터 게임을 익혀 봅니다.

▶ **온라인 대전 게임 - 영토 사수 작전**
친구들과 일대일 온라인 대전 게임으로 오타 없이 빨리 타자를 입력하여 영토를 지배하는 게임입니다. 비슷한 타수의 친구와 대결하면 재미있는 승부를 볼 수 있습니다.

 ※ K마블 영어 버전은 2025년 상반기에 출시될 예정이에요^^

컴퓨터 타자 활용 능력 자격 평가 안내

컴퓨터 자격증의 시작!
컴퓨터 타자 활용 능력

| 시행처 : 국제자격진흥원

[민간자격등록]
K마블 한글타자(2024-001827)
K마블 영문타자(2024-002318)

▶ 자격증 개요

'컴퓨터 타자 활용 능력' 자격 평가 시험은 컴퓨터 입문자를 위한 기초 자격시험으로 ITQ 및 DIAT 등 컴퓨터 자격시험 이전에 간단한 타자 능력을 평가하는 기초 자격 평가 시험입니다.

▶ 시험 과목 및 출제 기준

컴퓨터 기초 이론 + 마우스 + 키보드(타자) + 문제해결능력(블록 코딩)으로 구성

시험과목	시간	문항수	배점	등급
컴퓨터 기초 이론	10	10	100	A등급 → 900점 이상
마우스 사용 능력	10	2	300	B등급 → 800점 이상
키보드(타자) 사용 능력	10	2	300	C등급 → 700점 이상
문제해결능력	10	2	300	D등급 → 600점 이상

▶ 자격증 특징

✓ **누구나 쉽게 온라인으로 진행**
- 교육기관에서는 단체 시험을 누구나 쉽게 온라인으로 원서접수 및 자격시험을 볼 수 있습니다.
- 교육기관은 교육 현장에서 교육 후 바로 시험을 볼 수 있습니다.
- 개인 응시자도 방문 접수 및 집체 시험 없이 온라인으로 원서접수 및 자격시험을 볼 수 있습니다.

✓ **타자 능력을 평가하는 컴퓨터 기초 시험입니다.**
- OA 과정 또는 ITQ 및 DIAT 등 컴퓨터 전문 자격증을 취득하기 이전에 필요한 기초 타자 자격 시험입니다.
- 컴퓨터를 처음 접하는 입문자들에게 컴퓨터 기초 지식과 타자 및 마우스 사용 능력을 평가하는 시험입니다.

✓ **학습과 시험이 간단 명료합니다.**
- K마블과 교재로 학습하고 해당 내용에서 출제하는 간단한 시험입니다.

✓ **모든 시험이 CBT 방식으로 컴퓨터에서 모두 시행됩니다.**
- 시험의 모든 과목이 컴퓨터에서 진행됩니다.

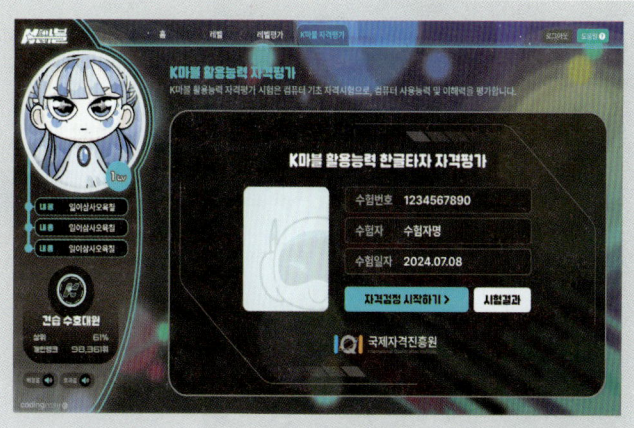

※ **2025년 상반기 첫 시험**이 시행됩니다. (별도 공지)

아카데미소프트 홈페이지 소개

새롭게 리뉴얼된 아카데미소프트 홈페이지!!

▶ **선생님**과 더 가까이!
▶ 쉽고 빠르게 자료 **다운로드**
▶ 다양한 & **주요 정보**는 선생님과 **신속 공유!**

새롭게 개편될
2025년
아카데미소프트 홈페이지

▲ **심플한 화면 구성**
교재 정보와 해당 자료를 쉽게 찾을 수 있도록 구성하였습니다. 또한 바로 가기 메뉴에는 자주 사용하는 핵심 메뉴로 구성되었습니다. 또한 스마트폰과 태블릿 PC에서도 홈페이지 화면을 최적화 하여 모든 자료를 볼 수 있습니다.

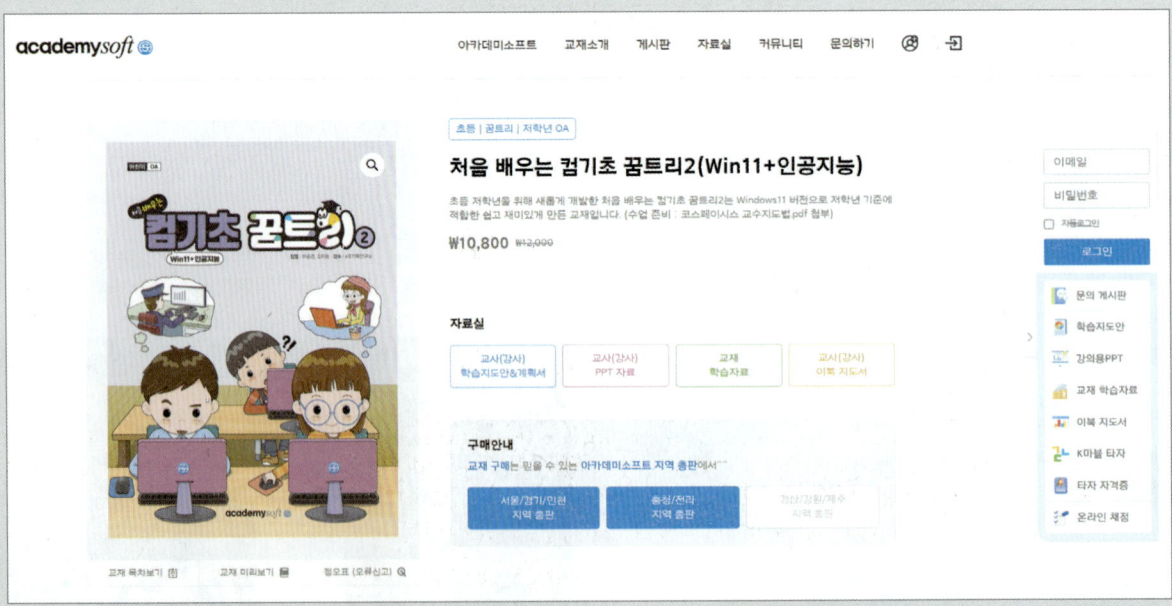

▲ **원 클릭 다운로드**
교재 상세 페이지는 교재 설명과 자료를 모아 놓았습니다. 해당 교재 클릭 후 오른쪽에 쉽고 빠르게 다운로드 받을 수 있도록 메뉴를 배치 하였습니다.